Friedrich Gerstäcker

In Mexico

Charakterbild aus den Jahren 1864-1867. Vierter Band, Teil 1

Friedrich Gerstäcker

In Mexico
Charakterbild aus den Jahren 1864-1867. Vierter Band, Teil 1

ISBN/EAN: 9783743697645

Hergestellt in Europa, USA, Kanada, Australien, Japan

Cover: Foto ©ninafisch / pixelio.de

Weitere Bücher finden Sie auf **www.hansebooks.com**

In Mexico.

Charakterbild aus den Jahren 1864—1867

von

Friedrich Gerstäcker.

Vierter Band.

(Erster Theil.)

Jena,

Hermann Costenoble.

1871.

Inhaltsverzeichniß.

1.

Der Wendepunkt.

Am 18. October früh war Ministerrath im
Schloß gewesen und zum Mittag seit längerer
Zeit wieder zum ersten Mal eine größere Gesell=
schaft zum Diner geladen worden, bei dem sich
der Kaiser heiterer als gewöhnlich zeigte.

Die Gäste gehörten fast ausschließlich der
conservativen Partei an, und Maximilian sprach
sich besonders befriedigt darüber aus, daß er
Nachricht erhalten habe, wie die Kaiserin in
nächster Zeit zurückkehren würde. Er äußerte
dabei auch ziemlich entschieden, daß er seine frü=
here Idee: einen National=Congreß, noch keines=
wegs aufgegeben habe, sondern nur die Ankunft
der Kaiserin erwarten wolle, um mit ihr den
wichtigen und entscheidenden Schritt zu berathen.

Seine Minister wollten allerdings Nichts davon wissen, aber es müsse doch am Ende gehen, wenn man nur ernstlich wolle, und die Herren im inneren Land dürften sich auch nicht weigern, eine vielleicht lange und unbequeme Reise zu machen, wenn man dadurch dem endlosen Blut= vergießen im ganzen Reich ein gebieterisches Halt zurufen könne.

Der Kaiser schien ungewöhnlich lebhaft und gesprächig und hob auch die Tafel etwas später als sonst auf, wonach er sich dann wieder in sein Arbeitszimmer zurückzog, um vielleicht noch eingelaufene Geschäfte zu erledigen.

Die Gäste, unter denen sich auch aus der wieder zu Gnaden aufgenommenen Partei ein paar alte Bekannte von uns, Lucido, Roneiro und Bastiani befanden, schlenderten langsam über die Plaza ihren eigenen Wohnungen zu, bis die Letzteren, Lucido's Haus passirend, von diesem eingeladen wurden, noch ein wenig zu ihm heraufzukommen und den Abend vielleicht bei einer Partie zu verbringen.

„Was fangen wir sonst an, Señores," sagte Lucido, „die Zeiten gehen jetzt ihren ruhigen Gang, und ändern können wir doch Nichts in ihrem Lauf — vamonos; der Abend vergeht damit, und wer weiß, was der folgende Tag uns wieder bringt."

„Der Kaiser war heute vortrefflicher Laune," bemerkte Roneiro, als sie, der Einladung fol=
gend, die Treppe hinaufstiegen und oben auf dem mit Blumen und Ziergewächsen bedeckten, den Hof umlaufenden Corridor hinschritten — „er scheint gute Nachrichten erhalten zu haben."

„Es kamen gerade noch ein paar Depeschen, als wir fortgingen," bemerkte Bastiani — „und der Henker traue den Dingern; man weiß nie, was darin steckt."

„Besonders gut können sie kaum sein," be=
merkte Lucido, „das Ganze ist doch nur eine Galgenfrist, und ich möchte wohl wissen, was unsere höhere Geistlichkeit eigentlich im Werke hat. Sie entwickelt jetzt eine ganz merkwürdige Thätigkeit und hat eigentlich die Hände in allen Geschäften. Nächstens werden wir wohl, was mich auch gar nicht wundern sollte, den Wider=
ruf des kaiserlich kirchlichen Decrets, wie der sämmtlichen leyes de reforma zu lesen bekommen. Apropos, Roneiro, wie ist es denn mit Deinem Haus? Haben Dich die dort umgehenden Ge=
spenster in Ruhe gelassen?"

„Ich gäbe was darum," sagte Roneiro, „wenn

1*

ich herausbekommen könnte, wer mir damals den
Streich gespielt, denn daß es ein solcher gewesen,
unterliegt keinem Zweifel — aber es war ge=
schickt gemacht und meine Damen im Haus
schienen rein des Teufels. Ich hätte sie keine
Nacht mehr unter dem Dache halten können."

„Und wie ist es mit Deinem Besitzthum —
hat es die Kirche wieder?"

„Caramba, Lucido, wie die Dinge jetzt lau=
fen," sagte Roneiro, sich hinter dem Ohr kratzend,
„so sollte es mich gar nicht wundern, wenn sie
es wieder bekäme, denn der Klerus segelt jetzt
vor dem Winde, mit aller Leinwand gesetzt; aber
„abwarten" ist mein Motto, und ich bin nicht
leichtsinnig genug gewesen, voreilige Versprechen
zu geben."

„Hast aber doch ein anderes Quartier ge=
nommen?"

„Weil ich mußte — das alte aber deshalb
noch nicht aufgegeben. Padre Miranda hat es
mir allerdings schon ein paar Mal abgefordert,
und verlangt, ich solle es, um nur mein Gewissen
frei zu bekommen, auf seinen Namen persönlich
überschreiben lassen, aber ich — traue dem from=
men Manne nicht recht und habe so meinen
eigenen Verdacht. Nun — veremos: die Sache

hat jedenfalls noch Zeit, und wir werden ja
schon in der nächsten Zeit erfahren, wie sich
Alles gestaltet.“

„Mir thut der Kaiser leid,“ sagte Bastiani,
indem er sich auf einen Stuhl an dem nächsten
Fenster warf — „Caramba, er hat sich die ganze
Zeit über wie ein Ehrenmann benommen, und
wir müssen uns schämen, wenn wir sehen, wie
sich ihm gegenüber einzelne Mexicaner und noch
dazu solche betragen, die Anspruch darauf machen
die höchsten Stellen im Staat einzunehmen.“

„Meinen Sie Juarez?“

„Juarez weniger, obgleich der auch wohl kein
Mittel scheuen würde um seinen eigentlichen
Zweck zu erreichen, aber dieser Lump, dieser
Gonzales Ortega, der Sonora und California
baja mit Vergnügen verschachern will, nur um
die Vereinigten Staaten auf seiner Seite und
gegen Juarez zu haben. Pfui über den Burschen,
und der Kaiser hat doch die Franzosen ganz ruhig
abfahren lassen, als sie sich nur Sonora aus-
bedingen wollten.“

„Und dann Santa Anna,“ lachte Roneiro,
„die Klerikalen müssen ihm doch Hoffnung gemacht haben, oder er hätte nie die Unverschämt-
heit gehabt, wieder auf so plumpe und alberne

Weiſe aufzutreten — und das ſind Alles Mexi=
caner. Es iſt wahrhaftig eine Schande — Ba=
ſtiani hat Recht."

„Wie wird es aber mit der Anleihe, die er
erheben will?" meinte Lucibo; „er braucht viel
Geld in der nächſten Zeit, und wir ſollen es da
natürlich ſchaffen, wie ihm ſein Miniſterium
verſprochen hat."

„Dann mag auch ſein Miniſterium ſehen,
wo es die Capitalien herbekommt," ſagte Ro=
neiro trocken. „Jetzt, wo wir bedroht werden
der Kirche ihr ſämmtliches Eigenthum zurück zu
geben, ſollen wir uns auch wohl noch von dem
Letzten entblößen, was uns geblieben iſt? Ich
für meine Perſon kann mich auf etwas Derarti=
ges gar nicht einlaſſen."

„Und womit ſoll er regieren?" meinte Ba=
ſtiani.

„Quien sabe," erwiederte Roneiro. „Ich
habe außerdem Nichts damit zu thun und kein
Intereſſe dabei, denn die Liberalen ſichern uns
wenigſtens die Güter der Todten Hand."

„Confisciren aber ſonſt Alles, was ſie von
uns braußen finden."

„Wenn wir uns ſtark compromittiren, ja.
Ich für meinen Theil habe aber bis jetzt geſucht

so wenig Lärm als möglich zu machen, und
denke mich auch ferner auf der sichern Seite zu
halten.‟

„Bitte, nehmen Sie Platz, Bastiani,‟ sagte
Lucido, — „compadre, setze Dich hierher — wir
können unser Spiel beginnen.‟

„Apropos, Lucido,‟ rief Bastiani, indem er
den bezeichneten Platz einnahm — „haben Sie
denn lange Nichts von Mauricio gehört? Der
ist ja rein wie verschwunden.‟

„Kein Wort,‟ sagte Lucido seufzend — „der
Junge macht mir viele Sorgen, und muß den
einen dummen Streich schwer büßen. Wenn
ihm nur kein Unglück widerfahren ist. — Was
giebt's, muchacho?‟ — Die Frage galt einem
der Diener, der heraufgekommen und in der
Thür stehen geblieben war. „Was hast Du?‟

„Señor, da unten ist ein Mann,‟ sagte der
Indianer, „der Sie zu sprechen verlangt.‟

„Ein Mann? was für ein Mann?‟

„Quien sabe,‟ sagte der Indianer — „sieht
ein bischen abgerissen aus — Lepero no mas.‟

„Dann soll er morgen wieder kommen —
heute habe ich keine Zeit.‟

Der Diener verschwand und die Herren zogen
ihre Karten, um die verschiedenen Plätze zu bestim=

men, als der Bursche zurückkam und wieder mel=
dete, der „Fremde" ließe sich nicht abweisen —
er müsse den Herrn nothwendig und gleich
sprechen. Er wolle auch Nichts haben, sondern
brächte ihm eine wichtige Nachricht.

Eine wichtige Nachricht? Jedenfalls konnte
man ihn hören, und Roneiro rief selber: „So
laß ihn doch nur heraufkommen! Die paar
Minuten können wir ja noch warten."

Wenige Minuten später trat ein brauner
Bursche, jedenfalls ein Sambo, denn er war
dunkler als selbst die Indianer, in den eleganten
Salon, in den er eigentlich nicht recht hinein zu
passen oder sich behaglich darin zu fühlen schien.
Mißtrauisch glitten auch seine Blicke über die
beiden anwesenden Herren hin — aber nur für
einen Moment — dann hafteten seine Augen auf
dem Diener, und Lucido merkte bald, daß er den
entfernt wünschte.

„Es ist gut, muchacho," sagte er zu dem Bur=
schen, „warte draußen an der Treppe, bis ich
Dich wieder rufe. — Und nun, amigo, was
soll's — ich habe nicht lange Zeit und dies hier
sind Freunde, vor denen Du reden kannst. Oder
ist es ein Geheimniß, das mich allein betrifft?"

„Señor Roneiro und Bastiani," sagte der

Sambo, „werden, denk' ich wohl, dabei bleiben können."

„Caramba! und woher kennst Du u n s, mein Bursche?"

„Werde ich S i e nicht kennen, während ich fast im Stande bin, jedes Kind in Mexico beim Namen zu nennen," lachte der Sambo; „aber die Sache betrifft Ihren Sohn, Señor Lucido, von dem ich Ihnen Grüße bringe!"

„Mauricio? — er lebt?" rief Lucido rasch und erfreut.

„Er lebt?" grinste der Sambo — „gewiß lebt er und befindet sich vortrefflich und gerade auf dem Weg nach der Hauptstadt."

„Um der Jungfrau willen," rief Señor Lucido erschreckt — „er darf die Stadt nicht betreten, oder er ist verloren."

„Hahaha," lachte der Bursche — „er kommt langsam aber sicher, und wenn er hier eintrifft, thut ihm keine Seele was."

„Wie meinst Du das?"

„Weil er in Juarez' Hauptquartier steckt und jetzt dessen Geheimsecretär geworden ist," lachte der Sambo.

„Bei Juarez? und wo steht der?" riefen die drei Herren zugleich aus.

„Ja wo er jetzt steht, ist schwer zu sagen,“ meinte achselzuckend der Sambo, „denn als ich sie verließ, rückten sie langsam auf Durango vor, und sind jetzt entweder noch dort, oder stehen wieder darüber hinaus und hierher zu.“

„Aber das ist nicht möglich,“ rief Lucido, „Durango halten ja noch die Franzosen besetzt.“

Der Sambo schüttelte mit dem Kopf — „Hatten es — ja,“ nickte er, „ziehen aber überall langsam ab und überlassen uns die Plätze mit dem größten Vergnügen.“

„Und hat kein Kampf mehr zwischen ihnen und den Liberalen stattgefunden?“ rief Bastiani.

„Kampf!“ sagte der Sambo — „denken gar nicht daran. Es giebt jetzt keine besseren Freunde auf der Welt, als die Franzosen und Liberalen, und ihre Vorposten kommen sogar zuweilen zusammen und verkehren mit einander. Ist gerade als ob eine Partei aus einem Hause auszieht und die andere ein — fällt gar kein böses Wort mehr zwischen ihnen vor. — Selbst die Officiere halten Verkehr untereinander.“

„Franzosen und Juaristen?“ rief Bastiani erstaunt.

„Ja,“ lachte der Sambo, „ob sie Alle Juaristen sind, weiß die heilige Jungfrau, aber plün=

bern thun sie reblich, wohin sie kommen, Einige
in Juarez', Einige in Ortega's und Einige in
Ruiz' Namen. Einige von den Führern haben
sich auch selber pronuncirt — man sagte, wie
ich fortging; daß Cortina Ansprüche mache, weil
ihn seine Bande gewählt habe. Das giebt sich
aber Alles; wenn sie erst zusammenkommen, dann
hat der Recht, der die meisten Truppen zählt,
und die Anderen laufen doch Alle zu ihm über."

„Und meinem Mauricio geht es gut?" rief
Lucibo. — „Gott sei Dank, daß ich nur wieder
einmal Nachricht von dem Jungen habe."

„Junge?" sagte der Sambo lachend; „er ist
ein sehr vornehmer Herr geworden, und Alle,
die einmal später eine Anstellung wollen, müssen
zu ihm kommen, und caracho — ich denke, er
versteht sie auszudrücken."

Bastiani warf einen Blick auf Lucibo hinüber,
und der alte Herr schien von dem Bericht über
des Sohnes Thätigkeit nicht gerade besonders
erbaut, aber was wollte er auch machen — er
mußte doch jedenfalls sehen, wie er sich in viel=
leicht schwierigen und gefährlichen Verhältnissen
durchwand, und das Alles änderte sich sicherlich,
wenn er wieder nach der Hauptstadt zurückkehrte.
Bastiani schien sich übrigens mehr für das Ver=

hältniß zwischen den französischen und liberalen
Truppen zu interessiren, denn die Sache kam
ihm noch immer ein wenig unglaublich vor
und er wollte mehr davon wissen. Der Sambo
schien das Alles aber als selbstverständlich zu
behandeln.

„Ave Maria, Señor," rief er aus, „das ist
ja doch so natürlich wie nur Etwas. Die Fran=
zosen haben uns schon vor einiger Zeit gemel=
det, daß sie abziehen und keinen Kampf mehr
mit uns haben wollen. Sie würden uns nicht
belästigen, sie verlangten aber auch dafür —
und nicht mehr als recht und billig, daß wir
sie Alles ruhig fortschaffen ließen, was ihr Eigen=
thum wäre und was sie unterwegs brauchten,
und da versteht es sich doch von selbst, daß un=
sere Führer darauf eingingen. Jetzt ist Alles
ein Herz und eine Seele, und wo wir ihnen
einen Gefallen thun können, thun wir's mit
Vergnügen. Nur die belgischen Freicorps, die
mit den Franzosen Nichts zu thun haben und
hier im Land bleiben wollen, sind uns ein
paar Mal in die Finger gelaufen. Wenn die
Franzosen links und rechts von ihnen abmar=
schirten, geriethen sie uns in die Fänge, und

dann ging es ihnen natürlich schlecht. Hol' die Schufte der Teufel!"

„Es ist unglaublich," sagte Bastiani, „und da sagt der Kaiser noch, daß ein rechter Habsburger seinen Posten nicht verlassen dürfe? Caramba, wenn ein rechter Habsburger unter solchen Verhältnissen noch einen Gran gesunden Menschenverstandes hat, so macht er, daß er fortkommt, denn das ist kein ehrlicher Kampf mehr, das ist Schurkerei, und er selber an allen Ecken und Enden verrathen und verkauft."

Der Sambo sah ihn etwas erstaunt an, denn er wußte nicht recht, was er aus den Worten machen solle; Lucido aber, der einem ganz andern Ideengang gefolgt war und sich verwünscht wenig um das Schicksal des Kaiserreichs kümmerte, so er nur seinen eigenen Sohn in Sicherheit wußte, sagte plötzlich:

„Und wie heißt Du eigentlich, mein Bursche, und wie bist Du mit meinem Sohn bekannt geworden?"

Die Frage kam so plötzlich und unerwartet, daß sie den Sambo fast in Verlegenheit gebracht hätte, aber wer kannte auch hier seinen Namen, und er erwiederte ruhig:

„Rodolfo, Señor. — Hatte früher eine kleine

Pulqueria in Tacubaya, wo der junge Herr,
wenn er dort hinauskam, sein Pferd einstellte
und füttern ließ. Er hat immer viel von mir
gehalten und — da er wußte, daß er sich auf
mich verlassen konnte, mir auch den Auftrag an=
vertraut, seinen Eltern Nachricht von ihm zu
bringen. Hätten sich doch sonst wohl seinetwe=
gen geängstigt."

„Aber weißt Du, mein Bursche," sagte Ba=
stiani, „daß Du in des Teufels Küche kommen
kannst, wenn sie Dich hier als Spion aufgreifen?
Verwünscht kurzen Proceß würden Sie mit Dir
machen, darauf kannst Du Dich verlassen, und
ich möchte wahrhaftig nicht in Deiner Haut
stecken."

„No tenga cuidado Señor," lachte der Sambo;
„erstlich bin ich hier viel zu bekannt, und dann
würde ich mich augenblicklich als Deserteur an=
geben und mich einige Wochen hier füttern lassen.
Nichts ist leichter, als nachher wieder bei einer
günstigen Gelegenheit zu entwischen."

„Trostlose Zustände," sagte Bastiani, langsam
den Kopf schüttelnd — „nicht um eine Million
Revenuen möchte ich mexicanischer Kaiser sein!"

„Ich gleich," lachte Rodolfo — „dann ver=
kaufte ich ein ganzes Jahr lang nichts weiter

als Generals-Patente, und wenn ich in der gan=
zen Armee keine Seele weiter als Generale hätte,
setzte ich mich auf ein Schiff und führe mit mei=
nem Geld davon."

"Der Bursche hat Verstand," lachte Roneiro,
"oder doch wenigstens Nachahmungstrieb, denn
etwas Neues wäre das nicht. Andere haben es
schon vor ihm gethan und werden es auch noch
nach ihm thun. — Also Mauricio befindet sich
im feindlichen Hauptquartier! Das ist wirklich
nicht übel, und er wird es dann wohl nächstens
selber zu registriren haben, wenn seines Vaters
Güter von den Liberalen confiscirt werden. Eine
größere Confusion kann doch wahrhaftig in kei=
nem Land der Welt herrschen, und anstatt besser
zu werden, wird es immer ärger."

"Und kehrst Du wieder zurück?" frug Lucido.

"Sobald ich mich hier ein wenig umge=
sehen habe, ja," nickte Rodolfo, "muß noch eine
Menge Aufträge an verschiedene Caballeros hier
ausrichten und auch wieder mitnehmen."

"Und von wem, amigo?" frug Bastiani.

"Quien sabe," lachte der Bursche — "ist viel
besser keine Namen zu nennen, um Niemanden
in Verlegenheit zu bringen — sind aber keine
Leperos, so viel kann ich Sie versichern."

„Kann ich mir denken," sagte der alte Herr
— „natürlich wird es jetzt bei Vielen Zeit, sich
den Rücken zu decken. Hol' sie der Teufel!"

„Dann komm, ehe Du die Stadt verläßt, noch
einmal bei mir vor, amigo," sagte Lucibo — „ich
werde Dir Aufträge an meinen Sohn mitgeben.
Das vorderhand für den Herweg," setzte er
hinzu, indem er dem sehr erfreuten Burschen
zwei Goldunzen in die Hand drückte. „Es ver=
steht sich aber von selbst, daß Du Mauricio's
Namen nicht hier in der Stadt nennst."

„Gewiß nicht — gewiß nicht, Señor," rief
der Bursche betheuernd, „nur," setzte er pfiffig
hinzu — „mit einer einzigen Ausnahme, die aber
Nichts mit der Politik zu schaffen hat und ihn
auch nicht in Gefahr bringt — doch jetzt muchas
gracias, Señor — Caraija, das giebt einen gu=
ten Tag, und die Goldfüchse sind bei uns draußen
selten geworden. Also ehe ich wieder abgehe,
frage ich hier noch einmal an," und mit einer
nicht ungeschickten Verbeugung verließ er den
Salon.

Die drei Herren aber blieben, als er durch
die Thür verschwunden war, noch Jeder über
seinen eigenen Gedanken brütend stehen — sie

hatten ihr Spiel ganz vergessen, und die eben
gehörte Kunde war auch allerdings wichtig genug.

Sie Alle wußten ja wohl, daß sich die Fran=
zosen nach und nach zurückziehen und das Land
räumen würden, Keiner aber schien geglaubt zu
haben, daß das in solcher Weise und in so freund=
licher Beziehung zu den bisherigen Feinden ge=
schehen könne. Bazaine mußte also mit dem
feindlichen Hauptquartier förmliche Verabredun=
gen getroffen haben, und in dem Falle stand ihm
auch gar nichts im Weg, seine Truppen fast so
rasch zusammen zu ziehen, als sie nur die weiten
Strecken marschiren konnten. Im Interesse sei=
ner Soldaten lag das gewiß, er schonte Men=
schenleben, daß sie aber damit das Kaiserreich
vollkommen im Stiche ließen und ihm nicht ein=
mal Zeit gaben, für seine eigene Vertheidigung
gerüstet zu sein, war eben so gewiß. Sämmt=
liche bisher giltig gewesenen Verträge schienen
also aufgehoben oder gebrochen, und daß in dem
Fall hier die Sache eine rasche und bösartige
Wendung nehmen mußte, blieb außer aller Frage.

„Das Einzige, was ich nicht begreife," sagte
Bastiani endlich, indem er seinen Gedanken Worte
gab, „ist der Klerus, der so lange an dem Kaiser=
reich herumgebohrt hat, bis es ihm endlich ge=

lungen ist es zu Grunde zu richten, und jetzt
schließt er wieder Freundschaft, wo ihm die Li=
beralen schon auf dem Genick sitzen. Er kann
doch gar nicht glauben, daß er im Stande ist
es wieder lebensfähig zu machen."

„Ich weiß auch nicht," meinte Roneiro, „was
die Schwarzen dabei noch in petto haben, denn
daß die Amerikaner die Fremden aus dem Land
haben wollen, ist gewiß. Es sind nun einmal
Republikaner und dulden kein neues Kaiserreich."

„Ach was," sagte Bastiani finster, „der ver=
dammte Schneider, den sie jetzt zum Präsidenten
haben, kümmert sich verwünscht wenig um Re=
publik oder Kaiserreich, und die Amerikaner selber
— hol' sie der Henker — es ist ja doch nur Alles
Redensart in ihrer Republik. Uns wollen sie
hier mit freien Institutionen beglücken und
schimpfen auf die Knechtschaft einer Monarchie,
mit der Regierung aber gerade, in der die
schmachvollste Tyrannei und Knechtschaft, Säbel=
wirthschaft, Despotismus und Gott weiß was
sonst noch zu Hause ist — mit Rußland,
schließen sie ein enges Freundschaftsbündniß
und die armen Polen mögen zum Teufel gehen.
Die scheeren sich nicht um ein Princip, sondern
um den Dollar — das ist Alles, und wenn ihnen

Maximilian den Hals vollschieben könnte, möchte Juarez und die Republik ruhig sehen, wo sie blieben. Ein liberaleres Regime, als es unser Kaiser bis jetzt hier geführt hat, giebt es nicht auf der Welt, aber nein, sie lassen ihn nicht, bis er sich den Pfaffen wieder in die Arme wirft."

„Amigos," sagte Lucido, der indessen seine eigenen Gedanken verfolgt und zu einem ziemlich angenehmen Resultat dabei gelangt war; denn wenn sich sein Sohn gut mit Juarez stand und dieser nächstens wieder die Obergewalt bekam, so hatte er natürlich Nichts für sein Eigenthum zu fürchten — „wir ändern doch Nichts am Lauf der Ereignisse — beginnen wir unser Spiel und warten wir das Uebrige ruhig ab."

„Sie müssen mich heute entschuldigen, Lucido," sagte Bastiani mürrisch — „ich habe den Kopf voll und wahrlich keine Gedanken auf das Spiel, aber da kommt Rodriguez — der kann den dritten Mann abgeben. Ich will einen Spaziergang machen und meinen Aerger an die Luft setzen — adios" — und draußen nahm er seinen Hut und schritt auf die Straße hinaus.

* * *

Kaiser Maximilian war an dem Nachmittag
eben in sein Zimmer gegangen, aber eine merk=
würdige Unruhe hatte ihn erfaßt, über die er
sich gar keine Rechenschaft geben konnte. Er
nahm ein Buch auf, aber er konnte nicht lesen,
warf es wieder hin und schritt unruhig auf
und ab.

Staatsrath Herzfeld, der seine Hauptgeschäfte
in dieser Zeit leitete, saß an dem einen Tisch,
mit einer Correspondenz beschäftigt, und Doctor
Basch, der Leibarzt des Kaisers, kam jetzt eben=
falls, wie gewöhnlich nach Tisch, in das Cabinet,
als ein Beamter der Telegraphenstation zwei
Kabeldepeschen aus Europa brachte und sie dem
Staatsrath überreichte. *)

Der Kaiser war blaß geworden, als der
Beamte nur gemeldet wurde. Er ahnte Unheil,
wenn er auch noch nicht wußte, von welcher Seite
er es erwarten sollte. Eins der Telegramme
war vom Grafen Bombelles, der die Kaiserin
auf ihrer Reise begleitet hatte, und aus Mira=
mare datirt — das andere von Castillo, dem ehe=
maligen Minister und jetzigen Gesandten in
Rom, kam von dort.

---

*) Doctor Basch als Augenzeuge schildert diese Scene,
wenn auch nur in kurzen Worten, doch genau in seinem Buche.

„Herzfeld," sagte der Kaiser, während er die Depeschen einen Moment in der Hand hielt und dann vor ihn auf den Tisch legte — „das sind keine g u t e n Nachrichten, die sie bringen — ich fühle es — ich habe es schon gefühlt, seit sie sich in der Stadt befinden — lesen Sie — lesen Sie!"

„Majestät sorgen sich gewiß umsonst," sagte der Staatsrath beruhigend, indem er die Depeschen erbrach und die Dechiffrirung begann. „Sie können uns gerade recht g u t e Kunde bringen — aber wir werden ja gleich sehen."

Der Kaiser nahm seinen Spaziergang im Zimmer wieder auf, warf aber ungeduldig den Blick nach dem Staatsrath hinüber, der, anscheinend etwas verlegen, die Papiere herüber und hinüber rückte und mit einander verglich. Es war, als ob er den Sinn nicht so rasch herausfinden könne.

„Nun, Herzfeld, was ist's? was melden sie?"

„Ich weiß nicht," sagte der Staatsrath, auf das eifrigste mit seiner Arbeit beschäftigt — „ich begreife nicht recht — die Chiffern passen nicht genau. So viel ich bis jetzt herausbekommen habe, ist Jemand in Miramare krank geworden."

„Krank?" rief der Kaiser rasch — „oh das

ist jedenfalls die alte Bario! aber du lieber
Gott, deshalb hätten sie doch nicht zu telegra=
phiren brauchen. — Ist es für deren Familie
hier?"

„Ich kann es noch nicht sagen, Majestät —
gestatten Sie mir noch einen Augenblick."

Doctor Basch zog sich in sein Zimmer zurück
— rücksichtsvoll in seinem ganzen Wesen, kam
es ihm vor, als ob der Staatsrath dem Kaiser
die Depesche nicht in seiner Gegenwart enthüllen
wolle, und er ging dem deshalb aus dem Weg.
Herzfeld aber scheute sich überhaupt, dem Kaiser
den Inhalt mitzutheilen, denn es war eine schwere
und sorgenvolle Nachricht, die sie brachte, und
während er sich stellte, als ob er den Sinn nicht
herausfinden könnte, überlegte er doch nur hin
und her, ob es überhaupt möglich sei, das, was
hier mit klaren Worten stand, ihm vorzuenthal=
ten. Maximilian wurde aber nur zu bald miß=
trauisch. Staatsrath Herzfeld wußte stets mit
der Dechiffrirung vortrefflich umzugehen, weshalb
zögerte er gerade heute so lange?

„Herzfeld," sagte er endlich, indem er vor
ihm stehen blieb, „ich weiß es — es muß etwas
Schreckliches sein, was Sie da haben — theilen

Sie mir es lieber mit — ich bin auf das Aergste gefaßt."

„Majestät," sagte da der Staatsrath, also gedrängt — „ich weiß auch gar nicht, ob ich Ihnen den Inhalt verheimlichen darf. Es betrifft Ihre Majestät die Kaiserin selber — sie ist schwer erkrankt und — einem dortigen, sehr geschickten Arzt, dem Doctor Riedel, übergeben."

„Riedel? — Riedel?" — sagte der Kaiser rasch — „ich habe den Namen nie gehört — was behandelt er?"

Herzfeld zuckte die Achseln. „Ich weiß es nicht, Majestät — Doctor Basch ist vielleicht eher im Stande, Ihnen darüber Auskunft zu geben."

„Basch — wo ist er? — lassen Sie ihn augenblicklich rufen. Er wird auf seinem Zimmer sein," rief Maximilian in furchtbarer Aufregung — „bitte, lieber Herzfeld, er soll augenblicklich herüberkommen."

Der Staatsrath war schon aufgesprungen, um den Befehl auszuführen, und der Kaiser, der sich in einem wirklich qualvollen Zustand befand, blieb mitten im Zimmer stehen und sah nur fortwährend nach der Thür, durch welche der Erwartete eintreten mußte. Er brauchte nicht lange zu harren, denn der Doctor folgte dem

Rufe augenblicklich — aber schon in der Thür
rief ihm der Kaiser entgegen — und Thränen
füllten dabei seine Augen:

„Basch — kennen Sie den Doctor Riedel in
Wien?"

Doctor Basch erbleichte. Schon der Name ent=
hüllte ihm die ganze Wahrheit — des Furcht=
baren, des Geschehenen — aber was half hier
leugnen? Mit fast tonloser Stimme sagte er:

„Ja, Majestät, — es ist — der Director der
Irrenanstalt."

Der Kaiser war todtenbleich geworden — den
Arm ausgestreckt, stand er vor dem Arzt — aber
er erwiederte kein Wort; nur das Gesicht barg
er jetzt in beiden Händen und blieb so mehrere
Minuten still und regungslos — endlich sagte er
leise und kaum hörbar: „Großer Gott, das ist
fürchterlich!"

Herzfeld wollte einige Worte des Trostes an
ihn richten, aber er winkte ihm mit der Hand:

„Jetzt nicht — jetzt nicht — lassen Sie mir
Ruhe," sagte er leise, aber freundlich, „ich muß
das Entsetzliche erst klar in mir überdenken —
es erst sichten. Nachher — später — der Schlag
kam zu plötzlich — unerwartet — ich muß mir
erst selber darüber klar werden."

Die beiden Herren fühlten, daß sie dem Kai=
ser in diesem Augenblick keinen größeren Dienst
erweisen konnten, als ihn allein und sich selber
zu überlassen, und zogen sich zurück. Eine qual=
volle Stunde mochte es aber gewesen sein, die
Maximilian da in seinem kaiserlichen Schloß
verlebte, doch sie hatte ihm genügt, sich zu sam=
meln und seine Lage klar zu überdenken, und als
er zu seinem gewöhnlichen Abendspaziergang auf
die Azotea des Palastes hinaufstieg, schickte er
nach seinem Arzt, um ihm dort wie immer Ge=
sellschaft zu leisten.

Doctor Basch folgte augenblicklich dem Ruf
und schritt schweigend neben Maximilian eine
Weile auf und ab. Aber wie sich der Kaiser
auch sonst an dem reizenden Anblick da oben
ergötzte, an den wirklich schönen Formen der
Kathedrale an der einen — an den Vulkanen
an der andern Seite — an dem wunderlich
geformten und oben wie flach abgeschnittenen
Häusermeer, das ihn umgab, an den Seen und
Bergen, welche die Stadt da draußen einschlossen,
oder an dem geschäftigen und regen Leben, das
über die Plaza zu seinen Füßen herüber und
hinüber wogte, heute sah er von dem Allen Nichts,
und sein immer so klares, offenes Auge blickte

düster und in sich gekehrt vor sich nieder. Wo =
mit sich aber sein Geist in der Zeit beschäftigte,
zeigte er bald in der nächsten Frage, die er jetzt
plötzlich an. den neben ihm stehen bleibenden Arzt
richtete:

„Was meinen Sie, Basch? soll ich bleiben
oder gehen?"

Es mochte das der nämliche Gegenstand sein,
der den Arzt beschäftigt hatte, wenn er sich auch
über die Sache selbst viel klarer war, als der
Kaiser es sein konnte. Er hatte lange schon,
mit den Mitteln, über welche Maximilian ver=
fügte, und unter dem Volk, das ihn umgab, die
Unhaltbarkeit der jetzigen Zustände erkannt, ja
fürchtete sogar, nicht mit Unrecht, für den Für=
sten selber und erwiederte deshalb nach kurzer
Pause, aber ruhig und bestimmt:

„Ich glaube, Euer Majestät werden nicht
im Land verbleiben können."

„Wird aber wohl Jemand daran glauben,
daß ich wegen der Krankheit der Kaiserin nach
Europa gehe."

„Euer Majestät," erwiederte Doctor Basch,
„haben wohl der Gründe genug, und Europa
wird anerkennen, daß Sie nicht mehr verpflichtet

sind in Mexico zu bleiben, da Frankreich vor-
zeitig seine Verträge gelöst hat."

Der Kaiser sann einen Moment — sein
Ideengang warf sich auf seine Umgebung.

„Was glauben Sie, welcher Ansicht wohl
Herzfeld und Fischer darüber sind?"

„Ich bin der Meinung, Majestät, daß Herzfeld meine Ansicht theilen wird, und was Padre
Fischer betrifft," setzte er achselzuckend hinzu,
„so flößt er mir in der That kein rechtes Vertrauen ein. Er ist Geistlicher, und bei aller
Ehrlichkeit, die ich bei ihm voraussetze, werden
ihm doch die Vortheile seiner eigenen Partei
immer höher stehen, als die speciellen Interessen
Euer Majestät."

Wieder nahm der Kaiser seinen Spaziergang auf, über die letzten Worte augenscheinlich
nachgrübelnd.

„Ja — ja — Sie haben Recht," sagte er
nach einer Weile, ohne aber seinen Gang wieder
zu unterbrechen — „Sie haben Recht, Basch,
die Frage ist nur die, wie sich Alles am besten
regeln läßt. Gott weiß es, ich habe meine Pflicht
gethan, und mehr als das — kein Mensch wenigstens könnte mehr von mir verlangen, und

trotzdem fühle ich, daß mir Spott und Hohn in meine Einsamkeit folgen werden."

„Und geschieht denn Etwas in der Welt, Majestät, was nicht hier und da von schmutzigen Charakteren begeifert wird? Wenn Sie mit sich selber im Klaren sind, darf Sie das Andere wenig kümmern."

„Ich habe hier keine Ruhe mehr," sagte der Kaiser wieder nach kurzer Pause, „mein Herz ist daheim bei meiner armen Charlotte, und sähe ich nur, daß ich hier noch Gutes wirken könnte, wie gern wollte ich Alles ertragen — aber sie lassen mich nicht. Die Menschen hier sind vielleicht gut, ja, aber indolent bis zum äußersten und immer nur auf ihr eigenes Interesse bedacht. Sie haben kein Vaterland, und ich fürchte, ich bin mehr Mexicaner als die Meisten von ihnen. Mit solchen Menschen ist aber kein Staat zu gründen und zu befestigen, denn es fehlt ihnen jedes edle Motiv, und ich wenigstens tauge nicht dazu, ein solches Volk zu regieren. — Ich muß fort, so viel steht fest," setzte er nach einer klei= nen Weile hinzu, „ich kann nicht, und will nicht bleiben, wo nur die Ruhe eines Theils des Landes mit ewigem Blutvergießen aufrecht erhalten werden kann. Es sind ja keine Men=

schen, es sind Tiger, und selbst untereinander schlachten sie sich ab. Die eine Frage bleibt nur jetzt, soll ich gleich gehen, oder nur auf das Ziel nach einem festen Plan losarbeiten? Am liebsten ginge ich gleich. Ich bin müde — — recht von Herzen müde und bedarf der Ruhe."

„Aber, Majestät," erwiederte Doctor Basch, „noch ist kein Grund zu eilen, und der Entschluß von zu hoher Bedeutung und Tragweite, als ihn unnöthigerweise zu überstürzen. Nur die Vorarbeiten werden nicht Tage, nein, vielleicht Wochen und Monate verlangen."

Der Kaiser nickte still vor sich hin. „Nach unseren Ansichten haben Sie Recht, Basch, unsere deutsche Gewissenhaftigkeit zwingt uns zu solchem Handeln. Ein Mexicaner würde rascher damit fertig werden, und sich verwünscht wenig darum kümmern, was mit dem Lande oder der Ordnung darin würde, wenn er die Hand erst einmal davon abgezogen. Aber was auch komme, ich will so handeln, daß ich mir selber keinen Vorwurf zu machen brauche. Mag mich die Welt dann richten. — Uebermenschliches kann und darf sie nicht von mir verlangen. — Jetzt schicken Sie mir Herzfeld und Bilimeck, ich will mit

ihnen sprechen. Ich weiß, bie meinen es we=
nigstens gut mit mir, unb wiffen auch, was ich
meiner Stellung schuldig bin — gehen Sie, lie=
ber Basch, unb morgen — sprechen wir weiter
über bie Sache. Unb noch Eins — es läßt mir
hier in ber Stabt keine Ruhe mehr. Sie glauben
freilich, baß mir bie sumpfige Umgebung Cha=
pultepecs nicht heilsam ist, aber — was mich
jetzt brückt, ist mehr als Wechselfieber — ich muß
wieber hinaus auf meinen stillen Berg — fort
hier aus ber Hauptstabt. Der Entschluß, ben
ich jetzt gefaßt, bebarf einer ruhigen Erwägung,
unb bann auch — wenn bamit im Reinen, will
ich nicht barin gestört werben; benn was mir
ba Alles bevorsteht, weiß ich schon. Also sorgen
Sie, lieber Basch, baß wir morgen Früh wieber
nach Chapultepec übersiebeln können."

2.
In Orizaba.

In der Hauptstadt war in diesen Tagen —
etwas sehr Ungewöhnliches — die eigentlich
klerikale wie conservative Partei außerordentlich
thätig gewesen, um die sich jetzt in ihren Händen
befindende Sache des Kaiserthums zu fördern,
das heißt vor allen Dingen den Kampf mit den
Liberalen aufzunehmen, um die immer näher
rückende Gefahr von der Hauptstadt, also von
ihren eigenen Köpfen abzuwenden.

Beide Parteien hatten genug auf die Fran=
zosen und deren Aufenthalt im Land geschimpft,
und ihren Abzug herbeigesehnt — jetzt aber kam
er ihnen doch noch fast zu rasch, denn das, was
man von ihnen erwartet: die gänzliche Zerspren=
gung oder Vernichtung der Liberalen, hatten sie

nicht erfüllt, und im Gegentheil schien der rast=
lose Gegner auf fast unerklärliche Weise wieder
über frische Truppen zu verfügen, wenn man
ihn schon total niedergeworfen glaubte. Wie
Tellus, sobald er die Erde berührte, gewann er
neue Kräfte, und es blieb in der That nichts
Anderes übrig, als ihn in der Luft zu zer=
brücken.

Wäre das nun durch Versprechungen, Redens=
arten und Phrasen möglich gewesen, so hätten
es die Mexicaner auch sicherlich mit leichter
Mühe erreicht, denn an allen denen fehlte es
nicht. In Wirklichkeit schien sich aber nur
immer Einer auf den Andern zu verlassen,
und Wenige blieben, die wirklich im Interesse
der guten Sache mit Opferfreudigkeit vorgingen.
Einzelne fanden sich in der That dafür, und
unter diesen namentlich Bastiani, Rodriguez und
Almeja, dagegen Roneiro, wie Lucido de Vega,
und selbst die Herren Minister, die fast Alle
ein bedeutendes Vermögen besaßen, sicherten
allerdings ihre Hilfe zu, suchten aber vor der
Hand noch durch allerlei Ausflüchte Zeit zu ge=
winnen. Man mußte doch erst sehen, wie sich
die Sachen gestalteten und ob der Staat nicht
vielleicht auch so wieder zusammengeflickt werden·

konnte, ohne daß sie selber zu tief in ihre eige=
nen Geldbeutel griffen.

Auch der Klerus hielt sogar noch merkwür=
digerweise mit Geld zurück. Traute auch er den
Zuständen nicht recht, oder hatte er noch an=
dere Pläne in Bereitschaft? das letztere war jeben=
falls das Wahrscheinlichere, und doch schien ge=
rade bies Zögern die Gefahr immer mehr herauf
zu beschwören.

Thatsache war, daß die hohe Geistlichkeit, in
ihrem übermüthigen Stolz und Dünkel immer
nur auf ihre Rechte und ben gefährbeten Glau=
ben pochend, ihr Ziel schon überschossen halte.
Nun erst, als sie den Abgrund vor sich be=
merkte, in ben das auch ihre Interessen mit
tragende Staatsfuhrwerk, von burchgehenden
Pferden vorwärts gerissen, zu stürzen brohte, ver=
suchte sie zu spät die Zügel der Thiere in die
Hand zu bekommen. Ausweichen wäre vielleicht
noch möglich gewesen, aber non possumus —
bas wollten sie nicht. Alles was sie verlangten,
war halten oder umkehren — und das ging
nicht mehr an.

Wie ein Wetterschlag traf ba mittenhinein
die Nachricht von der Erkrankung der Kaiserin
und dem Gerücht, der Kaiser beabsichtige nach

Orizaba zu gehen, um den Nachrichten, die er aus Europa erwartete, näher zu sein.

Natürlich glaubte das kein Mensch — Orizaba lag schon an der Grenze der Tierra caliente, gar nicht so weit mehr von Vera-Cruz entfernt — Orizaba war also nur die Ausrede, und der Kaiser wollte Mexico verlassen und auf seine Dornenkrone hier verzichten. Was anders konnte man auch mit dem jetzt völlig ausgesprochenen Abzug der Franzosen erwarten; es gab gar nichts Natürlicheres. Mit Hilfe französischer Bajon= nette war er in das Land gekommen, und daß er es wieder verließ, sobald diese abzogen, ver= stand sich eigentlich von selbst. Hatte er doch auch jetzt schon drei volle Jahre regiert, und in Mexico war man gar nicht mehr daran ge= wöhnt, ein politisches Oberhaupt viel länger als drei Monate ungestürzt in seinem Amt zu sehen.

Den größten Schrecken aber bekam das con= servative Ministerium, mit dem pfaffenfreund= lichen Lares an der Spitze. Den Herren war die Sache außer dem Spaß, denn ging der Kaiser jetzt, wo sie gar Niemanden im Land hatten, auf den sie sich verlassen und den sie an seine Stelle setzen konnten, so lag die ganze Ver=

antwortlichkeit der Regierung allein auf ihren
Schultern. Sie sollten Geld schaffen, wo eben
keins zu schaffen war, wenn sie es nicht aus
ihrer eigenen Tasche gaben; sie sollten eine Armee
„aus der Erde stampfen", wo ihnen die Soldaten
so rasch davonliefen, wie sie eingekleidet wur=
den; sie sollten die Forderungen ihrer eigenen
Partei wie die des Klerus befriedigen, wo sie
ihre eigenen Forderungen nicht einmal befriedigt
bekommen konnten — sie sollten überhaupt Etwas
thun und selbstständig handeln, wie die Verant=
wortung dafür übernehmen, und das paßte
ihnen natürlich nicht, denn unter solchen Be=
dingungen hatten sie das Portefeuille nicht über=
nommen, und würden es nie übernommen haben.
Die Folge davon war, daß das ganze Mini=
sterium augenblicklich zusammentrat und nach
sehr kurzer Berathung den einstimmigen Be=
schluß faßte, dem Kaiser zu erklären, falls er
die Residenz verlasse, auch ihre Entlassung an=
zunehmen und sich nach einem neuen Mini=
sterium umzusehen. Mit dieser Erklärung wurde
der Ministerpräsident Lares nach Chapultepec
hinausgeschickt — aber nicht vorgelassen.

Chapultepec bot an dem Tag überhaupt ein
bewegtes Bild, denn nicht allein der Minister=

3*

präsident, sondern ein großer Theil der Nobili=
tät Mexicos war herausgefahren, um den Kaiser
dringend zu bitten, den für die Stadt so ge=
fährlichen Plan, sie ohne Kaiser zu lassen, auf=
zugeben. Auch die Prinzessin Iturbide, eine
alte, etwas heftige und bewegliche, dabei aber
sehr stolze Dame, die der Kaiser sogar mit dem
Namen „Cousine“ ehrte, fuhr im größten Staat
vor, denn daß ihre ephemere Existenz besonders
an dem Verbleiben des Kaisers hing, war selbst=
verständlich — aber auch sie wurde nicht vorge=
lassen. Der Kaiser hatte sich vollständig abge=
schlossen und Doctor Basch das höchst fatale
Amt überkommen, alle Besuche ohne Unter=
schied abzuweisen, was ihm auch bei Allen
ziemlich leicht wurde — nur bei der etwas künst=
lich gemachten Prinzessin nicht, die den armen
Doctor mit einer wahren Fluth von Vorwürfen
überschüttete. Aeltere Damen sind nun einmal
leicht irritirt — besonders zweijährige Prinzessin=
nen — aber es half Nichts. Selbst diese mußte
wieder abziehen, und die Reise des Kaisers nach
Orizaba war bestimmt.

Uebrigens bekam Marschall Bazaine durch
Staatsrath Herzfeld Kunde, daß das Ministerium
mit seiner Abdankung gedroht habe und das

Land also nach der Abreise des Kaisers ohne Re=
gierung bleiben würde, was jedenfalls sofort eine
Revolution hervorgerufen hätte. In dem Fall
aber befanden sich die Franzosen im Land in
einer schlimmen Lage, denn überall waren noch
kleine Trupps stationirt, deren Zusammenzie=
hung, der ungeheuern Entfernungen wegen, nicht
so rasch hatte bewerkstelligt werden können, und
diese wären dann natürlich der größten Gefahr
ausgesetzt gewesen. Bazaine wußte auch zu gut,
wie man die Franzosen im ganzen Land haßte,
denn oft genug war es vorgekommen, daß man
aus Trupps von Gefangenen nur diese ausgelesen
und erschossen oder nichtswürdig hingemordet
hatte, und auf ihm selber lag die Verantwor=
tung, sie sicher zu stellen. Das aber konnte nur
dadurch geschehen, daß vor der Hand noch eine
mexicanische Regierung an der Spitze blieb.

Ein gleiches Interesse hatten aber die Kleri=
kalen, denn ihnen konnte Nichts daran liegen,
daß der Kaiser in einem Augenblick abbankte,
wo sie noch nicht einmal wußten, ob sein Ersatz=
mann Miramon auf der Heimfahrt begriffen sei
oder nicht. Padre Fischer wurde von Labastida
selber beauftragt, alle Kräfte aufzubieten, um
den Rücktritt des Ministeriums zu verhindern,

denn das mußte den Kaiser nur in seinem Ent=
schlusse bestärken, und der Klerus dachte die Ver=
antwortung eben so wenig allein zu übernehmen,
wie die Conservativen.

Bazaine arbeitete kräftiger in dem nämlichen
Sinn. Ein derber, mit versteckten Drohungen
untermischter Brief ging an das Ministerium ab
— der Kaiser mußte freie Hand behalten, um
Napoleon's gegenwärtig dringendsten Wunsch —
seine Abdankung zu erreichen und ihn sicher
außer Land zu bringen. Wurde das dann nur
noch kurze Zeit hingezögert, — und so rasch ent=
schloß sich Maximilian überhaupt nicht — so
hatte Bazaine wenigstens alle seine Truppen so
weit zusammengezogen, daß keine directe Ge=
fahr mehr zu befürchten war, und Mexico? —
was kümmerte ihn Mexico, sobald er nur den
ihm gegebenen Befehlen und Wünschen seines
Souveräns nachkam. In Frankreich erwarteten
ihn zudem, das wußte er gut genug, alle mög=
lichen Ehren und Genüsse, und er wenigstens
konnte dort auf seinen Lorbeeren ausruhen.

Maximilian hatte dieses Mal wenigstens
seinen Entschluß aufrecht erhalten, und zwar
hauptsächlich wohl nur dadurch, daß er Nie=
mandem gestattete, weiter auf ihn einzuwirken.

Er wollte nach Orizaba und er ging trotz allen Hindernissen.

Am 21. October, schon Morgens vier Uhr, brach der Kaiser, von einer dreihundert Mann starken, vom Obrist Kobolich commandirten Hu=saren=Escorte geleitet, von Chapultepec nach Orizaba auf. In seiner Begleitung befanden sich Doctor Basch, Professor Bilimeck, Pabre Fischer, der sich merkwürdigerweise im Vertrauen des Kaisers hielt, Feliciano Robriguez, ein Sohn des alten Robriguez in Mexico, als Flügelabju=tant, Arroyo, als einziger Minister, und noch einige mexicanische Officiere.

Der Kaiser fuhr in einem mit vier weißen Maulthieren bespannten Wagen, aber er war düster und in sich verschlossen, denn außer dem Schmerz und der Sorge um die Gattin fühlte er sich auch gegen den französischen Abgesandten, den Grafen Castelnau, erbittert, der mit einer unbegreiflichen Rücksichtslosigkeit in Vera=Cruz gezögert hatte ihm seine Botschaft des franzö=sischen Kaisers auszurichten. Jetzt mußte er ihm auf der Straße begegnen, aber er war fest entschlossen, ihn nicht zu sprechen. Sein Groll gegen Frankreich wuchs mit jeder Stunde, und still, in sich gekehrt und vor sich hinbrütend saß er in seinem leichten Wagen, während die Scenerie fast unbeachtet an ihm vorüberglitt. Nur dann und wann raffte er sich aus seinem qualvollen Grübeln fast gewaltsam empor, und als der erste Rastplatz Ayotlan erreicht wurde und der Zug dort wirklich mit dem französischen Gesandten zusammentraf, verweigerte Maximilian auf das entschiedenste jedes Begegnen mit ihm. Er mußte vorüberfahren und seinen Weg zum französischen Hauptquartier fortsetzen.

Das erste Nachtquartier wurde auf der Hacienda Socyapan gehalten, und hier verbrachte der unglückliche Monarch noch eine unglücklichere Nacht, denn hier kämpfte er noch einmal den Entschluß der Abdankung durch, ja er war nahe daran, sie gleich von diesem Orte aus zu datiren.

Was ihn besonders zu peinigen schien, war der Gedanke an das viele vergossene Blut in Mexico: „Ich will nicht, daß meinethalben noch mehr Blut im Lande vergossen werde," sagte er, und noch an diesem Abend widerrief er das ihm von Bazaine abgedrungene Decret vom 3. October.

Und weiter ging die Reise gegen Osten — überall, wo Rast gehalten wurde, kamen dabei Deputationen der Einwohner und Eingeborenen, um ihr Beileid auszudrücken, und Blumen brach=

ten sie babei unb streuten bem unglücklichen Monarchen Blumen auf ben Weg.

Armer Kaiser! — Das von je geknechtete Volk fühlte, was Du ihm warst, aber es hatte nie bie Macht ober Gewalt in Händen, wie in allen biesen süblichen Republiken — bie Creolen unb Mischlingsracen regierten — bas Volk hatte nur Blumen für seinen Kaiser — unb Thränen.

In Orizaba wurde ber Kaiser von ben Bewohnern auf bas herzlichste begrüßt, aber sein Geist war gebrückt, sein Herz schwer, unb kein Lächeln kam auf seine Lippen.

*) „Es ist psychologisch leicht erklärlich, wenn bie Stimmung Maximilian's sich in biesen Tagen immer mehr verbüsterte. Es war für ihn ber harte Augenblick gekommen, wo er durch eigene Entschließung, burch selbsteigenste Erklärung ben Stab über bas Unternehmen brechen sollte, bessen Schwierigkeiten er nie verkannt, dem er aber mit jugenblicher Begeisterung, mit Opferwillig= keit unb unter bem Einsatz seiner Person bas Leben geweiht hatte. Er mußte zurücktreten von

*) Es ist nicht möglich, seinen bamaligen Zustand wie seine Gefühle kürzer unb besser zu schilbern, als es Doctor Basch in seinen „Erinnerungen" thut, unb ich lasse beshalb ben barauf bezüglichen Satz hier folgen.

der Verwirklichung der großen Idee der Rege-
neration eines verkommenen Volkes, und nach
alle dem, was er in Mexico erlebt, mit dem bit=
tern Gefühl in der Brust sich abwenden, daß
nur der Verrath Derer, die sich seine Freunde
nannten, das Werk zu Falle gebracht hatte. Er
sah ein, daß diesem Lande noch lange nicht zu
helfen sei; in seinem Innern hatte er Mexico
bereits aufgegeben, nicht gewillt, noch länger der
Vasall Frankreichs zu bleiben. Orizaba war für
ihn nur eine Ruhestation. Die Abdankung als
solche kostete dem Kaiser keinen Kampf mehr,
nur sträubte sich sein Selbstgefühl dagegen, durch
diesen Act dem ganzen Lande gegenüber bekennen
zu müssen, daß er sich ohne Unterstützung der
Franzosen nicht mehr behaupten könne und —
daß er sich von Louis Napoleon habe täuschen
lassen. Als Souverän das Land zu verlassen
und in Europa seine vollen Rechtsansprüche
und Rechtstitel aufrecht zu erhalten, litt seine
Ehrenhaftigkeit nicht. Seinem verstörten Ge=
müth wäre es eine Erleichterung gewesen, wenn
er sich von der drückenden Last dieser „Würde
ohne Macht", dieser aufbringlichen Etikette ohne
Wahrheit befreien und nach Europa zur kranken
Kaiserin hätte reisen können, deren Schicksal so

tief an seinem Herzen nagte. Nur in diesen inneren Gründen und nicht in der Unklarheit über
seinen Entschluß, nur in diesem Dilemma der
Gefühle lag es, wenn der Kaiser schwankte und
noch nicht sein letztes Wort sprach."

In diesem Zustand verbrachte Maximilian
Wochen, ohne sich aber auch von außen beein-
flussen zu lassen. Alle möglichen Versuche wurden dabei gemacht, ihn von seinem, jetzt ziemlich
feststehenden Vorsatz, das Land zu verlassen, ab-
zubringen, aber er wich Allem aus, wenn sich
auch nicht leugnen läßt, daß Manches auf ihn
einen Eindruck hinterließ. Besonders war es
der englische Consul Scarlett, der Geschäfte in
Mexico abzuwickeln hatte, wozu er den Kaiser
nothwendig brauchte, und der deshalb sein Mög-
lichstes versuchte, ihn in seinem Entschluß wankend zu machen.

Der Kaiser hielt sich noch fest, obgleich die
Vorstellungen Scarlett's, der ihm als Ausländer
gewissermaßen unabhängig gegenüber stand, nicht
ohne Einfluß auf ihn blieben.

Merkwürdigerweise hatte sich Padre Fischer
die ganze Zeit ziemlich neutral verhalten, und
in der That wußte er selber nicht, wozu er sich

jetzt eigentlich entschließen sollte, denn von Vera=
Cruz kam noch immer keine Nachricht, die ihn
hätte bestimmen können.

Es war noch in der ersten Hälfte des Mo=
nats November, aber schon gegen die Mitte
desselben zu, als Padre Fischer, demüthig wie
immer, in das Gemach des Kaisers trat, um
seine Befehle zu vernehmen.

„Wissen Sie, wer angekommen ist, Fischer?“
rief ihm der Kaiser entgegen, der in den letzten
Tagen viel von seiner bisherigen Apathie ab=
geschüttelt zu haben schien und sich schon wie=
der einzelnen Arbeiten hingegeben hatte.

„Von Mexico, Majestät?“

„Nein — in Vera=Cruz.“

„In Vera=Cruz?“ rief der Padre erstaunt,
setzte aber rasch hinzu: „Sind gute Nachrichten
eingetroffen, Majestät?“ Er dachte in diesem
Augenblick nur an die Kaiserin.

Ein wehes Gefühl zuckte durch des Kaisers
Antlitz — ein Seufzer hob seine Brust, und er
erwiederte leise:

„Ich sagte nicht daß es gute wären — zwei
Señores sind angekommen; aber es fällt mir ge=
rade ein, daß Sie dieselben wahrscheinlich gar
nicht persönlich kennen, also auch kein weiteres

Interesse daran nehmen werden — Miramon und Marquez, die beiden Generale."

Hätte er in diesem Augenblick seines Geheimsecretärs Gesicht beobachtet, so würde es ihm kaum haben entgehen können, wie dieser bei der ungeahnten Antwort die Farbe wechselte. Fischer war aber seit langen Jahren gewohnt seine eigenen Gefühle zu verbergen, und als die erste Ueberraschung überwunden, sagte er mit ruhiger Stimme:

„Ah, ich erinnere mich — ich glaube, Euer Majestät sagten mir davon, daß Sie die beiden Generale zurückberufen hätten."

„Nein — ich nicht," erwiederte Maximilian. „Marquez, ja — er wurde schon vor sechs Monaten zurückberufen, um seinen vollkommen unnützen Aufenthalt in Europa zu ersparen, Miramon dagegen hat weder Befehl noch Erlaubniß erhalten, nach Mexico zurückzukehren, und ich begreife nicht recht, was ihn dazu veranlaßt haben kann."

„In der That?"

„Er scheint sich auch nicht ganz sicher zu fühlen, denn er hat telegraphisch anfragen lassen, ob er kommen dürfe."

„Und haben ihm Majestät die Erlaubniß ertheilt?"

„Weshalb nicht?" sagte der Kaiser seufzend; „es sind Mexicaner, und die kurze Zeit, die ich noch hier im Land verbringen werde, macht es mir gleichgiltig, ob sie hier sind oder nicht. Sie werden wohl Beide schon heute Abend ein= treffen."

„In der That?" sagte Fischer gedankenvoll, denn eine wahre Fluth von Combinationen schoß ihm durch's Hirn. „Es sollen, wie ich gehört habe, ausgezeichnete Generale sein."

„Was man in Mexico wahrscheinlich aus= gezeichnete Generale nennt," sagte der Kaiser achselzuckend. „Marquez ist dabei seiner Grausam= keit wegen berüchtigt, und auch Miramon hat wohl Manches zu verantworten — und wer nicht in diesem armen Land!" setzte er seufzend hinzu. „Aber es kann Nichts helfen — sie sind einmal da und — wie ich fast fürchte, nicht zu einer sehr glücklichen Zeit eingetroffen."

„Und wollen Majestät dieselben sehen?"

„Es wird sich nicht gut vermeiden lassen," sagte Maximilian nach kurzem Nachdenken, „kann auch weiter keine Consequenzen haben; doch bitte, schicken Sie mir den Doctor herüber — ich fühle mich wieder unwohl — das lästige Fieber will nicht von mir lassen, und ich werde auch nicht

eher gesund, bis ich nicht wieder auf blauen Wo=
gen schaukele. Ich sage Ihnen, ich habe eine
ordentliche Sehnsucht nach blauem Wasser."

Padre Fischer, als er den Kaiser verließ, be=
fand sich in nicht geringer Aufregung, denn hin=
sichtlich Miramon's hatte er vom Erzbischof La=
bastida ganz bestimmt formulirte Aufträge, und
es war unumgänglich nothwendig, daß er ihn
sprach, ehe er eine Unterredung mit dem Kaiser
hatte. Darnach mußte sich ja dann auch erst
genau bestimmen, welcher Richtung er selber
folgen solle.

Dazu standen ihm übrigens alle Mittel zu
Gebote, und außerdem kam ihm auch die Post=
verbindung zwischen Mexico und Orizaba darin
zu statten. Die Diligence traf jeden Abend,
durch die entsetzlich schlechten Wege aufgehalten,
erst gewöhnlich gegen acht Uhr in Orizaba ein.
Es verstand sich dabei von selbst, daß die beiden
Herren im Hôtel de las Diligencias abstiegen
und an dem Abend, und so spät, nicht mehr bei
dem Kaiser, der in dem Hause eines Señor Bri=
gas residirte, eingeführt werden konnten.

Padre Fischer versäumte nicht, die Ankunft
der Post zu erwarten. Den General Marquez
kannte er persönlich von früher, Miramon nicht,

aber das schadete Nichts, denn er trug eine kleine
Karte des Erzbischofs bei sich, die ihn bei dem
etwas stolzen Mexicaner rasch einführen mußte.
Wenige mit ihm gewechselte Worte genügten
auch, das zu bewirken, und während Marquez,
ermüdet von der Marterfahrt in einem solchen
Wagen und auf solchen Wegen, sein Lager suchte,
blieb Padre Fischer mit General Miramon noch
erst eine kurze Weile bei einer Flasche Haute
Sauterne in der Wirthsstube sitzen, und Beide
schritten dann, um ungestörter sprechen zu können,
zu einem Spaziergang in die dunkle Nacht
hinaus.

Schweigend wanderten sie noch eine kurze
Strecke neben einander hin, der Straße folgend,
die auf den Borego zu führte, jenem unmittel=
bar an der Stadt liegenden Hügel, der damals
von dem vollkommen unfähigen General Gonzales
Ortega mit zahlreicher Mannschaft besetzt war
und von den Franzosen, welche die Besatzung
überraschten, mitten in der Nacht genommen
wurde.

„Und was ist es eigentlich, was Sie mir zu
sagen haben?" begann da endlich Miramon,
denn hier war kein Lauscher mehr zu fürchten,
„Monseñor weist darauf in seinen Zeilen hin,

unb ich glaube doch, daß Sie von ihm vollstän=
big inſtruirt ſinb?"

„Vollkommen, mein General," erwieberte
freunblich ber Pabre, „unb ich ſchätze mich glück=
lich, Sie hier getroffen zu haben, ba von Ihrer
Entſcheibung nicht allein bes Kaiſers Reiſe, ſon=
bern auch wahrſcheinlich bas Glück Mexicos ab=
hängt."

„Ich bitte Sie, kommen Sie raſch zur Sache,
wir verſchwenben mit Vorreben nur Zeit."

„Gut benn, ich barf vorausſetzen baß Sie
mit ben Anſichten unb Wünſchen Monſeñors
vollkommen vertraut ſinb, nicht wahr?"

„So weit es meine Stellung zu ihm betrifft,
glaube ich ja; ber Erzbiſchof hat ſich mir immer
ſehr freunblich gezeigt unb barf bas Nämliche
von mir erwarten."

„Wiſſen Sie genau, wie bie Verhältniſſe hier
ſtehen?"

„Genau kann ich nicht ſagen; ich weiß nur
bas, was man ſich in Vera=Cruz ziemlich all=
gemein erzählt: baß ber Kaiſer geſonnen ſei
abzubanken unb nur hier in Orizaba noch Sta=
tion gemacht habe, um einige Geſchäfte abzu=
wickeln."

„Es iſt bas einestheils richtig," ſagte Fiſcher,

„aber doch auch noch nicht so ganz ausgemacht. Der Kaiser schwankt noch, und es wäre möglich ihn zurückzuhalten, wenn es für nöthig befunden werden sollte. Uebrigens gebe ich zu, daß er mehr nach Europa als nach Mexico neigt, und ein Druck nach dorthin raschere Wirkung haben und leichter sein würde — aber ich meine, ob Sie die gegenwärtigen mexicanischen Verhältnisse genau kennen und wissen, wie es im Lande steht?"

„Das eben noch nicht," sagte Miramon, „und ich bin begierig, sie kennen zu lernen. Mir scheint aber, daß es im Lande selber so ungün= stig als möglich aussieht, ja daß es in der That kaum schlimmer werden kann. Ich verdenke es dem Kaiser wahrlich nicht, daß er das lecke Staatsschiff unter solchen Umständen verläßt und sich in einem Boot zu retten sucht. Die ganze Sache ist verfahren, wenn ich auch nicht genau beurtheilen kann, wer die Schuld trägt."

„Und glauben Sie, daß eine Besserung mög= lich ist?"

„Wenn der Kaiser jetzt geht — sehr schwer. An seinem Namen hängt wenigstens noch eine Partei, die sich einer andern anschließen und diese verstärken kann; verläßt er aber das Land, so löst sich diese natürlich auf und der alte

Kampf beginnt wieder allein zwischen Liberalen
und Conservativ-Klerikalen, und jetzt — wie mir
scheint — sehr zu Ungunsten der letzteren."

„Der Erzbischof," sagte Fischer leise und
mit Betonung, „hofft, daß sich ein Mann ge=
funden habe, der den Kaiser ersetzen und der
Kirche wie dem Land eine große Stütze werden
könne."

Miramon schwieg eine Weile und schritt still
und mit gesenktem Haupt neben dem Padre
hin, endlich sagte er:

„Señor, ich will Ihnen entgegenkommen, um
rasch ein Verständniß zu erreichen und unsere
Unterredung abzukürzen, denn ich muß Ihnen
gestehen, daß ich von der heutigen Reise müde
und erschöpft bin. Ich weiß, welchen Mann
Sie meinen und welches große Vertrauen Mon=
señor in mich setzt, aber — ich glaube, er täuscht
sich darin und hofft mehr auf mich und meinen
Namen, als ihm der Erfolg gewährleisten kann."

„General Miramon!"

„Bitte, lassen Sie mich ausreden, ich selber
habe vor der Hand keine solche Zuversicht, und
bin überhaupt in der langen Zeit meiner Ab=
wesenheit viel zu fremd im Land geworden, um
jetzt leichtsinnigerweise mit beiden Füßen zugleich

4*

in ein sehr bösartig aufgestörtes Wespennest
hinein zu springen. Daß Maximilian hier in
Mexico nicht bleibt und nicht bleiben kann, davon bin ich fest überzeugt, und ich an seiner
Stelle ginge j e tz t; aber in unserem Interesse
liegt es jedenfalls ihn noch hier zu halten. Dann
läßt sich eher absehen was geschehen kann, und
ob es möglich ist, mit den noch vorhandenen
Kräften einen Erfolg zu erzielen. Ich kenne
Ihre sogenannte National-Armee noch nicht einmal, aus der wir ohnedies mit Abzug des Kaisers alle tüchtigen und fremden Elemente augenblicklich verlieren werden, und dann wieder auf
eine unserer sehr traurigen und unzuverlässigen
Levas angewiesen blieben. Und wie steht es
mit den Finanzen?"

"General Miramon," sagte Fischer bestimmt,
"könnte sich fest darauf verlassen, daß ihm alle
Hilfsquellen seiner mächtigen Partei zu Gebote
ständen."

"Wenn Sie das dem Kaiser sagen, glaubt er
es Ihnen vielleicht," erwiederte Miramon, und
ein leichtes, spöttisches Lächeln zuckte dabei um
seine Mundwinkel, "aber ich selber kenne meine
wackeren Compatrioten viel zu genau, um nicht
zu wissen, was ich von derartigen Versprechungen

zu halten habe. Nein, verehrter Herr, wie die
Sachen jetzt stehen, und das werde ich auch dem
Erzbischof gleich morgen Früh schreiben, denke
ich gar nicht daran, in eine verfehlte Specu=
lation als Hauptchef hineinzutreten. Maximilian
muß deshalb noch für kurze Zeit im Lande
bleiben, noch dazu, da er sich, wie ich aus der
Ministerliste sehe, vollkommen unserer Partei
zugewendet hat. — Was dann später werden
wird? — veremos."

Fischer war schweigend neben ihm herge=
schritten; er wußte, daß Miramon Recht hatte,
und theilte seine Ansicht vollkommen. Der Kaiser
durfte Mexico in diesem Augenblick noch nicht
verlassen, wo er selber ja auch darnach drängte,
ein in Rom versprochenes Concordat ihm ab=
zuringen. Jetzt war der günstige Moment, so=
bald er nur bewogen werden konnte nach Mexico
zurückzukehren, denn weich gestimmt und nieder=
gedrückt, ist der Mensch weit eher für einen geist=
lichen Zuspruch empfänglich, als im Gefühle
seiner Macht und Stärke oder in vollem Glück.
Dann aber lebten auch noch im Lande, wie sich
der Pabre nicht verhehlen konnte, große Sym=
pathien für des Kaisers Person, die sich bestimmt
noch ausnützen ließen. — Miramon — der

Kaiser — was lag an den Personen, wenn nur
die Kirche ihren Zweck erreichte und die ver=
lorene Macht wiedergewann.

„Dann sind wir einig, General,“ sagte er
plötzlich, während er auf der Straße, in der sie
sich schon lange wieder gewandt hatten, stehen
blieb, „aber ich muß Ihnen im Voraus bemer=
ken, es wird schwer halten, den Kaiser jetzt noch
zum Bleiben, oder vielmehr zum Zurückgehen
zu bewegen.“

„Ich bliebe nicht an seiner Stelle,“ sagte
Miramon trocken.

„Aber es giebt Mittel,“ setzte Fischer nach=
denkend hinzu, „die nur vorsichtig angewendet
werden müssen, da er verschiedene Leute in seiner
Umgebung hat, denen der Boden hier unter den
Füßen brennt.“

„Und es gehört kein besonders feines Gefühl
dazu, das zu merken,“ lachte der General. „Nun
es wird sich ja bald zeigen, was zu machen ist.
Von mir sehen Sie aber vor der Hand vollständig
ab, um mich als Lückenbüßer hier einzuschieben.
Daß ich unsere Partei mit allen Kräften unter=
stützen werde — selbst im Dienst des Kaisers,
darauf können Sie sich verlassen, weiter aber
vor der Hand Nichts.“

„Und General Marquez?"

„Wird zu mir halten. — Doch es ist spät
geworden, und wir sind ja wieder in der Nähe
meines Hôtels — also hasta mañana. — Bis
um welche Zeit glauben Sie, daß wir uns dem
Kaiser am besten vorstellen können?"

„Um zehn Uhr etwa."

„Hat er Nichts über meine Rückkehr ge=
äußert?"

„Er schien anfangs etwas erstaunt darüber
— sonst Nichts. Für den Augenblick hat er an
Mexico das Interesse verloren, und Sie konnten
dafür allerdings zu keiner glücklicheren Zeit ein=
treffen."

Miramon neigte leise das Haupt und schritt
dem Hôtel zu, während sich Fischer abwandte,
um sein eigenes Quartier im Hause Briga's
aufzusuchen. Es ging ihm selber viel im Kopf
herum und er mußte klar darüber mit sich wer=
den. — Uebrigens schlief er die Nacht fast gar
nicht, sondern ging erst wohl eine Stunde in
seinem Zimmer auf und ab, dann setzte er sich
hin, schrieb bis zwei Uhr Morgens Briefe und
schickte schon mit Sonnenaufgang einen Courier
damit fort nach der Hauptstadt. Die Briefe
waren, der eine an den Erzbischof Labastida, der

anbere an ben jetzigen Minifterpräfibenten Lares, ber britte nach Puebla abreffirt.

Der Kaiſer empfing am nächſten Morgen die beiden Generale und unterhielt ſich ziemlich leb=haft mit ihnen, ſchien aber erſtaunt, als Mi=ramon ihm, auf eine Andeutung hin, daß er möglicherweiſe das Land verlaſſen werde, zu=rebete, zu bleiben, und ſeinen Degen zugleich bem Kaiſerreich zur Verfügung ſtellte. Er hatte bas wohl kaum, nach Allem was er früher über Miramon gehört, erwartet, verhielt ſich aber trotzbem ablehnend babei, und wich auch bem Geſpräch bald wieder aus.

Eine Woche faſt verging noch ſo, in welcher aber Miramon und Marquez auf Fiſcher's An=rathen in Orizaba blieben, und jetzt trafen von verſchiebenen Seiten Petitionen ein, die theils von Mexico, theils von Puebla, und mit Unter=ſchriften bebeckt, ben Kaiſer bringend baten, im Land und an ihrer Spitze zu bleiben.

Die Blumen, die bas Volk dem Kaiſer unter=wegs in ben Wagen und vor die Hufe ſeiner Thiere warf, waren natürlich geweſen und kamen aus bem Herzen. Dieſe Deputationen aber und Abreſſen waren künſtlich und gemacht, und ließen beshalb auch ben Kaiſer vollkommen kalt. Sein

Entschluß stand fest, abzudanken und nach Europa
zu gehen, sobald er nur erst einmal die Sicher=
heit seiner Hilfstruppen garantirt bekommen
hatte. Er hörte die Reden ruhig mit an, erwie=
berte aber nur abwehrend darauf und correspon=
dirte indessen mit Marschall Bazaine, dem er
seine Absicht anzeigte, wie mit dem Ministerium
in Mexico, das er aufforderte, mit dem Staats=
rath nach Orizaba zu kommen und seine Abdan=
kung entgegen zu nehmen.

Miramon ließ indeß nicht nach. Auch er ver=
folgte ein bestimmtes Ziel, und während er sich
mit jugendlichem Feuer demselben hingab, suchte
er auch den Kaiser, den er vor der Hand noch
gebrauchte, dafür zu gewinnen. Er wie Mar=
quez, Beide tüchtige Soldaten, schilderten dabei
mit großer Lebendigkeit die verschiedenen mög=
lichen Operationspläne, um den Feind zu werfen
und die Liberalen gänzlich zu vernichten, und der
Verdacht, den sie dabei ausstreuten, daß die
Franzosen nämlich in ihrem Kampf gegen Juarez
nicht ehrlich gehandelt und allem Anschein nach
gar nicht beabsichtigt hatten ihn vollständig auf=
zureiben, nur um den Kaiser dadurch so viel
länger von sich abhängig zu halten, fiel — wenn
auch jedenfalls ungerecht — doch auf fruchtbaren

Boden. Maximilian, gegen Bazaine und sein undankbares, rücksichtsloses Benehmen erbittert, traute ihm jetzt Alles zu.

Auch die kriegerischen Schilderungen beschäftigten ihn, wenn sie auch noch vor der Hand keinen entscheidenden Einfluß auf ihn ausübten. Sie wirkten jedenfalls mit, und zwei Momente brachten die Sache endlich zum vollen Ausschlag.

Das eine war die Antwort des französischen Hauptquartiers auf seinen Brief, und zwar von Bazaine, Dano und Castelnau unterschrieben. Die Herren, entzückt von dem Gedanken, den verrathenen Kaiser so weit gebracht zu haben, daß er wirklich abbanke und Louis Napoleon daheim keine weiteren Schwierigkeiten bereite, schrieben im höchsten Grade unvorsichtig und bezogen sich schon auf „die neue Regierung", die sie jedenfalls im Auge hatten.

Der Kaiser war empört darüber, und immer deutlicher und klarer wurde ihm die Stellung, zu der ihn das französische Cabinet herabgewürdigt — zu kaum mehr als einer Puppe, die man eben an- und ausziehen konnte.

Zu gleicher Zeit traf das Ministerium mit dem gesammten Staatsrath in Orizaba ein. Die Herren mochten wohl fühlen, daß es dem Kaiser

doch mit seinem Entschluß, das Reich zu verlassen, Ernst sei, und sie griffen zu einem letzten
und grausamen Mittel, den bisher von allen
Seiten im Stich gelassenen Kaiser, dem sie keins
ihrer Versprechen gehalten hatten, an sein in
Mexico gesprochenes Wort zu mahnen:

„Ein rechter Habsburger verläßt seinen Posten
nicht im Augenblick der Gefahr."

Von dem Augenblick an war Maximilian's
Schicksal besiegelt. Daß man ihm tausend= und
tausendmal das Wort gebrochen, verschwand in
dem Gefühl, die eigene Ehre verpfändet und ein=
gesetzt zu haben, und wenn auch noch dann und
wann die Sehnsucht nach Europa in ihm er=
wachte, er war sich doch von da an klar bewußt,
Mexico nicht eher verlassen zu wollen, bis er
dessen Zustände geregelt — etwas Undenkbares
an sich selbst — und einen National=Congreß zu=
sammenberufen habe, der frei und unabhängig
über die Regierungsform entscheiden solle.

Der Staatsrath und das Ministerium hielten
jetzt in Orizaba ihre Sitzungen und beschlossen
in der Majorität, den Kaiser zu ersuchen, die
Krone zu behalten. Maximilian stellte ihnen
seine Bedingungen: sechs Unmöglichkeiten:
Berufung eines National=Congresses, ausreichende

finanzielle Mittel, um den Regierungs-Voranschlag
sicher zu stellen, Rekrutirung für eine National-
Armee, Colonisation des Landes, Regelung der
Frage zwischen Mexico und Frankreich, und Her-
stellung eines guten Vernehmens zwischen Mexico
und der Union.

Die Conservativen hatten den Monarchen,
wo sie ihn haben wollten, und sagten nun zu
Allem ja. Waren es doch nur Versprechungen,
die man von ihnen verlangte, und Maximilian
dadurch der Verbündete ihrer Partei geworben.

Der Kaiser kehrte nach Mexico zurück.

3.
Der Abzug der Franzosen.

———

In der Hauptstadt Mexico befand sich alle
Welt heute auf den Füßen, und es war fast als
ob das größte Fest gefeiert werden sollte. Die
Balcone waren fast sämmtlich von Damen in
lichten Kleidern angefüllt, in den Straßen spreng=
ten Reiter auf und ab, und das Volk hielt be=
stimmte Straßen und fast sämmtliche Plätze
schon von frühem Morgen an besetzt. Was
hatten die Leute auch zu thun? sie versäumten
Nichts, und während sie hier ein buntes Schau=
spiel erwartete, war das Ganze in Wirklichkeit
ein Fest für Mexico. So freundlich man näm=
lich die Franzosen bei ihrem ersten Eintreffen
— wenigstens von verschiedenen Seiten, beson=
ders von der Aristokratie aus, bewillkommt hatte,

so sehr freute man sich jetzt, sie wieder los zu
werden. Man war ihrer müde geworden und
längere Bekanntschaft schien nicht, wie das zu=
weilen der Fall ist, genügt zu haben, zwei so
entgegengesetzte Elemente ineinander zu schmelzen.

Die Franzosen hatten sich auch im Ganzen
nicht so liebenswürdig benommen, wie man ihnen
das gewöhnlich nachsagt. Der Uebermuth, mit
dem sie besonders in der letzten Zeit auftraten,
verletzte den Nationalstolz der überdies stolzen
Mexicaner, und manche Tactlosigkeit, die sich
vor Allem der Marschall zu Schulden kommen
ließ, machte sogar in höheren Kreisen — die bis
jetzt noch allein zu der „großen Nation" gehal=
ten, böses Blut. Man war sie satt und über=
satt geworden, und als sie sich endlich zum Ab=
marsch rüsteten, jubelte die ganze Stadt.

In der Calle San Francisco in Rodriguez'
Hause hatte sich ebenfalls ein Kreis von Be=
kannten eingefunden, denn man wußte, daß Ba=
zaine dort mit seiner Suite noch im großen
Pomp, als ob es einen Siegeszug gelte, vorbei=
defiliren würde — und doch war es nur eine
schmähliche Niederlage, welche die französische Po=
litik hier erlitten — ein einfacher Zwang, den
die Vereinigten Staaten auf die „große Nation"

ausgeübt, und die „civilisatorische Armee" wurde
einfach von der nordischen Republik nach Hause
geschickt.

So still aber auch die Zeit bis jetzt in Ro=
driguez' Hause verflossen sein mochte, da sich der
alte Herr, der sich so viel als möglich von Po=
litik fern hielt, schon deshalb häufig mit seinen
alten Freunden in Conflict befand, so angefüllt
war es heute, und nicht etwa nur von Gästen
oder Besuchern, die das Schauspiel des Vorüber=
marsches der abziehenden Armee herbeigelockt.

Ricarda's Vater, der seine Ankunft von Monat
zu Monat abgeschrieben, da ihn die unglückseligen
politischen Verhältnisse Mazatlans zwangen, sei=
nen Aufenthalt in der bald von den Kaiserlichen,
bald von den Dissidenten genommenen und mit
Zwangsanleihen belegten Stadt zu verlängern,
war endlich eingetroffen, aber nicht, um seine
Tochter nach dem Staat Sinaloa, an die Küste
des stillen Meeres zurückzuführen, sondern um
mit seiner ganzen Familie nach Spanien über=
zusiedeln, und endlich einmal diesen ewigen Re=
volutionen und Kämpfen zu entgehen, wie sein
Leben in Ruhe und Frieden zu genießen.

Ob dazu Spanien gerade der passende Platz
war, bleibt dahingestellt, aber er hoffte doch, dort

wenigstens in geregeltere Verhältnisse zu kom=
men, als sie ihm Mexico hier bieten konnte —
und u n geregeltere gab es ja doch nirgendwo auf
der weiten Welt.

Roneiro und Bastiani waren ebenfalls mit
ihren Frauen herübergekommen — auch Inez
— aber wie verändert hatte sie die kurze Zeit!
Was war aus dem einst so blühenden, bildschönen
Mädchen geworden? eine Matrone, bleich und
abgezehrt, mit hohlliegenden Augen und einge=
fallenen Wangen, und kein Lächeln trat mehr
auf die bleichen Lippen.

Da öffnete sich die Thür wieder ohne vor=
herige Anmeldung, und zwei junge Officiere be=
traten den Raum.

„Feliciano!" rief Rodriguez erfreut. „Junge,
wo kommst Du her? — und caramba — Señor
van Leuwen — S i e hätte ich wahrlich nicht
wieder erkannt — Sie sehen frisch und blühend
aus."

„Den hab' ich mir in Puebla aufgefischt,"
lachte der junge Feliciano. „Er wollte nach Hause
zurück, aber ich litt es nicht und habe ihn für
unsere Armee gepreßt."

„Es hat nicht viel Ueberredung gebraucht,"
sagte van Leuwen halb scheu, indem sein Blick

wie suchend durch das Zimmer flog — „ich war selber noch mit mir im Kampf, was ich thun — ob ich gehen oder bleiben solle."

„Und von Ihren Wunden sind Sie vollkommen geheilt?"

„Vollkommen, wenn es auch etwas lange gedauert hat."

„Und kennen Sie alte Freunde nicht mehr?" sagte da eine leise Stimme dicht hinter seinem Rücken, und als er sich hastig darnach umdrehte, stand, wie mit Purpur übergossen, aber ihn freundlich anlächelnd, Ricarda vor ihm und streckte ihm die kleine Hand entgegen.

„Señorita!" rief der junge Officier, „wie glücklich bin ich, Ihnen wieder begegnen zu dürfen!"

„Wirklich?" lächelte wehmüthig das junge Mädchen — „und war Ihnen das Haus verboten, daß Sie sich seit langen Monden nicht von selber wieder bei uns sehen ließen?"

Van Leuwen erröthete und schwieg einen Moment. Endlich sagte er: „Als ich mein Krankenzimmer verließ, wagte ich nicht, mich Ihnen hier wieder aufzudrängen — der Dienst ließ mir auch keine lange Zeit zur Ruhe — ich wurde, wie ich kaum wieder im Sattel sitzen konnte, nach

Oajaca beordert, dort aber gerieth unsere ganze
Besatzung, von der Uebermacht des Feindes fast
erdrückt, in Gefangenschaft, und erst seit wenigen
Tagen von Porfeirio Diaz freigegeben, sind wir
wieder in Puebla angelangt."

„So waren Sie gefangen?"

„Kriegsglück — doch wie ich höre, ist Ihr
Herr Vater hier. Dürfte ich Sie bitten mich
ihm vorzustellen?"

Señor San Blas unterhielt sich eben an einem
der Fenster mit seinem alten Freund Bastiani
und schien auch von der neuen Bekanntschaft
nicht besonders erbaut; er verbeugte sich wenig=
stens gegen den jungen Mann viel kälter und
zurückhaltender, als das sonst seine Art war,
und selbst Ricarda sah ihn betroffen an. Er
wandte sich auch gleich wieder zu seinem früheren
Gespräch zurück und sagte, als er mit Bastiani
auf's Neue allein war:

„Ich würde es für ein großes Glück für
Mexico halten, wenn recht viele fleißige fremde
Arbeiter und Colonisten herüberkämen und das
Land bebauen, wie dem Verkehr mit anderen
Nationen mehr zugänglich machen wollten, aber
diese fremden Herren Officiere, die dem Kaiser
hierher nach Mexico gefolgt sind, wollen wir

ihnen doch lieber schenken, denn es sind weiter
Nichts als Abenteurer, die sich hier goldene Berge
geträumt und nun, da sie nicht einmal ihren
Sold bekommen, vom Schuldenmachen leben.
Wir haben da böse Erfahrungen in Mazatlan
gemacht und in Vera=Cruz wird noch viel mehr
darüber erzählt."

„Es giebt viele rühmliche Ausnahmen," sagte
Bastiani.

„Das mag sein," nickte San Blas, „aber
man muß gewöhnlich erst verwünscht schwer da=
für bezahlen, um sie aus der übrigen Masse
heraus zu finden, und ich möchte den Versuch
nicht noch einmal machen."

„Ich halte diesen Belgier dafür — ich bin
früher einigemal mit ihm zusammengekommen,
und er hat sich stets tüchtig und bescheiden be=
nommen — er ist auch, glaube ich, für seinen
Unterhalt hier nicht allein auf seinen Sold an=
gewiesen."

„Desto besser für ihn," erwiederte San Blas
kurz abwehrend und warf von da an nur manch=
mal den Blick nach seiner Tochter hinüber, um
zu sehen, ob sie sich noch immer mit dem jungen
Fremden unterhielt.

„Ihnen scheinen sie in Mazatlan bös mitgespielt

5*

zu haben," sagte Baſtiani, „der arme Ort hat ja auch ein paar Mal die Beſitzer gewechſelt."

„Die Liberalen," sagte der alte Herr, „von denen wir auch nur das ſchlechteſte und nichts- nutzigſte Geſindel da hinüber bekamen, haben gewirthſchaftet wie die Räuber und werden jetzt das Geſchäft fortſetzen. Unter dem Vorwand, daß ich zur kaiſerlichen Partei gehöre — was gar nicht einmal der Fall war, confiscirten ſie mir meine zwei Hacienden — mußten ſie dann aber natürlich wieder herausgeben, und ich war froh, als ich ſie endlich, wenn auch kaum zu ihrem halben Werthe, an einen Amerikaner ver- kaufen konnte. Nein — ich habe jetzt das Elend in unſerem Vaterland faſt an die zwanzig Jahre mit durchgemacht und bin es ſatt geworden. Der Kaiſer will Coloniſten in das Land ziehen — Ave Maria, es wird ihm ſchwer werden, nur die Leute h i e r zu halten, die jetzt darin wohnen."

„Aber das iſt nicht möglich!" rief der unfern von ihnen ſtehende Rodriguez, der ſich mit ſei- nem Sohne unterhielt, und die beiden Herren wandten ſich ihm zu, um zu hören, um was es ſich hier handle.

„Und es iſt trotzdem ſo, Vater," ſagte Feli-

ciano, „benn ich habe es mit meinen eigenen
Augen gesehen.“

„Was ist es, Robriguez?“

„Die Franzosen,“ sagte Feliciano, „haben in
den letzten Tagen und vor ihrem Abzug nichts
weiter gethan, als ihre Munition zerstört, was
sie nicht eben mitführen konnten, anstatt sie dem
Kaiser zu überliefern.“

„Es sieht ihnen ähnlich,“ nickte Bastiani,
„aber woher weißt Du das, Feliciano?“

„Gestern Morgen befahl mir der Kaiser,
Civilkleider anzulegen und ihn auf einem kleinen Spaziergang zu begleiten. Ich wußte nicht,
was er beabsichtigte, befolgte aber natürlich rasch
den Befehl, und wir schritten dann der Citadelle
zu, in die wir Eintritt verlangten. Der französische Posten, der uns nicht kannte, weigerte
ihn, der Kaiser trat aber ruhig vorwärts, und
als die beiden Soldaten einspringen wollten, rief
ich ihnen zu: „Seine Majestät!“ Die armen
Teufel wußten jetzt natürlich nicht, ob die Ordre,
Niemanden einzulassen, auch auf den Kaiser aus-
gedehnt sei — konnten es sich wenigstens nicht
denken und ließen uns passiren, und drinnen im
Hofe fanden wir jetzt die ganze französische Besatzung emsig damit beschäftigt, ihre Geschosse zu

zerschlagen und unbrauchbar zu machen, und das
Pulver haben sie in die Sequia geworfen, nur
damit es nicht für das kaiserliche Heer zurück=
bliebe. — Ja wie mir mexicanische Kameraden
versicherten, sind sie so weit gegangen, daß sie
auf dem Marsch im Innern ihnen beschwerliche
Munition sogar an die Liberalen verkauft
haben.“

„Schöne Verbündete!“ lachte Bastiani — „und
was sagten sie, als sie den Kaiser erkannten?“

„Der commandirende Officier,“ erwiederte
Feliciano, „schien auf das äußerste bestürzt, und
mir that der arme Teufel leid, denn es war nicht
seine Schuld. Er hatte nur die Befehle Ba=
zaine’s auszuführen, aber was konnte er auch
machen? Er erkannte den Kaiser natürlich augen=
blicklich, schon an seinem getheilten Bart und der
ganzen imposanten Erscheinung, und die Wache
mußte in’s Gewehr treten, aber die fatale Arbeit
war auch weder zu beseitigen, noch zu verheim=
lichen — eine Unterbrechung hätte nicht einmal
genützt, sondern die Sache eher noch verschlim=
mert. So nahm denn das Zerstörungswerk sei=
nen ruhigen Fortgang, und der Kaiser ging
dazwischen herum und sah ihnen, mit einem halb
sarkastisch lächelnden, halb verächtlichen Blick zu.

Es war die größte moralische Niederlage, die
sie erleiden konnten, und Bazaine soll außer
sich gewesen sein, als er es erfuhr."

„Daß Bazaine Santa Anna's Staatskutsche
ebenfalls verkauft hat, wißt Ihr doch?" sagte
Roneiro.

Die Gesellschaft lachte. „Das ist nicht übel,"
rief Robriguez, „an wen denn?"

„An Almeja — was der damit machen will,
weiß Gott."

„Nun, sein ganzes Mobiliar in Buena Vista
hat er ja ebenfalls verkauft, und das gehörte
eigentlich der Stadt," meinte Feliciano. „Er
macht Alles zu Geld, ja ich weiß aus guter
Quelle, daß eine Masse Kriegsmaterial sogar,
und zwar mit besonderer Vorsicht vergraben
ist, wofür er wahrscheinlich von den Liberalen
Bezahlung erhalten hat — aber wir wissen den
Platz, ein französischer Officier, dem das doch
selbst zu arg erscheinen mochte, hat ihn verrathen,
und sobald die Herren fort sind, werden wir die
kleine Erbschaft antreten. Pfui Teufel, haben
sich diese Herren hier noch die letzte Zeit benom=
men und wirklich ihr Schlimmstes gethan, um
den Verbündeten ihres Souveräns zu Grunde
zu richten!"

„Das Beste war der Befehl Bazaine's," sagte Bastiani, „daß alle französischen Unterthanen als Deserteure betrachtet werden sollten, die in den mexicanischen Corps blieben; und doch sind diese gerade von dem Marschall selber errichtet worden."

„Es war eine Schmach!" rief Feliciano, „und eine Menge französische Officiere haben auch dagegen protestirt. Caramba, der Protest ist scharf genug und der Marschall von Frankreich bekommt darin einige höchst pikante Sachen zu hören — aber er hat ein dickes Fell und beruft sich nur einfach auf die Befehle des Kaisers."

„Und vielleicht mit Recht!" sagte van Leuwen. „Napoleon soll außer sich darüber sein, daß Maximilian nicht ihm zu Gefallen abdanken will. Die ganze Sache wäre dann glatt verlaufen, er hätte am Neujahrstag wieder eine hübsche Thronrede halten können, wie er die Selbstbestimmung der Völker achte, mit den üblichen Phrasen dabei, und Seine Majestät der Kaiser von Mexico wäre bei Seite geschoben worden."

„Aber doch nicht Alle haben sich den Befehlen des Marschalls gefügt," rief Feliciano — „hier Freund van Leuwen und viele brave Soldaten sind zurückgeblieben, und wie hat sich der belgische,

· wie der österreichische Gesandte bemüht, sie zu
bewegen, ihren Kaiser im Stich zu lassen!"

„Diese beiden Gesandten?" rief Ricarda,
„das ist doch nicht denkbar. Sind sie denn nicht
gerade von ihren Regierungen hierher gesandt
worden, um den Kaiser zu unterstützen?"

„Das sollte man eigentlich glauben," sagte
van Leuwen, „dem scheint aber nicht so. Ich
weiß wenigstens, daß Monsieur Hooricks, mein
Gesandter, mir speciell dringende Vorstellungen
gemacht hat, mich nicht diesem unglückseligen
Unternehmen anzuschließen, und eben so tactlos
hat sich der österreichische Gesandte Baron Lago
benommen. Es scheint überhaupt, als ob beide
Regierungen die unfähigsten Männer ihres ganzen Reiches auf diesen doch wichtigen Posten gesandt hätten."

„Da kommen sie!" rief Robriguez' jüngster
Sohn, ein Knabe von vierzehn Jahren, der bis jetzt
an einem der Balcone auf Wache gestanden und
das Nahen der Truppen — weniger aus patrio-
tischem Gefühl, als aus Neugierde, mit Sehnsucht erwartet haben mochte — „ich kann schon
die Musik hören und da drängen auch schon die
Leute die Straße herab."

Im Nu füllten sich die Balcone der langen

Front des Hauses — die Kinder unten hinter
den Gittern, die Damen voranstehend, die Her=
ren hinter ihnen, und bunt genug sahen die
Häuserreihen aus — aber wahrlich nicht von
Fahnen und Blumenschmuck.

Der General en chef Forey schrieb von
Mexico aus am 10. Juni 1863 mit seiner ge=
wöhnlichen Bescheidenheit und Einfachheit an den
Kriegsminister Randon:

„Soeben bin ich an der Spitze der Armee in
Mexico eingezogen. Mit noch ganz bewegtem
Herzen richte ich diese Depesche an Euer Excellenz,
um Ihnen zu melden, daß die Bevölkerung
dieser Hauptstadt — Alle mitsammen — die
Armee mit einem Enthusiasmus empfangen hat,
der an Wahnsinn grenzte. Die Soldaten Frank=
reichs sind buchstäblich von den Kränzen und
Sträußen erdrückt worden, wovon nur der
Einzug der aus Italien zurückkehrenden Armee
in Paris am 14. August 1859 eine Vorstellung
geben kann. Ich habe mit allen Officieren des
Generalstabes in der prächtigen Kathedrale die=
ser Hauptstadt, die von einer unermeßlichen Men=
schenmenge erfüllt war, einem Tedeum beige=
wohnt, dann defilirte die Armee in bewunderungs=
würdiger Haltung vor mir unter dem Rufe: Es

lebe der Kaiser, es lebe die Kaiserin! Nach dem
Parademarsch habe ich im Regierungsgebäude die
Behörden empfangen, welche Reden an mich hiel=
ten. Dieses Volk ist hungrig nach Ordnung,
Gerechtigkeit und wahrer Freiheit. In meiner
Antwort an die Repräsentanten habe ich ihnen
das Alles im Namen des Kaisers verheißen. Mit
der nächsten Gelegenheit werde ich die Ehre ha=
ben, Ihnen weitere Details über diesen, in der Ge=
schichte beispiellosen Empfang zu liefern, der die Be=
deutung eines politischen Ereignisses von unermeß=
lichem Nachhall hat. Der General en chef Forey.“
Ganz von der bodenlosen Arroganz und
Uebertreibung dieses Berichtes abgesehen, der nur
in sofern etwas Wahres hatte, als die haute volée
in Mexico, also die Conservativen und Klerika=
len, die damals einrückenden Franzosen allerdings
mit Zurufen und Blumen begrüßten, während
die in der Minorität befindlichen Liberalen und
das überhaupt nicht in Betracht kommende Volk
sie nur düster und schweigend empfing — welch
ein Unterschied zwischen heute und damals, und
doch lagen nur wenige Jahre dazwischen.
Die Damen Mexicos, die meist in ihre Re=
bozos gehüllt auf den Balconen lehnten und aus
Neugier den Abzug der Truppen beobachteten,

hatten keinen Gruß, keine Blume mehr für die
Scheidenden — kein Tuch wurde ihnen geweht,
keine Fahne geschwenkt. Hier und da von irgend
einem Hôtel, wo sich französische Damen befanden, versuchte man wohl eine schwache De-
monstration, aber diese einzelnen Beifallsrufe
machten — wie ein düster brennendes Licht in
einem weiten Saal die Dunkelheit — so hier
die öde, unheimliche Stille, die auf der Menschen-
masse lag, nur noch bemerkbarer, und wenn diese
nicht in Flüche und Verwünschungen über die
bisherigen Unterdrücker ausbrach, so war es nur
die Furcht vor den scharfen Waffen, die sie davon
zurückhielt.

Was freilich konnten die französischen Soldaten dafür? Sie hatten sich wacker wie immer
geschlagen, und Gefahren und Entbehrungen mit
bewunderungswürdiger Ausdauer ertragen. Sie
waren nicht verantwortlich für die faule Politik
ihres Kaisers, für das mehr als zweideutige Benehmen ihres Höchst-Commandirenden, und selber
froh, diesem unerquicklichen Zustande hier in
Mexico enthoben zu sein, wo sie recht gut fühlten, wie verhaßt sie dem ganzen Volk geworden,
zogen sie jetzt wieder leichten Herzens der Heimath entgegen.

Voran dem Zug ritt der Marschall von Frankreich, von seinem ganzen glänzenden, mit Orden
bedeckten Stab gefolgt, und war das Volk still
und theilnahmlos, so mußte die Militärmusik
dafür besto rauschenderen Lärm machen. Wohl
warfen die Officiere nach den Balconen freundliche Blicke und auch wohl Kußhände hinauf,
aber verächtlich drehten die mexicanischen Damen
die Köpfe ab, und die galanten Herren durften
sich keines Grußes der dunkeln Augen rühmen.

So zogen sie vorbei durch die Calle San
Francisco und Calle de los Plateros der Plaza
zu, und über diese hin, am Palacio vorüber bei
der Garita San Antonio hinaus.

So still und schweigend aber auch fast sämmtliche Bewohner der Stadt den Abzug der Unterdrücker hinnahmen, an einem Haus in der Calle
de los Plateros hatte es sich der Besitzer nicht
versagen können, ein Zeichen seiner innigen Freude
anzubringen, und das war an dem des wackern
Don Pedro Gaspard, des „Hoffriseurs" der Kaiserin und Capuchin oder Altspaniers von Grund
der Seele aus. Er haßte die Franzosen nicht
allein beshalb, weil sie seinen Kaiser schlecht behandelt und die unglückliche Kaiserin zum Wahnsinn getrieben hatten, sondern auch schon, weil

er — vielleicht mit etwas Uebertreibung, von
ihnen behauptete, daß immer „der britte Mann
Friseur wäre". Er hatte es sich deshalb auch
nicht versagen können, an seinem Hause — und
zwar aus Vorsorge transparent, weil er sie in
Verdacht gehalten, daß sie bei Nacht abmarschiren
würden — ein kleines rundes Schild mit den
mexicanischen Farben anzubringen, auf dem nur
die zwei, aber doppelt unterstrichenen Wörter
standen „bon voyage" — darum her aber hatte
er einen Kranz von gelben Todtenblumen ange-
bracht. Ueber dem Schild nun stand er auf
seinem kleinen Balcon, betrachtete sich mit inner-
licher Schadenfreude den Abzug der verhaßten
Nation und beobachtete den Eindruck, den die
spöttische Inschrift auf sie machen würde.

Links von ihm, am andern Balconfenster,
stand seine junge Frau mit ihrer bildhübschen
Schwester. Don Pedro täuschte sich aber doch
über die Wirkung, denn die Franzosen lachten
als sie vorübergingen und warfen dem finster
dareinschauenden Friseur, wie den beiden jungen
Damen nebenan auf das unverschämteste Kußhände zu. Sie schienen den unverkennbaren In-
grimm des kleinen Mannes mit dem großen
Lockenkopf gar nicht zu beachten, oder sich am

Ende gar noch darüber zu amüsiren, und Don
Pedro hatte seinen Zweck vollkommen verfehlt.

Unter der Menge, die dem Zuge folgte, be=
fand sich auch ein dunkelfarbiger Indianer oder
Sambo, der ebenfalls die Blicke fest auf den
einen Balcon geheftet hielt, und zwar auf den,
auf welchem die Damen standen, ohne daß man
ihn jedoch von da beachtet hätte. Die Menschen=
menge hatte sich, den Franzosen folgend, schon
auf die Plaza hinausgezogen — der Sambo hielt
sich noch immer auf der andern Seite der
Straße und schien endlich die Geduld zu ver=
lieren. Er trat mitten auf den Weg und nahm
den Hut ab.

Die Damen waren auf dem Balcon stehen
geblieben, um die Anzüge auf den übrigen zu
mustern, aber die einzelne Gestalt mußte ihre
Aufmerksamkeit dorthin lenken. Cornelia's Schwe=
ster wenigstens bemerkte ihn und sagte lächelnd
zu ihr:

„Hat der schwarze Señor da unten Dich ge=
grüßt?"

Cornelia warf nur einen Blick auf ihn,
aber sie hatte ihn im Nu erkannt und war auf=
fällig blaß geworden. In diesem Augenblick
trat Don Pedro zu seiner Frau und Schwäge=

rin heraus und sagte, sich vergnügt die Hände
reibend:

„So, Señoritas, die Herren wären wir end=
lich los, nachdem sie freilich alles nur erdenkliche
Unheil angerichtet; aber wiederkommen werden
die nicht, davor sind wir sicher. — Wohin
willst Du, Cornelia?"

„Ich komme gleich zurück — ich — hole mir
nur ein Taschentuch!"

Die Schwester sah ihr etwas erstaunt nach,
denn Cornelia hatte ihr Taschentuch bis dahin
in der Hand gehalten, und wie von einem plötz=
lichen Gedanken ergriffen, suchte ihr Blick den
Sambo unten. Dieser aber schritt jetzt langsam,
den Balcon nicht weiter beachtend, auf das Haus
zu, als ob er in den Laden wolle. Don Pedro
plauderte indessen da oben nach Herzenslust von
allen Stadtneuigkeiten, die Mexico gerade da=
mals in solchem Ueberfluß erfüllten — glücklicher
Mensch, er war nur selig, daß er die „franzö=
sische Nation" los wurde, die ihm bis dahin
wie ein Alp auf der Brust gelegen. — Die fran=
zösischen Friseure gingen freilich trotzdem nicht
mit, denn in der Stadt wimmelte es noch von
ihnen.

Seine Schwägerin blieb neben ihm auf dem

Balcon stehen und hörte ihm zu — leise bog sie sich ein klein wenig nach rechts, daß sie die Haus= thür im Auge behielt.

Der Sambo stand dort. Da wurde der Rie= gel von innen zurückgeschoben — sie konnte das Geräusch deutlich hören — und eine Hand streckte sich heraus, die ein Papier hielt — es war die Hand ihrer Schwester. Im nächsten Augenblick hatte der Sambo das Papier unter seinem Poncho, und schritt damit, rascher als er bisher gegangen, die Straße hinab. —

Die Gesellschaft in Rodriguez' Haus war in= dessen mit ihren Blicken der langen französischen Colonne gefolgt, bis sie auf die Plaza einbog und ihren Augen entschwand.

Van Leuwen und Ricarda hatten sich auf dem einen Balcon mit einigen von Rodriguez' jüngeren Kindern zusammengefunden.

„Und so ganz ohne Abschied wollten Sie uns verlassen und nach Europa zurückkehren?" sagte das junge Mädchen, als Bazaine mit seinem Stabe vorüber war und der Anblick dadurch seinen Reiz verlor — „war das auch recht von Ihnen?"

„Ricarda," sagte da van Leuwen bewegt, „ich wagte es nicht, Ihnen wieder unter die Augen

zu treten, denn wir Fremden haben Ihrem Lande
keinen Frieden gebracht, sondern ihm nur viel
— oh, so entsetzlich viel Blut gekostet! Ich fürch=
tete, daß Sie uns Alle hassen würden."

„Und ist Ihr Kaiser, ist Ihre Kaiserin auch
deshalb zu uns gekommen?" sagte Ricarda weich
— „haben sie nicht Alles geopfert, was einen
Menschen an dies Leben fesseln kann, und treu
und ehrlich die ganze Zeit gehalten, was sie uns
versprochen? Glauben Sie, daß wir Mexicaner
keinen Unterschied zwischen denen zu machen
wissen, die es wirklich gut mit uns meinen,
und solchen, die nur der Ehrgeiz und die Erobe=
rungslust eines einzigen bösen Mannes herüber=
getrieben?"

„So zürnen Sie uns nicht?"

„Zürnen!" sagte Ricarda wehmüthig, „ich lebe
nun so lange in Mexico und bin wohl ein stiller,
aber aufmerksamer Zeuge des Kampfes gewesen,
den Ihr braver Kaiser hier gegen eine Unmög=
lichkeit angekämpft hat: nämlich das mexicanische
Volk für die Sache seines eigenen Vaterlandes zu
begeistern. Nehmen Sie meinen Onkel, er ist
ein so braver, ehrenhafter Mann, wie Sie ihn
nur im weiten Reich finden können, und den=
noch hat er kein Herz für das Land, in dem er

geboren wurde, für das Volk, das ihn umgiebt
und aufwachsen sah. Nur sein eigenes In=
teresse wie das seiner Partei leitet ihn. — Die
Angst, daß die conservative Partei einen Theil
ihrer Rechte und Besitzthümer verlieren könne,
trieb ihn, zuerst für den Kaiser mit zu stimmen
— neigte ihn dann wieder dessen Feinden zu,
und hat ihn jetzt wieder bewogen, alle Mittel
aufzubieten, Maximilian im Land zu halten. Er
ist kein besonderer Freund des Klerus und voll=
kommen dagegen, daß diesem die liegenden Gründe
wieder überwiesen würden, aber er geht jetzt
trotzdem Hand in Hand mit der Geistlichkeit,
weil er in dieser eine Unterstützung auch für seine
Interessen zu finden glaubt. — Und so sind sie
Alle — Alle," setzte sie traurig mit dem Kopf
schüttelnd hinzu, „und Ihr armer Kaiser, wenn
er seinem Worte treu bleibt, wird und muß in
diesem Lande untergehen."

„So glauben Sie nicht, daß er im Stande
ist eine wirkliche National=Armee zu schaffen,
die seinen Thron stützen und seinen Feinden be=
weisen kann, daß er auch ohne fremde Bajon=
nette im Stande wäre die mexicanische Fahne hoch
zu halten?"

„Nein," sagte Ricarda ruhig. — „Er wird

6*

Einzelne finden, die treu und ehrlich zu ihm
halten — und ich glaube, daß Feliciano Einer
von diesen ist — aber er wird die Masse nur
an sich zu fesseln vermögen, so lange das Glück
ihm treu bleibt — länger nicht. Das eben ist
ja das Unglück unseres schönen Landes, daß
hier keine Treue und kein Glauben herrscht.
Der Verrath ist den politischen Führern zur
zweiten Natur geworden. — „Er hat sich pronuncirt“, sagen die Leute einfach, wenn ein General eine Handlung begeht, die ihn in jedem
europäischen Lande für ewig infam machen würde
— das heißt er hat seinen Fahneneid gebrochen
und sich zeitweilig, weil es ihm gerade paßte und
er seinen eigenen Nutzen dabei sah, entweder der
Partei des Gegners angeschlossen, oder auch auf
eigene Hand einen kleinen Raubzug unternehmen. — Es ist möglich, daß ich zu schwarz
schildere,“ setzte sie rasch hinzu — „ich will es
zu Gott hoffen, denn es wäre fürchterlich, aber
was ich bis jetzt vom Land gesehen, wo sich doch
Alles um die Hauptstadt dreht, drängt mir fast
die Gewißheit solcher Zustände auf. Selbst die
Jugend ist schon in Grund und Boden hinein
verdorben, und Sie haben da die Beispiele an
dem jungen Lucido wie Almeja, die den edelsten

Familien des Landes angehören; was können
Sie da von Anderen erwarten?"

"Und trotzdem halte ich aus!" rief van Leuwen.
"Es ist möglich daß wir untergehen, aber so
lange der Kaiser sein Ziel nicht aufgiebt, bleibe
ich ihm treu, und ich weiß, daß noch viele
wackere Herzen so denken wie ich. Der edle
Graf Khevenhüller, der wackere Hammerstein
und Kobolich haben ihm ihren Arm geliehen,
und wenn wir nur ein ganz klein wenig Unter=
stützung bei Ihren Landsleuten finden, setzen wir
es durch. — Der Kaiser will jetzt einen Natio=
nal=Congreß berufen."

"Hallo!" lachte in diesem Augenblick Rodri=
guez, der zu diesem Fenster hinübergetreten war
und da das junge Paar im eifrigen Gespräch
fand — "treibst Du Politik, Ricarda, und ver=
handelt Ihr über den National=Congreß? — Dar=
über zerbrecht Euch den Kopf nicht, Kinder, denn
aus dem wird im Leben Nichts."

"Und hat nicht das Ministerium dem Kaiser
versprochen, ihn zusammen zu rufen?" rief Ri=
carda fast heftig aus.

"Ja, das hat es," nickte Rodriguez, "weil
sie ihm eben Alles versprochen haben, was er
verlangte, aber eine Unmöglichkeit können sie

deshalb doch nicht erzwingen. Die Liberalen
haben die ganzen nördlichen Districte nicht allein
besetzt, sondern sind auch schon wieder an unsere
Grenzstaaten vorgedrungen, und ist es nun denk=
bar, daß da heraus die Leute kommen sollten, um
für Maximilian zu stimmen?"

„Aber das verlangt er ja gar nicht," sagte
das in Eifer erglühende Mädchen. ,Nur ihre
einfache ehrliche Meinung sollen sie sagen, und
wenn sie die Republik wollen, so geht er einfach
und überläßt das Land seinem eigenen Ge=
schick."

„Ja wohl," nickte Rodriguez, „und die Be=
sitzenden in den Händen der Liberalen. Nein,
Herz, das verstehst Du nicht — ein solcher Con=
greß, wenn überhaupt ausführbar, wäre ein Un=
glück für das Land — aber er ist auch nicht
ausführbar und nur eine von des Kaisers recht
gut gemeinten, aber phantastischen Ideen. — Es
kommt eben Niemand, und die Sache verläuft —
da sogar der Klerus nicht einmal damit einver=
standen ist — im Sande."

„Hatte ich Recht?" sagte Ricarda leise und
wehmüthig, als sie zu van Leuwen aufsah —
„armer Kaiser!"

Ueber die Plaza marschirte das abziehende

Heer der Franzosen und an dem Palast des
Kaisers vorüber, aber überall an den kaiserlichen
Zimmern waren die Vorhänge niedergelassen,
und kein lebendes Wesen ließ sich dort erkennen.
An dem Flügel wohl, wo die Dienerschaft wohnte,
waren einige Balcone mit Lakaien und weib=
lichen Dienstboten gefüllt, aber selbst die kaiser=
lichen Beamten hatten Tact genug gehabt, sich
nicht da draußen zu zeigen.

Unten vorüber ritt der Marschall und warf
einen mürrischen Blick nach den geschlossenen Fen=
stern hinüber' — die Musik hatte gerade aufge=
hört zu spielen, und laut und deutlich schallte
der schwere, gleichförmige Schritt der Massen
über die Plaza. Der Marschall winkte — nicht
so wollten und durften sie die Stadt verlassen,
sondern mit wehenden Fahnen und klingendem
Spiel. Das Musikcorps setzte wieder zu einem
wilden, stürmischen Marsch an, mit schmetternden
Trompeten und dröhnenden Paukenschlägen, als
ob es die Schläfer da drinnen, in dem todten=
stillen Palaste aus ihrer Ruhe aufschrecken wolle.
— Umsonst — die Gardinen blieben fest ver=
schlossen, kein Gruß des kaiserlichen Herrn ver=
abschiedete die Truppe — kein Dank — den der
gemeine Soldat und die unteren Officiere wohl

verbient hätten, begleitete fie auf ihren weiten und noch mühfeligen Weg.

Still und gebrückt marfchirten aber auch die Soldaten an dem Palaft vorüber, denn fie mußten felber recht gut, daß fie hier ein unerfülltes Verfprechen, ein gebrochenes Wort zurückließen. Die niedergelaffenen Vorhänge waren der ftille Vorwurf, der — wenn er ihnen auch nicht galt, doch fie mit traf. Sie felber verließen ja wohl gern das Land, das ihnen allerdings Siege, aber nie einen Erfolg gebracht, aber fie fahen auch Alle im Geift den zürnenden Monarchen, den ihr Kaifer in das Land gerufen, und den fie jetzt, von mehr und mehr heranbrängenden Feinben bedroht, allein und faft fchutzlos zurückließen.

Doch die Trompeten fchmetterten brein, die große Trommel fchlug den Tact dazu, und vorbei befilirte das Heer, die Thore Mexicos zu erreichen. Hinter den niedergelaffenen Gardinen aber ftand Maximilian, die linke Hand auf dem Rücken, mit der Rechten nur eben den Vorhang genug zurückgehalten, um hindurch zu fehen, und fchaute ftill und fchweigend, und einen recht bittern Zug um die Lippen, auf das Heer feiner Verbündeten hinab, bis auch der letzte Mann verfchwunden war.

4.

Nach Querétaro.

Wo nur die Franzosen aus dem inneren Land abzogen, da rückten die Liberalen nach. Juarez hatte zuerst seine Residenz von Paso del Norte wieder nach Chihuahua verlegt, dann weiter süd- lich nach Durango, jetzt sogar schon nach Zaca- tecas, und es war die höchste Zeit geworden, seinem Vordrängen ein Ende zu machen und den Republikanern zu zeigen, daß das Kaiser- reich auch noch die militärische Gewalt in Hän- den habe, wenn auch die französischen Bajonnette in ihre Heimath zurückkehrten.

Klerikale wie Conservative machten in dieser Zeit wirklich außergewöhnliche Anstrengungen, um ein achtunggebietendes Heer aufzubringen, denn sie sahen recht gut ein, daß ihnen die Gefahr selber näher und näher rücke. Marquez zeigte sich darin besonders thätig, und der „Schlachter von Tacubaya", wie er eigentlich im Lande hieß, besaß dazu gerade Kenntniß des Landes und der Bevölkerung, wie Energie genug.

Dem Grafen Khevenhüller war es ebenfalls gelungen, aus den Resten der österreichischen und belgischen Legion ein Husarenregiment zu bilden, wie Baron von Hammerstein noch ein Infanterie-Bataillon zu Stande brachte, trotzdem daß der schwachköpfige Baron Lago, der österreichische Geschäftsträger, wie sein würdiger College, der belgische Legationssecretär Hoorids Alles thaten, um dem Kaiser auch seine letzte Stütze zu entziehen, und Lago die Officiere des österreichischen Corps zuletzt veranlaßte, ein Promemoria gegen ihn zu erlassen, das ihn förmlich an den Pranger stellt.

General Mejia, der Indianer, stand jetzt in Queretaro — Mendez mit guten Truppen in Morelia im Staat Michoacan, und Miramon, der beste General vielleicht, den Mexico hatte, wurde beordert, die Offensive gegen Juarez' Banden zu ergreifen, die freilich jetzt, unter General Escobedo's Führung, zu einem mächtigen Heer von fast 25,000 Mann stark angeschwollen waren.

Miramon paßte übrigens dazu vortrefflich. Mit nur einer Escorte verließ er Mexico; als er in Queretaro ankam, hatte er schon eine Compagnie, und mit einem Regiment warf er sich von dort aus, ohne auch nur einen Moment Zeit zu versäumen, gegen Zacatecas.

Zacatecas, die Hauptstadt des Staates glei= chen Namens, ist nur durch den Staat Guana= jato und einen schmalen Streifen Jaliscos von Queretaro entfernt, und Juarez hatte sich damit nicht allein der Hauptstadt schon um ein Be= deutendes genähert, sondern befand sich auch ge= rade im Glück, denn sein gefährlichster Gegen= candidat Gonzales Ortega war durch sein ge= wöhnliches ungeschicktes Manövriren den Jua= risten in die Hände gefallen, und Escobedo fing schon an seine Truppen zu vereinigen, um Queretaro zu nehmen, wonach er dann den Schlüssel zur Hauptstadt in Händen gehalten hätte.

Die alten Deutschen bauten ihre Burgen auf hohe Berge oder felsige Hügel, um von benen aus das Land zu beherrschen. Die Mexicaner dagegen haben fast alle ihre wichtigen Städte in Bergkessel oder Thäler hineingebaut, was auch in früheren Jahrhunderten vielleicht nicht viel zu sagen hatte. Jetzt aber, mit unseren vervollkommneten Geschützen, wird fast jede Stadt in die Hände des Feindes gerathen, der im Stand ist die benachbarten Höhen zu besetzen.

Zacatecas wie auch Queretaro liegen in einem solchen Kessel und eignen sich deshalb nur dann zu einer Festung, wenn der General, der den Platz behaupten will, auch Mannschaft genug besitzt, um sämmtliche Hügel in den Festungs= rayon hinein zu ziehen.

Juarez selber aber dachte hier natürlich an keine Belagerung. Durch seine Spione war er von dem, was in der Hauptstadt vorging, voll= kommen gut unterrichtet — er wußte die Fran= zosen im Abziehen begriffen, er kannte dabei die Schwierigkeiten, die sich dem Kaiser entgegen= stellten, so rasch eine National=Armee zu organi= siren, und hielt sich nicht allein in Zacatecas vor einem Angriff vollständig sicher, sondern war eben mit einigen seiner Generale eifrig beschäf= tigt, die Route zu bestimmen, die sie weiter nach Süden zu nehmen wollten.

Zacatecas lag im Sommer furchtbar heiß, denn die es umschließenden Hügel verhindern fast jeden Luftzug, von welcher Seite er auch kommen möge. Die Stadt selber ist, auch wenn

man von außen kommt, erst in ganz kurzer Ent=
fernung sichtbar, bis sie sich plötzlich, auf etwa
eine halbe Stunde Wegs, zeigt, wie sie den
tiefen Windungen eines engen Thales, das man
fast eine Ravine nennen könnte, folgt. Nur
gleich dahinter steigt ein hoher Berg, La Bufa,
empor, auf dessen Gipfel eine Capelle steht.

Wie arm ist das Volk dort und wie gedrückt,
denn die hohe Lage dieser Gegend, mit den wohl
mineralreichen, aber sonst trockenen und un=
fruchtbaren Hängen, bietet dem Ackerbau nicht
die Vortheile, die es den wohlhabenden Vieh=
züchtern gewährt — aber trotzdem erheben sich
aus den ärmlichen Wohnungen der Eingeborenen
heraus hohe prachtvolle Kirchen und Klöster mit
reichgeschmückten Thürmen. Die Kirche hatte
Geld oder wußte es zu bekommen, und wenn
sie aus den armen unglücklichen Bewohnern des
Landes auch den letzten Blutstropfen heraus=
pressen sollte — geschieht doch das Alles nur
„zum Ruhme Gottes".

Unmittelbar an der nicht unschönen Plaza,
in dem Regierungsgebäude und in einem hohen
luftigen Saal, dessen Thüren und Fenster weit
geöffnet standen, hatten sich die Generale mit
Juarez und seinem Minister Lerdo de Tejada

verfammelt, um die weiteren Kriegsbewegungen zu berathen und dann mit Escobedo's Hilfe, der herbeigerufen werden sollte, auszuführen.

Negrete, der General und treue Kriegsminister, der in schwerer Zeit bei dem damals von allen Seiten verfolgten Präsidenten ausgehalten, war mit Juarez für ein unmittelbares Vorgehen, schon des moralischen Eindrucks wegen, den es im Lande machen mußte. Er kannte seine Lands= leute, die sich nur von dem augenblicklichen Er= folg beherrschen und leiten lassen, und hoffte dadurch die noch schwankenden Staaten Guana= jato, Queretaro und Michoacan rasch für sich zu gewinnen — Lerdo de Tejada dagegen, ein Creole vom reinsten Wasser und von sehr aristo= kratischer Haltung, sprach sich ganz bestimmt dagegen aus.

Jetzt hatten sie in Zacatecas festen Fuß und waren so Legua nach Legua in das bis dahin stets vom Feinde gehaltene Terrain vorgerückt; wagten sie sich aber unvorbereitet zu weit nach Süden vor, so konnten sie entweder von Mendez' Schwärmen aus Michoacan, oder selbst von Mejia abgeschnitten und im Rücken bedroht, oder, was fast eben so schlimm war, gezwungen wer= den wieder zurückzuweichen, und verloren dann

auch jedenfalls durch Ueberläufer einen Theil
ihres Heeres.

„Wenn wir aber jetzt vordrängen," sagte
Juarez, „so haben wir Escobedo an unserer
Flanke und Porseirio Diaz im Süden, der wahr=
lich Mendez genug beschäftigen wird — Maxi=
miliano kann dabei noch kein ordentliches Heer
auf den Füßen haben und hat es nicht, und wir
sind vielleicht im Stande, in gerader Richtung
auf die Hauptstadt zu marschiren. Wer diese
hat, hat das Land, und Alvarez in Guerrero sagt
uns ja ebenfalls seine Hilfe zu."

„Maximiliano hat die Hauptstadt und des=
halb das Land noch immer nicht," bemerkte Te=
jada trocken — „ich bin für ein langsames, aber
sicheres Vorrücken, das uns keinen Vortheil aus
Händen geben läßt, während wir doch allwöchent=
lich wenigstens neuen Grund und Boden ge=
winnen und den Feind dadurch immer enger
einschließen und von seinen Hilfsquellen ab=
schneiden!"

„Miramon ist von Mexico ausgezogen," sagte
Negrete, „und hat sich, wie unsere Spione be=
richten, mit einer Handvoll Leute nach Quere=
taro hineingeworfen, um uns wahrscheinlich den
Platz streitig zu machen. Ich glaube selber,

wir thäten am besten, uns gar nicht mit Quere=
taro aufzuhalten, sondern direct auf die Haupt=
stadt zu marschiren."

Juarez war aufgestanden und hinaus auf
den Balcon getreten, von wo er die Aussicht
über die flachen Dächer der Stadt nach den da=
hinterliegenden Hügeln hatte.

„Was sind das für Reiter," rief er da plötz=
lich, „die dort über die Höhe sprengen? Was
ist das für ein Lärm und Aufruhr in der Stadt
selber?"

Negrete war im Nu an seiner Seite, aber
schon tönte ihnen von unten herauf der Ruf ent=
gegen: „Der Feind! der Feind! — Die Kaiser=
lichen! — Heilige Jungfrau! wir sind ver=
loren!"

Wie ein Wetter jagten dort drüben wilde
Lanzenreiter am Hang hin — mehr und mehr,
ein Schwarm folgte dem andern, und es war
keinem Zweifel mehr unterworfen, daß von
irgend einer feindlichen Partei ein Angriff auf
die Stadt selber unternommen wurde.

Die Sitzung war im Nu aufgelöst — die
Officiere sprangen die Treppe hinab nach ihren
Pferden, und Juarez, noch unschlüssig, was er
thun — hier die Entscheidung abwarten oder

selber auf Flucht denken solle — folgte ihnen.
Um Lerdo und die Uebrigen kümmerte sich Nie=
mand mehr. — Aber es blieb ihnen auch wahr=
lich nicht lange Zeit, denn Miramon, an der
Spitze seiner Lanzenreiter, den blanken Säbel
in der Faust, befand sich schon früher in der
gar nicht einmal befestigten Stadt, ehe die dort
liegenden Truppen nur an Widerstand denken
konnten.

Selbst im Angesicht des Feindes, der mit
donnernden Hufen die Straße herunter sprengte,
warf sich der Präsident Juarez auf eins der
Officierpferde, die noch am Regierungsgebäude
angebunden standen, stieß ihm die Sporen in
die Seite und floh in wilder Flucht die Straße
hinab — ihm nach die Reiter. Miramon selber
hatte ihn erkannt, so nahe waren sie schon ge=
kommen, und mit dem Rufe: „Juarez!" den
Säbel in der Rechten, einen Revolver in der
Linken, sein Pferd nur noch mit den Schenkeln
lenkend, schien sein Rappe mit ihm die Straße
dahin zu fliegen. Aber Juarez kannte hier Orts=
gelegenheit, oder er wäre dem flüchtigen Rappen
nie entgangen, und welchen Einfluß sein Tod
an diesem Tage auf das künftige Schicksal des

Fr. Gerstäcker, In Mexico. IV.   7

Kaiserreichs gehabt haben möchte — wer kann
es sagen?!

Miramon hob schon die linke Hand, um mit
einem Revolverschuß das Pferd des Präsidenten
oder den Präsidenten selber — was kümmerte
es ihn, in den Staub zu werfen, da glitt Juarez
mit seinem Thier in eine enge Seitengasse ein,
und gewann dadurch, ohne daß Miramon die
Zügel des eigenen Thieres greifen und ihm
folgen konnte, einen, wenn auch kleinen Vor-
sprung durch die Seitengasse, hier aber erreichte
der Flüchtige zugleich den Hang, an dem hin er
schräg hinauf floh, und der Zufall — wenn wir
einen Zufall wollen gelten lassen, hatte es gefügt, daß er ein tüchtiges, an solchen rauhen
Boden gewöhntes Pferd gefunden.

Miramon war viel besser beritten als er,
aber ihn trug ein Pferd aus dem flachen Lande,
und so rasch er den Gegner damit in der Ebene
eingeholt haben würde, hier gewann Juarez an
Raum, und der tapfere junge General, jetzt
überall von anderen Flüchtigen des Feindes schon
umgeben, mußte die kostbare Beute im Stiche
lassen, um nicht selber abgeschnitten und gefangen zu werden.

Der Sieg war übrigens vollständig. Außer

einer Maffe Gefangenen machten die Kaiferlichen
auch eine nicht unbedeutende Beute an Kriegs=
material und Provifionen, wie denn auch die,
allerdings fchwache Kriegskaffe des Präfidenten
in ihre Hände fiel.

Schlachtenglück — drei Tage fpäter traf Mi=
ramon auf Escobedo's ganze Armee und wurde
fo gründlich gefchlagen, daß er fich wieder nach
Queretaro wenden mußte, um nicht ganz auf=
gerieben zu werden. Zwar erfocht er noch einen
Sieg über eine andere Schaar Republikaner, die
er unterwegs antraf, aber feine Truppe war
doch demoralifirt, und er durfte nicht wagen
es weiter im offenen Felde mit dem an Zahl
fo weit überlegenen Gegner aufzunehmen.

Bei diefem Sieg Escobedo's war es, daß der
Juariftifche General 109 fremde gefangene Sol=
daten in echt blutiger mexicanifcher Weife er=
fchießen ließ, unter dem Vorwand, daß die In=
tervention vorbei fei und er alle Fremden
als Banditen behandeln werde.*)

*) Es ift das eine Aeußerung, die fpäter die Runde
durch alle europäifchen Zeitungen machte und diefe das
Schlimmfte für alle im Land anfäffigen Fremden fürchten
ließ. Escobedo bewies fpäter bei Queretaro, daß er fo blut-
dürftige Gefinnungen nicht hege.

* * *

7*

Der Ministerrath war in der Hauptstadt ver=
sammelt, und den Herren fing es an schwül in
der neuen Ordnung der Dinge zu werden.

Damals, als ihnen nur daran lag, den Kaiser
zu überreden, nach der Hauptstadt zurückzukehren,
damit sie selber nicht die Verantwortung eines
zertrümmerten Reiches trugen, hatten sie wahr=
lich mit ihren Versprechungen nicht gegeizt, und
von Pabre Fischer, wie Miramon und Marquez
redlich dabei unterstützt, gelang es ihnen auch,
den Kaiser, mit jedem Mittel, das ihnen zu
Gebote stand, in ihr Netz zu locken.

Monate waren aber vergangen und Nichts
geschehen in der ganzen Zeit, als daß ein paar
Tausend Soldaten im Felde standen. Dabei
fehlte es an Allem. Goldene Berge hatte be=
sonders Pabre Fischer zugesagt, die ganze Schatz·
kammer der Klerikalen, die dem Kaiser zu Ge=
bote stehen sollte, und jedes Tausend Thaler
mußte mühsam zusammengetragen werden, wo
man Millionen gebraucht hätte, um nur die
Hälfte des Versprochenen zu erfüllen.

Zugleich fing der Kaiser an die Unmöglich=
keit eines Congresses einzusehen, da er darin
auch von keiner Seite unterstützt wurde, ja so=
gar Beweise in Händen hielt, wie beide Parteien,

Klerikale sowohl als Conservative, demselben,
trotz gegebenen Worts, direct entgegen arbeiteten.

Und böse Nachrichten dazu aller Art: General
Mendez hatte Morelia und Michoacan, von Por=
feirio Diaz bedrängt, räumen müssen; Alvarez
rüstete in Guerrero ein Heer; dicht bei Vera=
Cruz in Medellin standen schon die Republikaner,
und nach Miramon's letzter Niederlage im Nor=
den gewann Escobedo's Heer auch mehr und
mehr Macht und Ausdehnung.

Die Minister waren selber in Verzweiflung,
aber nicht etwa des Kaisers wegen — was küm=
merte sie Maximilian, der fremde Fürstensohn,
und hätten sie sich Frieden und Macht mit seinem
Tod erkaufen können, nicht einen Augenblick
würden sie gezögert haben. Aber wie dann,
wenn er jetzt — gereizt und verstimmt und von
allen Seiten getäuscht, nun doch endlich das Land
verließ und sie preisgab. Um ihn verdient
hatten sie es gewiß, und sie begriffen selber nicht,
daß er so lange bei ihnen ausgehalten und immer
ihren Versprechungen und Zusicherungen glau=
ben konnte. — Es war unbegreiflich.

Der Ministerrath hielt sich, wie vorerwähnt,
in der Hauptstadt versammelt, und Lares, der
schlaue Mexicaner, der sich bis jetzt mit allen

möglichen Ausflüchten und Hinzögerungen durch=
gewunden, hatte eben mit seinen Genossen über=
legt, wie man besonders die Kirchenpartei zu
Geldvorschüssen bewegen könnte, die sich dahin
noch immer weigerte, weil der Kaiser bis jetzt
kein bestimmtes Gesetz zur Lösung der Rechts=
frage über die Güter der Todten Hand erlassen.
Da öffnete sich plötzlich die Thür, und die Herren
fuhren merklich bestürzt von ihren Sitzen empor,
denn auf der Schwelle stand der Kaiser und be=
trachtete sich still und schweigend, die Hände auf
den Rücken gelegt, das Concilium.

„Majestät," sagte Lares, der sich zuerst faßte,
indem er mit seiner kriechenden Freundlichkeit
auf den Kaiser zuging — „wir sind eben im
Begriff zu berathen, wie wir den Staatsschatz
am raschesten füllen können."

„Damit haben Sie sich lange beschäftigt,"
sagte der Kaiser trocken, „ohne bis jetzt zu einem
Resultat zu gelangen — aber Señores, das muß
anders werden, denn ich fange an die Ge=
duld zu verlieren."

„Majestät können versichert sein, daß wir —"

„Noch weiter fortberathen werden, bis der
Staat zu Grunde gegangen ist," unterbrach ihn
der Kaiser streng — „wir stehen jetzt am Rande

eines Staatsbankerotts, und ich bin nicht ge=
sonnen, den, müssig die Hände in dem Schooß,
abzuwarten. Sie haben doch jedenfalls gehört
wie es im Lande zugeht? — Sie wissen dabei,
was Sie mir versprochen und unter welchen
Bedingungen ich Ihnen wieder hierher ge=
folgt bin?"

„Majestät können versichert sein, daß wir
mit allen Kräften für Sie zu wirken suchen,
und ich glaube fest, daß sich noch Alles gut ge=
stalten kann."

„So lassen Sie Ihren Rath hören," sagte
der Kaiser, indem er sich auf einen leer stehen=
den Stuhl warf, während ihn die Minister noch
umstanden. Er war gereizt und fühlte, daß die
Rücksichten ein Ende haben mußten.

„Das Wichtigste ist," sagte Lares, „daß
Juarez' Heer im Norden gesprengt oder ver=
nichtet wird."

„Aber wie?" frug der Kaiser mit einem bit=
ter sarkastischen Zug um den Mund — „viel=
leicht gingen die Herren auseinander, wenn Sie
Ihre Versprechungen auch auf die Liberalen aus=
dehnen wollten."

„Majestät thun mir Unrecht," sagte Lares
mit gekränktem Ehrgefühl. „Die heilige Jung=

frau weiß, wie ich gearbeitet und mich gemüht
habe, um Euer Majestät zu dienen, aber be=
denken Sie die kurze Zeit. Es ist Alles vor=
bereitet."

„Gut — gut — ich will Ihnen glauben —
und Ihr Rath jetzt?"

„Majestät," sagte Lares nach einer kurzen
Pause, „unsere Generale sind vortrefflich —
bessere Führer als Miramon und Mejia hat
Mexico nicht aufzuweisen, aber — Sie kennen
unsere Soldaten, die in den steten Revolutionen
auch gewohnt gewesen sind, von einer Partei
zur andern überzuwechseln. Sie sind unzuver=
lässig bis auf den letzten Mann, weil ihnen die
Begeisterung für die Sache fehlt, und die ver=
mag nur Eins ihnen zu geben."

„Und das ist?" sagte Maximilian gespannt.

„Die Gegenwart Euer Majestät bei der
Armee," erwiederte Lares entschlossen.

Maximilian sah ihn groß und überrascht an.
Es war ein hingeworfenes, perfides Wort
vielleicht — der Wunsch des schlauen Mexicaners,
den Kaiser in das innere Land zu dirigiren und
seiner Person dort sicher zu sein — vielleicht
auch wirklich die Hoffnung, daß sein Einfluß bei
der Armee diese zu größeren Anstrengungen trei=

ben würde — aber es hatte in des Kaisers Seele
gezündet, und Maximilian erfaßte rasch den Ge=
banken, der ihn aus biesem müssigen Leben banger
Zweifel auf einmal und mit einem Schlag zu
Thaten, zum Handeln treiben sollte.

„Nach Queretaro!" rief er und sprang von
seinem Stuhl empor — „nach Queretaro — an
bie Spitze der Armee, bie eigene Kraft an bem
Feinb versuchen!" Er ging mit raschen Schritten
in bem Saal auf und ab — „nach Queretaro!"
Unb plötzlich vor Lares stehen bleibenb, sagte er
mit fester, entschlossener Stimme — „und glau=
ben Sie mir bie Mittel bazu verschaffen zu
können?"

„Aber wie bürfen Majestät nur baran zwei=
feln," erwieberte ber Ministerpräsibent, bem sich
bei ber Frage eine Last von ber Seele wälzte,
benn das brohenbe Gewitter war für heute ab=
gelenkt, unb morgen? „que mañana," was küm=
merte ihn ber morgenbe Tag, ber mochte für sich
selber sorgen.

Unb Maximilian's Geist war in ber That
auf eine anbere Fährte gebracht. Er vergaß ben
Congreß, ben er bis bahin als einzige Möglich=
keit seines ferneren Bleibens in Mexico hinge=
stellt. Die Erbitterung über bie Treulosigkeit,

die ihn von allen Seiten umgab, mochte wohl
auch eine Haupttriebfeder gewesen sein, daß er
sich aus seiner bisherigen Lethargie emporrüttelte;
aber er wollte handeln, er wollte mit dem Schwert
beweisen, daß er im Stande sei, die gegen das
Kaiserreich anbrängende Revolution zu züchtigen.
Der alte Stolz der Habsburger erwachte in ihm,
und mit blitzenden Augen rief er aus:

„Sie haben Recht, Lares, Sie haben Recht —
da liegt eine Möglichkeit — und eine Möglichkeit in meine Hand gegeben. Hier ist Etwas, wo ich nicht immer und ewig von dem
guten und bösen Willen Anderer abhängig bin
— hier kann ich selber handeln, selber eingrei-
fen. Nach Queretaro! Treffen Sie alle nöthigen Vorbereitungen; ich werde mich selber an
die Spitze der Armee stellen. Aber Zeit ist dabei
nicht zu versäumen — nicht Ihre gewöhnlichen
Mahnungen: paciencia — paciencia. Meine
Geduld ist erschöpft — erschöpft bis zum letzten
Tropfen hinab, und das Schicksal des Reiches
sowohl als das meine muß sich entscheiden.“

„Majestät können sich fest darauf verlassen,“
sagte Lares — „heute haben wir den 9. Februar
— am 12. Morgens können Sie an der Spitze
Ihres Heeres die Stadt verlassen — so weit Geld

wenigstens im Stande ist alle Ihre Bedürfnisse
zu befriedigen."

„Schaffen Sie nur Geld, Lares," nickte der
Kaiser — „alles Uebrige wollen wir schon be=
sorgen, aber diesmal Wort halten," setzte er mit
dem Finger drohend hinzu. „Ich will Ihnen
folgen, und Sie können sich darauf verlassen,
daß ich das Begonnene durchführe, oder dabei
untergehe; aber ich verlange dafür auch jetzt von
Ihnen jede in Ihren Kräften stehende Unter=
stützung, oder — wir sind eben die längste Zeit
Freunde gewesen" — und sich abwendend, ver=
ließ Maximilian, ganz von dem neuen, ihn fes=
selnden Gedanken erfaßt, den Saal, nicht etwa
um sich mit seinem Cabinet darüber zu berathen,
sondern nur im eigenen Herzen den Entschluß
noch einmal zu erwägen. Zu erwägen? es blieb
ihm ja keine andere Wahl: entweder mußte er
jetzt, von seinen treuen Oesterreichern und Bel=
giern begleitet, flüchtig das Land verlassen, oder
den entscheidenden Schlag selber führen. Die
Würfel waren gefallen: Nach Queretaro!

In der Stadt hatte sich indessen wohl die
Kunde verbreitet, daß Verstärkungen nach Que=
retaro gesandt werden sollten und General Mar=
quez selber mit ausmarschiren würde; aber daß

der Kaiser sich an die Spitze der Armee stellen
wolle, davon ahnte kein Mensch Etwas, ja. man
hielt es nicht für möglich, daß er überhaupt die
Stadt verlassen und die Regierung gerade in
dieser kritischen Zeit anderen Händen übergeben
könne. Das Gerücht, der Kaiser wolle nach
Queretaro, lief allerdings in vertrauten Kreisen
um, wurde aber nicht geglaubt; wußten doch die
österreichischen Officiere gar nichts davon, und
diesen wäre doch vor allen Anderen Kunde ge=
worden. Was erzählte sich das Volk nicht Alles
in dieser Zeit; es schien das eben nur ein Mär=
chen wie tausend andere mehr.

Indessen war in Mexico auch ein deutscher
Officier Prinz Salm=Salm mit seiner Gattin
eingetroffen, der den amerikanischen Krieg mit=
gemacht, das unthätige Friedensleben dort aber
dann satt bekommen und schon vor einiger Zeit
dem Kaiser seine Dienste angeboten hatte. Er
wurde auch angenommen und machte einige
Streifzüge gegen den Feind mit; jetzt aber wie=
der außer Dienst, war es sein sehnlichstes Verlangen, den Kaiser begleiten zu dürfen. Er hatte
ebenfalls das Gerücht gehört und bat augen=
blicklich den preußischen Gesandten, Baron Mag=
nus, sich in diesem Sinne für ihn zu verwen=

ben. Der Baron kam seinem Wunsche mit
Bereitwilligkeit nach, wurde aber abschlägig be=
schieden.

Unterdessen war der 12. Februar herangerückt
und es zur Gewißheit geworden, welchen Plan
Maximilian gefaßt; aber noch immer hatte das
Ministerium, trotz unausgesetzten Versprechungen,
nicht einmal die nothwendigsten Gelder herbei=
schaffen können, und dabei befanden sich die öster=
reichischen Officiere in fast fieberhafter Aufre=
gung, denn ihnen war noch keine Ordre gewor=
den, sich zu rüsten, und es hieß sogar, der Kaiser
wolle sich jetzt, wo die Franzosen abgezogen seien,
auch einzig und allein nur von mexicanischen
Generalen und Soldaten umgeben wissen und
seine besten und treuesten Truppen, die Deut=
schen, in der Hauptstadt zurücklassen.

Der Kaiser befand sich im Palast, ungeduldig
und erbittert gegen seine Minister bis zum äußer=
sten, da sie ihm n i e ihr Wort hielten, und also
auch jetzt noch kein Geld herbeigeschafft hatten,
als sich Graf Khevenhüller bei ihm melden ließ.
-- Er zögerte einen Moment, aber er wußte
auch genau, was der junge und wackere Chef
der Husaren von ihm wollte, und doch konnte
er ihm nicht willfahren. Der Graf trug ihm

auch sein Anliegen mit bewegter Stimme vor.
Was war ihnen Allen Mexico; nur des Kaisers
wegen hatten sie hier ausgehalten, um ihn mit
ihren Leibern und Schwertern zu decken, wenn
ihm Gefahr, drohe und diese mit ihm zu theilen,
aber nicht thatenlos hier zu harren, während er
dem Kampf entgegeninge. Für was Anderes
konnten sie gelten als gewöhnliche Landsknechte,
sobald er sie hier in der Hauptstadt ließ — ihr
Dienst hatte dann seine Weihe verloren.

Der Kaiser war selber gerührt, aber mit fester
Stimme erwiederte er:

„Lieber Khevenhüller, wenn ich meinem Herzen folgen dürfte, so glauben Sie mir sicher,
daß ich Sie und Ihre wackere Truppe nicht zurück-
ließe, aber einestheils muß ich die Hauptstadt
in t r e u e n Händen wissen, wenn ich dort draußen
ruhig und sorgenfrei für mein Recht einstehen
soll, und dann — muß ich mich jetzt allein als
Mexicaner zeigen, wenn ich das Vertrauen des
mexicanischen Volkes gewinnen will. Ich lasse
a l l e Europäer hier zurück — selbst dem Prinzen Salm habe ich nicht gestattet mich zu begleiten. Ich will mich ganz in ihre Hände geben,
um ihnen zu beweisen, wie ich ihnen vertraue.
Vertrauen erweckt Vertrauen."

Khevenhüller schüttelte traurig mit dem Kopfe.
„Nicht bei diesem Volk, Majestät," sagte
er — „sie sind falsch und treulos. Geben Sie
sich nicht in ihre Hände, denn eben so wenig Dank=
barkeit wie Erbarmen haben Sie von ihnen zu
erwarten."

„Sie sind zu hart in Ihrem Urtheil, Kheven=
hüller" — sagte der Kaiser freundlich — „es
giebt noch wackere Leute unter ihnen. Nehmen
Sie meinen alten Mejia, den ich in Queretaro
finde — nehmen Sie Lopez. Selbst Marquez,
so wild und blutdürstig er sein mag, hält fest
zu uns — Wenn es nöthig sein sollte, lasse ich
Sie nachkommen, verlassen Sie sich darauf."

„Ach, wenn Sie meiner Bitte Gehör geben
wollten, Majestät — in einer Stunde könnten
wir gerüstet sein."

„Es geht nicht — es geht nicht und — ist
fest beschlossen," entgegnete der Kaiser, „sagen
Sie das Ihren Kameraden. — Ich werde Ihr
Wohl stets im Auge behalten, weil ich weiß, daß
ich in der äußersten Noth immer noch eine feste
Stütze an Ihnen habe. — Ich darf ja auch nicht,"
setzte er hinzu, „alle meine Kräfte auf einmal
in's Feld führen, und glaube wohl zu thun,
wenn ich mir die besten zur Reserve aufbewahre."

An dem nämlichen Abend brachte endlich das
Ministerium, wo es Millionen versprochen hatte,
mit größter Mühe etwa 50,000 Pesos zu=
sammen, und am nächsten Morgen brach der
Zug, mit dem Kaiser an der Spitze, nach Que=
retaro auf.

Die Deutschen und Belgier blieben zurück, und
nur Prinz Salm, praktisch und unermüdlich dem
einmal gesteckten Ziel nachstrebend, hatte es mit
des Baron Magnus Hilfe ermöglicht, noch in
der letzten Stunde dem Stabe des General Vi=
baurri, der dem Kaiser folgen sollte, zugetheilt
zu werden.

Padre Fischer war in der Hauptstadt zurück=
geblieben.

5.

In Querétaro.

Mit Jubel wurde der Kaiser in Queretaro selber empfangen, denn die Stadt war gut kai= serlich gesinnt. Sie gerade, die sich durch einen großen Gewerbfleiß auszeichnete, brauchte und verlangte Ruhe und Ordnung, und wußte recht gut, daß Beides unter den republikanischen Wirthschaften nicht möglich sei; von dem Kaiser= reich dagegen erhoffte sie eine Besserung und hatte schon früher den kaiserlichen Herrn lieb= gewonnen, als er sie auf seiner ersten Reise besuchte. Wohin Maximilian auch kam, gewann er ja Alles durch sein einfaches, offenes und un= verkennbar redliches Wesen für sich.

„Queretaro,*) eine Stadt von 40,000 Ein=

---

*) Doctor Basch: „Erinnerungen".

wohnern, bildet ein in schräger Richtung von
Nordost nach Südwest liegendes Rechteck. Ent=
lang der nördlichen Seite fließt der Rio=Blanco,
ein kleiner, aus der Sierra Gordo kommender
Fluß. Nur gegen Westen schließt sich die Stadt
an eine weit ausgedehnte Ebene, welche im Hinter=
grund mit den Bergen von Guadalajara abge=
schlossen wird. In einem spitzen Bogen um die
Stadt, der nur an einer Stelle durchbrochen
wird, wo der Rio=Blanco sein Bett geebnet hat,
liegen in der Richtung von Süd nach Nordost:
der Cimentario, die Cuesta china, die Loma de
gareta und die Canada — nördlich und westlich
La Cantera und San Pablo. Der Stadt näher
und parallel mit San Pablo ist der Hügel
San Gregorio, das westliche Ende bildet der
Hügel Jacal.

„Mitten aus der Oeffnung dieses Gebirgs=
bogens erhebt sich am westlichen Ende der Stadt
der Cerro de las Campanas. Von hier aus
überblickt man, gegen Norden gewendet, den
San Gregorio, San Pablo a la Contira, rechts
die Stadt mit dem sich am äußersten Ende erhe=
benden Kloster Cruz und hinter diesem die Cuesta
china — links die Ebene von Guadalajara."

Alle diese Höhen waren während der Bela=

gerung vom Feind besetzt, mit Ausnahme des
Cerro de las Campanas und des am östlichen
Ende der Stadt auf einem Felsen erbauten Klo=
sters Cruz.

Soweit die Einzelheiten der Stadt. Im
Ganzen eignete sich aber, wie man daraus er=
sehen kann, wohl kaum ein Platz in ganz Mexico
weniger dazu, eine Belagerung darin abzuwar=
ten, als gerade Queretaro, denn in dem Thal=
kessel lag es fast rings von Bergen eingeschlos=
sen und den Geschützen der Belagerer vollkom=
men preisgegeben. — Aber den Fehler theilte es
auch mit fast allen übrigen Städten des Landes,
und Queretaro, das als „Schlüssel von Mexico"
galt, sollte nun einmal gehalten werden.

Der Kaiser hatte jetzt die Führung des Gan=
zen übernommen und umsichtig wie thätig zeigte
er sich dabei, und traf alle möglichen Vorberei=
tungen, um den Ort so gut und vortheilhaft als
möglich zu befestigen. Draußen aber auf den
umliegenden Höhen fingen die Truppen der Li=
beralen an sich zu sammeln, und es dauerte auch
in der That nicht lange, bis sie einen gemein=
samen und heftigen Sturm gegen die schon fast
eingeschlossene Stadt versuchten — das bekam
ihnen aber übel. Durch die Tapferkeit der

8*

Führer, besonders des alten Indianers Mejia, der
die Cavallerie befehligte, wie des Prinzen Salm,
dem der Kaiser die Führung der Cazadores
(Jäger) übertragen hatte, wurden sie in glän-
zender Weise zurückgeschlagen.

Wieder und wieder versuchten sie nun wohl
Eingang zu gewinnen, aber wieder und wieder
mußten sie sich mit Verlusten zurückziehen, doch
— die Siege wurden nie verfolgt. Obgleich besonders Mejia dahin drängte, wußte Marquez,
auf den der Kaiser außerordentlich viel gab, jeden solchen entscheidenden Schlag zu vermeiden,
und die Liberalen behielten immer wieder Zeit
sich zu erholen und auf's Neue zu sammeln, während die Belagerten Truppen verloren, die
sie nicht wieder ersetzen konnten.

Was für ein buntes, reges Leben herrschte
indessen in dem sonst so stillen Queretaro, und
man hätte kaum glauben sollen, daß man sich in
einer engbelagerten Stadt befand. Aber der gute
Muth der kaiserlichen Truppen trug daran die
Schuld, denn wo man auch noch mit dem Feind
zusammengetroffen war, hatte man ihn geschlagen,
und dadurch bekamen die Soldaten nicht allein
ein Gefühl der Ueberlegenheit, sondern auch der
Sicherheit, insofern sie sich jeden Augenblick be-

wußt waren, einen Ausgang aus der Stadt,
wenn sie dieselbe einmal verlassen wollten,
auch forciren zu können.

Aber eine Verstärkung der Garnison schien
trotzdem nöthig, und Weisung war schon vor
längerer Zeit an das Ministerium nach Mexico
gegangen, um die fremden Truppen, besonders
Graf Khevenhüller's Husaren mit Baron Ham=
merstein's Bataillon und der gezogenen Batterie,
nach Queretaro zu senden und dann einen ent=
scheidenden und zugleich vernichtenden Schlag
gegen Escobedo's Armee zu führen; doch sie
kamen nicht und der Kaiser fing an ungeduldig
zu werden.

An der Plaza befand sich ein von einem
Franzosen gehaltenes Kaffeehaus, in und vor
dem sich die Officiere gewöhnlich zusammenfan=
den, um Neuigkeiten zu hören oder mit einan=
der über die Tagesereignisse zu plaudern. War
man doch stets sicher, dort wenigstens irgend wen
zu treffen, mit dem man sich ein Stündchen un=
terhalten konnte.

Vor dem Kaffeehause aber schräg über die
Plaza hinüberschneidend gingen zwei mexicanische
Officiere im eifrigen Gespräch auf und ab —
es war General Marquez und Obrist Lopez,

und Marquez' überdies finsteres und höchst un=
sympathisches Gesicht hatte sich heute in noch
dunklere Falten gezogen, während Obrist Lopez,
der ihn fast um eine Kopfhöhe überragte, die
Sache, um die es sich handelte, viel ruhiger zu
nehmen schien und nur dann und wann einmal
einen vorsichtigen, wie forschenden Seitenblick nach
seinem Begleiter hinabwarf.

„Also die Sache ist fest beschlossen?"

„Ja," nickte Marquez, „im Kriegsrath wur=
den die verschiedenen Anträge vorgenommen, ob
und in welcher Weise wir einen Rückzug bewerk=
stelligen, oder uns in Queretaro halten wollen.
Ich stimmte natürlich mit Mejia für das Letztere
— auch Miramon war dafür. Ferner wurde
beschlossen, daß ich mit Vidaurri nach Mexico
durchbrechen solle, um Verstärkungen herbei zu
ziehen, welche die Herren da drinnen nicht von
selber schicken wollen."

„Und werden Sie gehen?"

„Gewiß —"

„Und wieder zurückkehren?" Die Frage war
nur leicht hingeworfen und Lopez sah dabei ruhig
und unbefangen vor sich nieder, als ihn der
rasch zu ihm aufgeschlagene Blick des Generals
traf.

„Wie meinen Sie das, Obrist?" frug er
scharf.

„Oh nur, ob Sie die Verstärkungen selber
herführen oder indessen den Oberbefehl in Mexico
übernehmen werden," sagte Lopez, „oder ist
vielleicht General Vidaurri dazu bestimmt? In
letzter Zeit hat der Kaiser so häufig mit seiner
Regierung gewechselt, daß man nie vorhersagen
kann, was geschieht."

„Ich werde selber zurückkehren," erwiederte
Marquez, durch die Antwort wie es schien beruhigt — „wenn sich — der Kaiser nämlich hier
so lange halten kann; denn wie ich von Ueber-
läufern gehört, ist eine andere starke Colonne
der Liberalen im Anzuge — ich glaube Riva
Palacio's Armee. Wir werden hier, selbst mit
den Fremden, alle Hände voll zu thun bekommen."

„Und der Kaiser," sagte Lopez nachdenkend,
„setzt sich dabei der Gefahr fortwährend auf eine
fast unbegreifliche, jedenfalls thörichte Weise
aus. In den am schärfsten beschossenen Stellen
verkehrt er mit einer Unbefangenheit, als ob er
ein gefeites Leben hätte. Wenn er fiele, was
würde dann?"

Marquez schwieg und sah still und brütend

vor sich nieder — ob er seinem Begleiter nicht
traute? — ob ihn die eigenen Gedanken soweit
beschäftigten? — und Lopez fuhr lächelnd fort:

„Es ist nicht unwahrscheinlich, daß es dann
einen Streit unter den Generalen um die Ober=
herrschaft gäbe — Miramon ist s e h r ehrgeizig,
aber — bei Einigen nicht besonders beliebt —
Mendez haßt ihn.“

„Ich begreife Miramon überhaupt nicht,“
sagte Marquez wieder nach einer kurzen Pause
und fast wie mit sich selber redend — „ob er
auf etwas Derartiges speculirt? — aber er könnte
sich da verrechnet haben. Fällt der Kaiser, so ist
die Armee demoralisirt, und er selber muß wissen,
daß er keinen größeren Feind im ganzen Land
hat als Juarez.“

„Er stützt sich auf den Klerus.“

„Der ihm verwünscht wenig in Queretaro
nützen würde. Wissen Sie, Lopez, daß Santa
Anna wieder unterwegs nach Mexico ist?“

„Caramba!“ rief der Obrist erstaunt aus,
„daß er sich nur nicht die Finger verbrennt, denn
ich glaube, der Kaiser würde wenig Umstände mit
ihm machen.“

„Der Kaiser thäte ihm Nichts,“ sagte Marquez
verächtlich, „und wenn er ihn heute zum Ge=

fangenen hätte — er schickte ihn höchstens wieder fort. Das ist auch keine Kriegführung, wie er sie treibt. Alle diese Führer, Escobedo, Cortina, Porfeirio Diaz und viele Andere noch hatte er in seiner Gewalt, aber anstatt sie unschädlich zu machen, ließ er sie wieder laufen und muß jetzt dafür bezahlen."

„Und was glauben Sie, daß mit uns ge= schähe, wenn Escobedo die Stadt mit Sturm nähme?"

„Das will ich Ihnen nicht wünschen," sagte Marquez trocken, „denn Sie würden nie Gele= genheit bekommen die Sache später zu erzählen."

„Glauben Sie wirklich?"

„Ich bin es fest überzeugt — ebenso," setzte er mit finster zusammengezogenen Brauen hinzu, „wie ich die Schufte sofort erschießen ließe, wenn sie in meine Hände fielen."

„Und wenn man sich nun durchschlagen könnte," sagte Lopez nachdenkend.

„Wenn es zur rechten Zeit geschähe," erwie= derte Marquez mit scharfer Betonung der Worte, „ja. Der Kaiser hat aber wunderliche Begriffe von Ehre — Begriffe, die ihm hier in Mexico noch großen Schaden thun werden. Er wird es nie allein versuchen, und da es mit der ganzen

Armee im Kriegsrath abgelehnt wurde, werden
Sie wohl aushalten müssen."

Wieder sah Lopez den General von der Seite
an, ohne aber Etwas zu äußern — das Wort
Sie klang gar nicht, als ob er sich selber dabei
mit inbegriffen halte.

„Es ist doch sonderbar," sagte Lopez nach
einer Weile, „daß das jetzige Ministerium in
Mexico eben so faul zu sein scheint, als die frü=
heren Liberalen. Uns haben sie Alles versprochen,
als sie den Kaiser zurückhaben wollten, und was
geschieht jetzt? Gar nichts."

„Das ist die alleinige Schuld des Kaisers
selber," brummte Marquez, „er hat ebenfalls
dem Klerus Versprechungen gemacht und bis
jetzt Nichts gehalten. Hob er, sobald er nach
der Hauptstadt zurückkehrte, die leyes de reforma
direct auf, so wußte der Klerus, woran er mit
ihm war — jetzt trauen sie ihm nicht, bis sie erst
Beweise in Händen halten."

„Und die werden sie bekommen, wenn er
unterliegt und Juarez wieder im Land regiert.
Nachher dürften sie die Folgen ihrer Saumselig=
keit bereuen."

„Das geschieht nie, Lopez," sagte Marquez
rasch, indem er einen flüchtigen Blick umherwarf,

ob sie von Jemandem gehört werden könnten,
„das geschieht nie — dagegen sind Vorsorgen
getroffen."

„Und glauben Sie, General, daß Miramon
ihm in der Regierung folgen wird?"

Der General schwieg, endlich sagte er achsel=
zuckend: „Quien sabe — wunderlichere Dinge sind
geschehen und Miramon hat jedenfalls einen
großen Anhang — wenn auch vielleicht manche
Feinde. Die Klerikalen halten besonders viel
auf ihn, und es ist möglich, daß er es mit de=
nen ehrlich meint."

„Sie trauen ihm nicht recht?"

„Ich weiß es nicht — ja und nein — er hat
sich in der letzten Zeit verändert und scheint dem
Kaiser treu anzuhängen."

„Und thun wir das nicht Alle?" erwiederte
Lopez unbefangen.

„Ja — gewiß," erwiederte zögernd der Ge=
neral, „aber das Vaterland geht wieder allem
Andern vor und zu dessen Besten müssen wir
eben Alles opfern — selbst unser eigenes Leben.
Doch, amigo, die Zeit drängt — ich habe noch
viele Vorbereitungen zu treffen, um meinen etwas
gefährlichen Marsch anzutreten."

„Wie viel Mann Escorte nehmen Sie mit?"

„Es ist noch nicht bestimmt, circa tausend."

„Das wird unsere Besatzung sehr schwächen."

„Sie behalten noch immer über sechstausend zurück — also adios! — Halten Sie aber die Augen offen, denn so lange wir im Stande sind die Stadt Mexico zu behaupten, haben wir nicht verloren und können, wenn wir wollen, den Kampf von Neuem aufnehmen."

„Und keine Nachricht ist von der Kaiserin eingetroffen?"

„Von der Kaiserin?" sagte Marquez, „nicht daß ich wüßte. Nur kurz vorher, ehe wir Mexico verließen, traf ein Bericht ein, lautete aber sehr böse."

„Der Kaiser selber scheint sich wenig darum zu kümmern," sagte Lopez finster, „ich habe ihn nie so heiter gesehen als gerade jetzt."

„Menschennatur," lachte Marquez, „er war niedergeschlagen, wo er Nichts zu thun hatte. Jetzt, in voller Beschäftigung, ist die Kaiserin längst vergessen;" und dem Obristen einen Gruß zuwinkend, schritt er die Straße hinab, seiner eigenen Wohnung zu.

* * *

In einer Seitenstraße, nicht weit von der Plaza, war Obristlieutenant Jablonsky vom Regiment der Kaiserin einquartiert.

Jablonsky trug allerdings einen polnisch klingenden Namen, war aber Vollblut Mexicaner, sogar mit einer kleinen Mischung indianischer Race, und entstammte jedenfalls der untersten Schicht der Bevölkerung; aber er galt als der intime Freund des Obrist Lopez, mit dem er schon viele Fährlichkeiten getheilt, war deshalb in dessen Regiment getreten und rasch, viel rascher avancirt, als er es wohl seinen, überhaupt sehr zweifelhaften Verdiensten zuschreiben konnte. Es war ein roher, ungebildeter Bursche, — ein echter mexicanischer Soldat, wie sie die ewigen Revolutionen in's Leben gerufen: tapfer, wo es das eigene Leben zu vertheidigen galt, aber sonst rasch bei der Hand, wo es zu plündern und zu brandschatzen gab, und deshalb auch gar nicht mit der strengen Disciplin in dem kaiserlichen Heer einverstanden. Lopez selber wenigstens hatte oft Mühe genug, ihn von Ungehörigkeiten zurück zu halten.

Jablonsky schien aber sein rauhes Wesen in diesem Augenblick ganz abgelegt zu haben, denn neben ihm, auf dem nämlichen Tisch, auf dessen eine Ecke er sich halb gesetzt, war ein junges, bildhübsches, aber bleich und ernst aussehendes Mädchen damit beschäftigt, die Wäsche des Kaisers und seiner nächsten Umgebung, die sie zu besorgen hatte, auszuplätten und zusammen zu legen.

„Aber Mercedes," sagte der Obristlieutenant vorwurfsvoll, „Du giebst mir auf alle meine Fragen keine Antwort. Denkst Du denn, Mädchen, daß ich es nicht ehrlich mit Dir meine?"

„Ich kann Euch nicht in's Herz sehen," sagte das junge Mädchen ruhig, „aber ich bitt' Euch, mich zufrieden zu lassen. — Ob Ihr Ernst macht oder nicht, was kümmert's mich — habe genug gehabt von Euresgleichen."

„Caracho amiga," lachte der Bursche. „Du sprichst ja verwünscht vornehm; weißt Du, welchen Rang ich in der Armee habe?"

„Weiß es nicht und brauch' es nicht zu wissen," sagte das Mädchen finster, „wenn es ein einfacher Handwerker wäre, ließe sich vielleicht ein Wort darüber reden — wenn auch nicht mit Euch."

„Hoho," lachte Jablonsky, „möchtest wohl gar Kaiserin werden? Nun, der Platz ist bald frei, denn mit der Carlota geht's zu Ende."

„Schämt Euch, von der armen unglücklichen
Frau so zu reden!" rief das Mädchen heftig —
„habt Ihr je Menschen wie dieses Kaiserpaar
an der Spitze Eurer Regierung gehabt? — Nie
— denn Ihr verdient sie nicht; aber Dank darf
der Kaiser trotzdem nicht von Euch erwarten,
denn er läßt Euch nicht rauben und plündern,
wie Ihr's von je gewohnt gewesen."

„Caracho," lachte der Herr Obristlieutenant,
indem er scharf auf seinem Sitz herumrückte. —
„Mädel, Du hast eine scharfe Zunge und weißt,
daß Dir Nichts geschehen kann — aber laß Du
das den Obrist hören."

Das Mädchen warf verächtlich die Lippen
empor, erwiederte aber kein Wort, sondern fuhr
in ihrer Arbeit fort, und Jablonsky's Augen
hingen in stiller Bewunderung an der schlanken
und üppigen und dabei so geschmeidigen Gestalt.
Da verdunkelte plötzlich der Körper eines Offi=
ciers das Fenster — es war Lopez, und auf einen
Wink von ihm sprang Jablonsky von seinem
Sitz auf und eilte nach der Thür, ohne daß
ihm Mercedes auch nur einen Blick nachge=
worfen hätte — was kümmerte sie der Officier
— sie trug Haß und Bitterkeit im Herzen —
keine Liebe.

„Nun, Obrist, wie stehen die Sachen?" frug Jablonsky, als er hinaus auf die Straße kam — „etwas Neues?"

„Ja," sagte Lopez finster, „aber ich weiß nicht, ob es etwas Gutes ist. Marquez geht nach Mexico."

„Caracho! soll sich durchschlagen?"

„Ja, und Verstärkung bringen — die fremden Truppen."

„Hm — und wird er es thun?"

„Quien sabe, — ich traue ihm nicht — er hat sich ein paar Mal im Gespräch verschnappt. Wir werden wohl hier allein in der Falle sitzen bleiben."

„Angenehm," sagte Jablonsky, „und die Le= bensmittel werden knapp, das Geld rar, und keine Gelegenheit, neues anzuschaffen. Ich wäre für's Hinausbrechen. Wenn wir uns jetzt in einer andern Stadt festsetzen, können wir wieder von vorn anfangen."

„Und wie wollen wir die Geschütze mit fort= bringen? Es geht nicht."

„Hier in dem verdammten Nest," sagte der treue Freund des Obristen, „passirt uns noch ein Unglück. Ich traue der Bande nicht. Wenn uns Marquez im Stiche läßt, sitzen wir fest, und nachher unter der liberalen Regierung dürfen wir uns nur nach einer Anstellung als Lepero umsehen."

"Du scheinst Dir da schon eine Lepera ausgesucht zu haben," sagte Lopez mit einem Seitenblick auf den Burschen, der in seiner Officiersuniform ebenso aussah, wie ein Hausknecht im Frack.

"Hol' der Teufel das stolze, hochnasige Ding!" brummte Jablonsky; "merkwürdig übrigens, wie all' das Frauenzeug hier in Queretaro an dem Kaiser hängt. Ich glaube, sie ließen sich mit dem größten Vergnügen alle mit einander für ihn todtschlagen. — Was so ein Titel nicht thut!"

Lopez schwieg und schritt schweigend neben dem Gefährten die Straße hinab. — "Wir müssen's abwarten," sagte er endlich — "aber — hast Du lange keine Nachrichten von — braußen erhalten?"

"Es steht nicht besonders, wie es scheint. Die Soldaten bekommen schlechte Verpflegung, aber immer mehr neuen Zuzug. Hätte im Leben nicht geglaubt, daß Juarez noch so viele Leute auf die Beine bringen könnte."

„Es sind viele Amerikaner darunter."

„Eine ganze Menge, und verwünscht gute Schützen dazu. Sie haben uns schon einzelne Posten weggeputzt."

„Der Bote ist noch nicht zurückgekehrt?"

„Nein — und wird auch nicht," knurrte Jablonsky, „sie haben ihn gehangen."

„Gehangen?" rief Lopez erschreckt.

Jablonsky nickte. „Ich weiß es von einem Deserteur. Sie hielten es für einen Vorwand und den armen Teufel für einen Spion — aber que importe — er hat's überstanden."

Lopez nickte langsam vor sich hin, aber die Kunde schien einen unangenehmen Eindruck auf ihn gemacht zu haben. Mit einem kurzen „Hasta luego" drehte er sich von Jablonsky ab und verfolgte seinen Weg allein die Straße hinan. —

Als Marquez den Obrist Lopez verlassen hatte, begegnete ihm bald darauf General Mi= ramon zu Pferde, der ausgeritten war, um die Posten zu besichtigen. Als er Marquez bemerkte, stieg er ab, nahm sein Thier am Zügel und schritt neben dem Freund her.

„Nun amigo," sagte Marquez, „haben Sie noch Aufträge für mich in der Hauptstadt? Wie es scheint, werde ich vom Kaiser genug bekommen, um ein Lastthier damit zu beladen.“

„Keine von mir, Marquez,“ sagte kopfschüt= telnd der junge General, „als daß Sie selbstver= ständlich meine Frau aufsuchen und ihr sagen, wie Sie uns hier verlassen haben.“

„Und für das Ministerium? — für Mon= señor?“ sagte Marquez mit einem halb lauern= den Blick.

Miramon schüttelte langsam den Kopf. „Nein, Marquez,“ sagte er endlich, „ich brauche Ihnen nicht zu sagen, daß wir Beide andere Pläne im Kopf hatten, als wir dem Kaiser nach Queretaro folgten. Ich kannte damals Maximilian wenig oder gar nicht, und was ich von ihm in Ori= zaba gesehen, konnte mich nicht besonders gün= stig für ihn stimmen — das Vaterland galt mir höher.“

„Und jetzt?“ frug Marquez leise.

„Jetzt,“ rief Miramon, „bin ich fest entschlos= sen, bei ihm auszuharren in Freud’ und Leid, und meine einzige Sehnsucht ist, daß wir die Hilfstruppen bald bekommen, um die liberalen Schufte zu Paaren zu treiben.“

„Und was wird Monseñor dazu sagen?“

„Monseñor,“ erwiederte Miramon finster,

9*

„wird einsehen lernen, daß es sich noch immer besser mit diesem Kaiser, als mit dem Indianer fährt. Maximilian ist ein Ehrenmann, und ich glaube und bin überzeugt, daß Mexico noch kein würdigeres Oberhaupt gehabt."

„Caramba," lachte Marquez, „auch nicht unter Präsident Miramon's Regierung?"

„Auch nicht unter der meinigen," sagte der junge Mann entschlossen und bestimmt. „Ich habe selber diese ewigen und zwecklosen Revolutionen satt und fürchte, Monseñor thut nicht wohl daran, sie immer nur mehr zu schüren. Ich wenigstens möchte nicht Präsident werden und dabei die Pflicht übernehmen, die leyes de reforma aufzuheben, denn ich weiß, daß ich meinen Sitz nur mit den Waffen in der Hand zu vertheidigen und keinen Augenblick Ruhe hätte."

„Und glauben Sie, daß wir sobald Ruhe bekommen, amigo?"

„Ja," sagte Miramon rasch und bestimmt. „Bringen Sie uns bald die nöthige Verstärkung, dann zweifle ich auch keinen Augenblick daran, daß wir diese wild zusammengelesenen Schwärme Escobedo's werfen und vernichten oder noch besser, durch einen einzigen entscheidenden Sieg zu uns herüberziehen können. — Caramba, ich

hatte den Indianer schon fest und hätte dem
Kaiser wahrlich keine Gelegenheit gegeben, ihn
zu begnadigen, denn darin ist er schwach — aber
die Zeit kehrt vielleicht zurück und dann mag er
sich wehren."

• „Hm," nickte Marquez leise vor sich hin, „so
stehen also die Sachen — und wenn mich nun
Monseñor direct fragt, was soll ich ihm sagen?"

„Daß er auf mich für seine Zwecke nicht mehr
zählen darf," erwiederte Miramon bestimmt,
„denn das einzige Ziel, dem er entgegenstrebt,
könnte ich ihm so wenig erfüllen, wie der Kaiser."

„Und wenn er nun doch Jemanden fände,
der es unternähme?"

Die Frage war nur leicht und flüchtig hingeworfen, Miramon sah aber rasch und fast erschreckt den Freund an und rief:

„Santa Anna? Die Herren werden nicht
wahnsinnig genug sein, den Erbfeind Mexicos
wieder in das Land zu rufen — das Elend, das
ihm folgen würde, wäre unabsehbar — aber
Thorheit," setzte er gleich darauf verächtlich hinzu — „der Blutsauger wird sich hüten, mexicanischen Boden wieder zu betreten."

„Und wenn er nun schon in diesen Tagen in
Vera-Cruz gelandet sein sollte," erwiederte Mar-

quez — „die letzten Berichte, die ich erhielt,
laſſen es mich vermuthen."

„Berichte? von wem?"

„Que importe."

„Dann, beim ewigen Gott," rief Miramon
heftig aus, „ſind die Prieſter Landesverräther,
und damit haben ſie auch ihr ganzes Spiel bloß=
gelegt. Maximilian — ich oder Santa Anna —
wer ihnen nur ihre Macht ſicherte, war ihnen
gleich, und zu derſelben Zeit hielten ſie alſo drei
Eiſen im Feuer, um das zu ſchmieden, was
ihnen nur den größten Nutzen verſprach. Hätten
Sie nicht Luſt, Präſident zu werden, Marquez?"
ſetzte er mit unverkennbarer Bitterkeit im Tone
hinzu.

Marquez ſchüttelte lachend den Kopf. „Wüßte
nicht, daß ich beſonderes Verlangen darnach
trüge, und würde mich auf andere Weiſe zu ver=
ſorgen ſuchen."

Miramon ſah den General beſtürzt an. Es
lag Etwas in den boshaft lächelnden Zügen des
Mannes, das ihm nicht gefiel. — „Sie kehren zurück,
Marquez," rief er heftig aus — „gewiß? können
wir uns feſt darauf verlaſſen?"

„Caramba," lachte Marquez, „ſchon die Frage
iſt eine Beleibigung — habe ich Ihnen nicht

Allen mein Ehrenwort gegeben, in spätestens
vierzehn Tagen wieder mit den fremden Truppen
in Queretaro zu sein? Glauben Sie, daß ich
mich in Mexico in die Ministerwirthschaft
mischen möchte? So rasch ich die Leute rüsten
kann, sitzen wir auf und denken den Herren Es=
cobedo und Consorten nachher hier eine kleine
Ueberraschung zu bereiten."

„Also ein Wort, ein Mann?"

„Nun, versteht sich von selber — in späte=
stens vierzehn Tagen bin ich zurück; halten sich
aber die deutschen Regimenter dazu, so ist es so=
gar möglich, daß ich in etwa acht oder neun
Tagen wieder da bin. Es soll uns schon kein
Gras unter den Hufen wachsen."

„Gut," sagte Miramon, „dann kann sich
noch Alles glücklich gestalten, denn mit den Bur=
schen da draußen werden wir fertig. Wohin
gehen Sie jetzt?"

„Um meine Vorbereitungen zu treffen und
den alten Vidaurri ein wenig anzutreiben. —
Wir müssen jedenfalls in der Nacht aufbrechen,
damit ich nicht die ganze feindliche Armee auf
den Hals bekomme.

* * *

Wenige Tage vergingen — Marquez war aus
Queretaro mit etwa 1100 Mann und seinem
wie Vidaurri's Stab ausgebrochen, und Deserteure,
von denen fast jeden Tag Einzelne zu den Kai=
serlichen überkamen, berichteten auch, daß er
glücklich durchgeschlüpft sei. Hatte sich der Feind
aber, der sogar vermuthete daß der Kaiser mit
entkommen sei — über die Zahl der ausgerück=
ten Truppen getäuscht, oder glaubte er vielleicht
Queretaro jetzt mit einem Handstreich nehmen
zu können, wo die liberale Armee sogar noch
ansehnliche Verstärkung durch Riva Palacio und
zwei andere Bandenchefs erhalten, aber sie fingen
an sich da draußen zu rühren. Am zweiten Tag
fand ein allgemeiner und für mexicanische Ver=
hältnisse ungemein stürmischer Angriff auf Que=
retaro statt, der freilich von dem kleinen Häuf=
lein der Belagerten mit außerordentlicher Tapfer=
keit und so energisch zurückgeschlagen wurde, daß
die weiß gekleideten Soldaten da draußen die
dunkeln Hänge aller Orten mit ihren Leibern
deckten. Escobedo mußte seine stürmenden Massen
zurückziehen und ließ Tausende von Todten und
Verwundeten auf dem Plan.

Prinz Salm, Mendez, Miramon, Mejia, sie
Alle hatten wie die Löwen gefochten, und wirk=

liche Begeisterung herrschte in bem kleinen Heer. Jetzt noch die beutschen Regimenter herbei, unb Escobedo konnte, troß seiner sechsfachen Ueber= zahl, an seine eigene Sicherheit benken.

In Queretaro bereitete sich inbessen ein ganz eigener Act vor, nämlich bie Orbensverleihung, die in solchen Fällen, so kinbisch sie auch manch= mal sein mag, ihre Weihe erhält.

Die Generale Miramon, Mejia, Castillo, Arellano, Menbez unb Balbez — unb als be= sonbere Auszeichnung für bewiesene Tapferkeit auch Obrist Prinz Salm in ber ersten Reihe, erhiel= ten bie broncene Mebaille für Tapferkeit — bie auf ber einen Seite das Brustbild des Kaisers, auf ber anbern in einem Lorbeerkranz die In= schrift: Al·merito militar (bem militärischen Ver= bienst) trug, unb welche ber Kaiser einem Jeden selber an bie Brust steckte; ebenso bie übrigen Officiere, die bei ber Action betheiligt gewesen waren. Unterofficiere unb Gemeine erhielten bie golbene unb silberne Mebaille, wie sie sich aus= gezeichnet hatten.

Mit ber broncenen Mebaille war ber Kaiser am geizigsten, unb sie wurbe an einem rothen Banbe, das Brustbild nach außen, getragen.

Als sich ber Kaiser nach Bertheilung ber Or=

ben entfernen wollte, ging General Miramon
auf Obrist Pradillo, der die Orden trug, zu,
nahm eine broncene Medaille, trat damit vor den
Kaiser, und indem er sie demselben an die Brust
steckte, sagte er folgende Worte:

„Eure Majestät haben Ihre Officiere und
Mannschaften decorirt, als ein Zeichen der An=
erkennung für Tapferkeit, Treue und Ergeben=
heit. Dem Tapfersten von Allen, welcher uns
stets in allen Gefahren und Entbehrungen zur
Seite stand, und uns mit dem erhabensten,
glänzendsten Beispiele stets vorangegangen ist,
nehme ich mir hiermit im Namen Eurer Majestät
Heeres die Freiheit, dieses Zeichen der Tapferkeit
und der Ehre zu verleihen, welches Sie mehr
als jeder Andere verdienen."

Der Kaiser war sehr überrascht und gerührt
von dem sinnreichen und schönen Acte, umarmte
den General Miramon, nahm die Medaille an
und trug sie seitdem als seine erste und vor=
nehmste Decoration, allein gegen die Vorschrift,
nicht das Portrait, sondern die Seite mit der
Aufschrift nach außen.*)

------

*) Prinz Salm's „Queretaro", in welchem umfassen=
den Buche der Prinz auch eine so detaillirte, wie fesselnde
Erzählung der einzelnen Kämpfe giebt.

Der Eindruck, den diese kleine, aber wirklich erhebende Feier auf das Militär nicht allein, sondern auf die ganze Stadt machte, war unbeschreiblich, Maximilian hatte sich ja schon durch sein schlichtes, freundliches Wesen die Herzen Aller gewonnen, und überall jubelte man ihm jetzt entgegen, wo er sich nur zeigte. Das Militär brauchte viel, und den Einwohnern von Queretaro wurden schwere Opfer auferlegt, um nur die nothwendigsten Bedürfnisse der Soldaten herbeizuschaffen, aber Niemand weigerte sich zu geben was in seinen Kräften stand; geschah es doch für den Kaiser, und ging er als Sieger aus diesem Kampfe hervor, so wußten sie auch, daß sie mit Vertrauen einer ruhigen und glücklichen Zeit für ihr Land entgegensehen konnten.

6.

Während der Belagerung.

———

Jubel und Festgelage, Illumination, Feuer=
werk, Bälle und indianische Aufzüge in der
Hauptstadt.

General Marquez — jetzt vom Kaiser zum
lugarteniente (Stellvertreter) in Mexico ernannt
(er verheimlichte den wirklichen Auftrag, in dem
er gekommen war), brachte die besten Nachrichten
aus Queretaro. Sie wären in allen Gefechten
siegreich gewesen, und die liberalen Truppen so
demoralisirt, daß sie nach jeder Schlacht mehr
Ueberläufer bekamen, als sie Todte und Ver=
wundete verloren hatten. Die Armee vergrößerte
sich dadurch fortwährend und der Kaiser gedachte
in nächster Zeit einen Hauptschlag gegen den
Feind zu führen, der der Belagerung dort ein
schleuniges Ende machen würde.

Marquez selber aber, anstatt seine vom Kaiser befohlenen Aufträge auszuführen, rüstete sich, um gegen den Puebla bedrohenden Porfeirio Diaz auszuziehen, und freudig folgten ihm dahin jetzt die deutschen Regimenter. In sofern nur kam er dem Auftrag Maximilian's nach, daß er den vollkommen untüchtigen, ja auch verrätherischen Lares absetzte und Bibaurri die Stellung eines Ministerpräsidenten und Finanzministers übertrug. Ibarran wurde zum Minister des Innern bestimmt.

Wie das jetzt in der Stadt lebte und schwirrte — Marquez brauchte freilich viel Geld zu seinen nächsten Operationen, aber die Reichen gaben es willig, denn sie erhofften nun bald eine bessere, glückliche Zeit, und selbst daß er die vom Kaiser streng abgeschaffte Leva wieder einführte, und aufgriff was er an militärfähiger Mannschaft aufgreifen konnte, wurde von den Conservativen vollkommen gebilligt. Sie selber waren ja nicht von der Maßregel betroffen, und zu einem letzten entscheidenden Schlag mußte auch Jeder sein Scherflein beitragen, sei es in Geld, sei es mit der eigenen Haut.

Die Geistlichkeit war indessen in Mexico selber übermüthiger denn je geworden, und mit

Marquez zur Hilfe, der sich ganz der klerikalen
Partei angeschlossen hatte, regierte sie fast allein,
beherrschte wenigstens die Familien vollständig.

Marquez selber konnte natürlich nicht die
leyes de reforma wieder aufheben, denn er be=
saß kein weiteres Terrain als die Hauptstadt
selber, aber er ließ die Pfaffen wenigstens nach
Herzenslust wirthschaften. In keinem Hause,
das früher der Geistlichkeit gehört hatte, wurden
mehr die Sacramente gereicht oder irgend eine
heilige Handlung verrichtet, ja Labastida ging
sogar so weit, alle Bewohner desselben, bis zur
Dienerschaft hinab, zu excommuniciren. — Eine
Procession folgte dabei der andern durch die
Straßen; die Glocken wurden fast den ganzen
Tag geläutet und riefen ununterbrochen zum Ge=
bet, und die Priester selber traten mit einem
Stolz und Hochmuth auf, der unerträglich zu
werden drohte.

Das Alles schwand aber in dem einen Gefühl
baldigen Sieges, und mit einer wirklich fabel=
haften Zuversicht gaben sich die Bewohner von
Mexico in einer Zeit diesem Glauben hin, wo
die kaiserlichen Truppen überhaupt nur noch
drei oder vier größere Städte im ganzen Land
besetzt hielten, und aller Orten und Enden, selbst

in der Hauptstadt, von Tag zu Tag enger ein=
geschlossen wurden. Aber die Hoffnung verläßt
uns ja nie, und um so lieber und leichter ver=
traute man den endlich einmal günstigen Be=
richten des eingetroffenen Generals, da so lange
Zeit verflossen war, in der nur ungünstige
Berichte die Hauptstadt in steter, fast ununter=
brochener Aufregung gehalten. Außerdem spra=
chen auch eine Masse Einzelheiten dafür, daß
er die Wahrheit rede, denn hätte der Kaiser
schon so viel Truppen in Queretaro entbehren
können, wenn er sich nicht stark genug fühlte,
dem Feind die Spitze zu bieten.

Mit Jubel sah man auch die treffliche Armee
— Marquez, den man als einen tüchtigen Ge=
neral kannte, an der Spitze, dem Feind ent=
gegen ziehen. Es waren zwei Infanteriebriga=
den in der Stärke von 2000 Mann, und unter
ihnen das 18. Regiment, befehligt vom Obrist=
lieutenant Hammerstein, mit fast nur Oester=
reichern und Belgiern, wie einem kleinen Theile
mexicanischer Soldaten. Die Cavallerie bestand
aus der Brigade Quiroga, einer ausgezeichneten
Truppe, dem wackern Khevenhüller Husarenregi=
ment, der vom Obrist Wickenburg befehligten
Gensdarmerie und einem Regiment berittener

Cazadores, dabei mit 18 Geschützen — und wie
kehrte sie zurück.

Am 30. März war Marquez mit dem zu=
verlässigsten Heer, das je in Mexico vereint ge=
standen, aus der Hauptstadt ausgerückt, und am
11. April, Nachts 10 Uhr, kehrte er auf abgehetz=
ten Thieren, wenige Officiere zur Begleitung,
ein Flüchtling, in die Stadt zurück — eilte in
sein Hauptquartier, schloß sich in sein Zimmer
ein und verkehrte mit Niemandem mehr. Aller=
dings wurden seine Officiere, ein paar Mexi=
caner, mit Fragen bestürmt, was aus dem ganzen
Heere geworden, das sie mitgenommen, aber sie
konnten keine andere Auskunft geben, als daß
es vernichtet sei. — War es doch die einzige
Entschuldigung, die sie für sich hatten, denn
ließ es sich denken, daß sie selber nur in feiger
Flucht entkommen seien und ihre Kameraden,
die ganze ihnen anvertraute Truppe im Stiche
gelassen haben sollten?

Und trotzdem war es so. Schon am nächsten Tag
zogen die wackeren deutschen Truppen in geordnetem
Zug, als ob sie von einem Manöver kämen, in
die Hauptstadt ein. Sie waren halb verhungert,
ja und zum Tode ermattet, ihre Reihen auch ge=
lichtet, aber trotzdem schwenkten die Husaren,

ehe sie ihre Kaserne auffuchten, nach der
Plaza ihres Kaisers ein, und als sie in Sicht
kamen, donnerte ein lautes Viva el emperador
von ihren Lippen.

Und wilde Gerüchte zogen dabei durch die
Stadt: Porfeirio Diaz sei im Anzuge — ja
schon vor den Thoren. Die Läden wurden ge=
schlossen, die Frauen flüchteten in die Häuser,
und es brauchte Stunden lang, bis man sich
überzeugte, daß die Gefahr wohl drohe, aber
keineswegs so nahe sei, um sie unmittelbar zu
gefährden. — Weiter aber verlangten die Be=
wohner auch Nichts, um sich ganz wieder ihrem
gewöhnlichen Zuwarten hinzugeben — und doch
hatten sie in der Gefahr geschwebt. Wäre Ge=
neral Diaz nämlich scharf nachgerückt, so fiel die
Hauptstadt Mexico jedenfalls in seine Hände,
denn die mexicanischen Truppen zeigten sich in
dieser Zeit vollständig demoralisirt. Porfeirio
Diaz war aber selber durch die Tapferkeit der
deutschen Truppen geschädigt worden und brauchte
geraume Zeit, um nur seine Todten zu beerdigen
und seine Verwundeten unterzubringen. Dann
aber zog er langsam gegen die Hauptstadt vor
— Puebla war gefallen, und er konnte nun

seine sämmtlichen Truppen dazu verwenden,
Mexico selber zu belagern.

In Robriguez' Hause, der in diesem Augenblick, und besonders seit der letzten Schwenkung
Maximilian's zu Gunsten der Conservativen,
wieder einmal fest am Kaiserthum hielt, hatte
sich indessen Manches verändert, und besonders
war durch den gezwungenerweise lange aus-
gedehnten Besuch seines Schwagers San Blas
viel Leben und Bewegung in das Haus gekommen. Mexicanische Gastfreundschaft kennt
aber keine Grenzen, und so oft San Blas auch
ganz ernstlich gewillt war, mit seiner Familie
in eins der jetzt ziemlich verlassenen Hôtels zu
ziehen, so oft erklärte Robriguez, daß San Blas
sich von dem Augenblick an nicht weiter als
sein Verwandter geriren solle, denn er würde
jede Verbindung mit ihm abbrechen.

Platz genug hatte er im Haus, um noch eine
solche Familie aufzunehmen, zu leben gab es
auch noch genug, obgleich die Lebensmittel seit
der Belagerung schon bedeutend im Preis ge-
stiegen und im Allgemeinen oft schwer zu beschaffen
waren, was also konnte ihn veranlassen, in ein
Hôtel zu ziehen? Gar nichts, und wie hätten
sich die Familien in Mexico nachher darüber auf-

gehalten. Es wäre unerhört gewesen, und er
durfte ihm das gar nicht anthun.

San Blas wußte dabei, daß er selber unter
ähnlichen Verhältnissen auch genau so gehan=
delt haben würde und weigerte sich denn auch
nicht länger, seines Schwagers Gastfreundschaft
anzunehmen, der noch außerdem erklärte, daß
er Ricarba auf keinen Fall hergeben könne —
San Blas möge machen, was er wolle, aber
das Mädchen bliebe unter jeder Bedingung im
Haus.

San Blas hatte in Mexico selber einen alten
Freund aus früheren Zeiten gefunden, oder viel=
mehr einen jüngeren, denn er zählte mindestens
fünfzehn Jahre weniger als er — den General
O'Horan, früheren Präfecten von Tlalpam,
jetzigen der Hauptstadt, der sich in letzter Zeit
besonders dadurch ausgezeichnet, daß er eine
Verschwörung gegen das Leben des Kaisers ent=
deckte und in energischer, fast zu grausamer Weise
dagegen einschritt.

Es gingen allerdings verschiedene Gerüchte
um, nach denen die ganze Verschwörung bezweifelt
und O'Horan bezichtigt wurde, daß er eine An=
zahl von Leuten habe in aller Geschwindigkeit
hängen lassen, weil er von ihnen Aussagen be=

fürchtete, die ihn selber compromittiren konnten. Wer aber hatte in dieser Zeit der Parteileiden= schaften keine Feinde, und da ihm gar nichts bewiesen werden konnte (die Leute waren alle todt), so schwieg auch das Gerücht, da sich außer= dem noch O'Horan der Sache des Kaiserreichs treu ergeben zeigte und als ein entschieden aus= gesprochener Feind der Liberalen auftrat.

General O'Horan war, was man einen schönen Mexicaner nennt — ein Mann in seinen besten Jahren, mit einem intelligenten Gesicht und scharfen, fast zu unruhigen dunkeln Augen, dabei lebendig und ein vortrefflicher Gesellschaf= ter, ohne besondere Bildung wohl, aber mit einer natürlichen Art von Mutterwitz begabt; selbst Rodriguez fühlte sich wohl in seiner Gesellschaft oder sah ihn doch wenigstens gern in seinem Hause, in dem er bald, wenn auch nicht ein täg= licher, doch jedenfalls sehr häufiger Gast wurde.

Seine Vergangenheit konnte man allerdings nicht ganz rein nennen; es wurde ihm Manches zur Last gelegt, und mit besonderer Unbefangen= heit hatte er schon verschiedene Male, je nach Befinden, die Parteien gewechselt, ja sollte früher sogar ein leidenschaftlicher Liberaler gewesen sein. Aber lieber Gott — wie wenig Menschen in

Mexico hatten überhaupt eine „reine" Ver=
gangenheit, und die Parteien zu wechseln, konnte
in einem Lande nicht als Verbrechen gelten, wo
das besonders unter den Generalen überhaupt
zu den Alltäglichkeiten gehörte.

O'Horan bekleidete übrigens jetzt eine an=
gesehene und bevorzugte Stellung in Mexico,
galt sehr viel bei Marquez und schien sich —
wie blieb ziemlich gleichgiltig, was ja in Europa
ebenso der Fall ist — ein bedeutendes Vermögen
erworben zu haben. Er lebte wenigstens auf
vornehmem Fuß, hielt sich ein paar prachtvolle
Reitpferde und galt überall in der Hauptstadt
für einen „Caballero".

Uebrigens konnte es in Robriguez' Hause
nicht lange ein Geheimniß bleiben, daß seine
Besuche nicht allein dem befreundeten San Blas,
sondern vorzugsweise dessen Tochter Ricarda
galten, gegen die er sich äußerst liebenswürdig
zeigte, ohne sich selber freilich einer besondern
Auszeichnung rühmen zu können.

San Blas hatte es jedenfalls eben so gut
bemerkt, schien aber diese halbe Bewerbung nicht
ungern zu sehen. Er mochte den General gern
leiden und — hoffte durch ihn eine Ableitung
für eine in Ricarda's Herzen aufglimmende

Leidenschaft — vielleicht jetzt nur noch ein In=
teresse, das sie, wie ihm nicht entgangen war,
an dem jungen belgischen Officier gewonnen.
Die Fremden hatten ihm aber in Mazatlan
sein Haus zerschossen und seine besten Pferde
aus dem Stall geholt — er konnte ihnen das
nicht vergessen, und wenn er sich auch gestehen
mußte, daß van Leuwen vollkommen unschuldig
dabei gewesen, ja nicht einmal Franzose war,
so — sprach er doch französisch und war auf
einem französischen Schiff in ihr Land gekommen
— sah auch wie ein Franzose aus und — er
behielt nun einmal ein Vorurtheil gegen ihn.

Uebrigens hatten sie sehr lange Nichts von
van Leuwen gehört, und San Blas gab sich schon
der stillen Hoffnung hin, daß er — ebenso wie
tausend Andere seiner Landsleute, wie überhaupt
der Fremden, einfach verschollen wäre. Man
erinnerte sich wohl noch seiner dann und wann,
aber er wurde doch nicht weiter gesehen und mo=
derte vielleicht in irgend einer wilden Berg=
schlucht im Lande drinnen. Die unruhige Zeit
in der Hauptstadt nahm auch in diesen Tagen
die Aufmerksamkeit fast Aller viel zu sehr in
Anspruch, und nur Ricarda allein hatte vielleicht
des Verlorenen gedacht.

Ein junger Officier, den linken Arm in der
Binde, den Kopf mit einem Tuch umwunden,
und dabei bleich und erschöpft, stieg mühsam die
Treppe in Rodriguez' Haus hinauf und bat den
Diener, ihn bei dem Hausherrn zu melden. Ehe
dieser aber im Stande war den Auftrag aus=
zuführen, öffnete sich eine Seitenthür und Ri=
carda, bleich und erregt, trat heraus und eilte
auf ihn zu.

„Señor," rief sie aus — „um der heiligen
Jungfrau willen, was ist Ihnen geschehen? —
Sie sehen todtenbleich aus."

Das war allerdings in dem Moment der Fall
gewesen, als er die Treppe erstiegen hatte, jetzt
freilich färbten sich seine Wangen wieder ein
wenig, als er das junge Mädchen erkannte und
ihr mit einem glücklichen Lächeln die Hand ent=
gegenreichte.

„Nichts als ein wenig Blutverlust, Señorita,"
sagte er dabei. — „Sie haben uns draußen
tüchtig zusammengehauen und ich — scheine wirk=
lich Unglück in der militärischen Carrière zu
haben. Während Hunderte meiner Kameraden
aus dem wildesten Melée keine Schramme mit
nach Hause gebracht, bin ich selber fünf ver=
schiedene Male verwundet worden, und kann noch

Gott danken, daß ich die Kraft behielt, im Sattel
zu bleiben."

„Dieser unglückselige Krieg — aber wollen
Sie nicht eintreten? — Ruhe thut Ihnen Noth.
— Wir hatten schon gehört, daß Sie verwundet
wären."

„Wenn Sie mich nur noch einen Augenblick
entschuldigen — mein Bein ist durch das Treppen=
steigen ein wenig steif geworden."

„Ich führe Sie" — sagte Ricarda herzlich,
indem sie seinen Arm ergriff — „stützen Sie sich
nur fest auf mich — ich lasse nicht nach —
kommen Sie."

Van Leuwen wollte sich sträuben, aber es
half ihm Nichts — es ging auch schon viel besser.
Die Wunden waren glücklicherweise sämmtlich
nicht gefährlich gewesen, und seine gesunde Na=
tur überwand das Alles.

„Caramba, Don Guillelmo," rief ihm aber
Rodriguez entgegen, als er ihn in der Thür mit
seiner Begleiterin erblickte. — „Sie sind ja über
und über eingebunden. Alle Wetter! Ihnen
haben sie bös mitgespielt."

„Ja, Señor," nickte der junge Officier —
„ich sagte es auch schon zur Señorita — ich habe
Unglück im Feld, und wenn ich diesmal noch

gesund aus Mexico hinauskomme — was bis
jetzt freilich den Anschein nicht so hat, so hänge
ich den Soldatenrock und Säbel an den Nagel.
Meine Haut ist jetzt schon ziemlich wie ein
Sieb."

Im Zimmer befanden sich noch San Blas,
der den jungen Officier ziemlich kühl grüßte,
und General O'Horan, der Präfect von Mexico.

„Ich weiß nicht, ob sich die Herren kennen —
Capitano van Leuwen und General O'Horan —
der Präfect dieser guten Stadt und ein intimer
Freund unseres Hauses — bitte, nehmen Sie
aber Platz, Capitän — Sie sehen wirklich an-
gegriffen aus."

„Sie hätten noch nicht ausgehen sollen, lieber
Capitän," sagte auch Señora Rodriguez, die ihn
freundlich grüßte und ihm einen Stuhl hinschob,
„daß Ihnen auch das Ihr Arzt erlaubt hat!"

„Ich bin vollkommen wohl, Señora," lächelte
der junge Officier — „nur zu Fuß will das
Bein nicht recht mit fort, und könnte ich die benachbarten Schwefelquellen besuchen, so wäre
ich in acht Tagen wieder vollständig hergestellt,
aber die Liberalen scheinen die Cur nicht für
nöthig zu halten, denn sie lassen Niemanden
hinaus — die Stadt ist ja eng eingeschlossen."

„Und halb ausgehungert dazu," setzte Ri=
carba hinzu.

„Nun," sagte van Leuwen bitter — „wenn
wir noch ein paar solche Züge mit General
Marquez an der Spitze unternehmen, so werden
Sie wenigstens uns Soldaten los, denn der
General hat eine ausgezeichnete Geschicklichkeit
entwickelt, eine Armee zu ruiniren."

„General Marquez ist ein ausgezeichneter
Feldherr," erwiederte O'Horan, dem nicht ent=
gangen war daß Ricarba's Blicke länger auf
der Gestalt des jungen Officiers verweilten, als
ihm angenehm sein mochte — mit einiger Schärfe.

„Das mag sein," nickte van Leuwen düster
vor sich hin, „ausgezeichnet hat er wenigstens
manövrirt, um die fremden Truppen aufzu=
reiben. — Er ist entweder ein S ch u f t oder
eine M e m m e."

„Señor," rief der Präfect, von seinem Stuhle
emporfahrend, „wie können Sie es wagen, in
solcher Art von dem Höchst=Commandirenden, dem
Lugarteniente des Kaisers, zu reden?"

„Das ist die allgemeine Stimme über ihn in
allen deutschen Regimentern," sagte van Leuwen
gleichgiltig, „und bannte uns nicht unser dem
Kaiser gegebenes Wort nach Mexico, die Stadt

zu halten, wir marschirten heute noch mit klin=
gendem Spiele hinaus und ließen Ihren Lu=
gartenierte sehen, wie er allein fertig würde."

„Das ist Rebellion!"

„Nennen Sie's, wie Sie wollen," sagte van
Leuwen verächtlich — „es war Verrath, wie
uns Marquez behandelt hat."

„Er mußte in die Stadt zurück, um diese
gegen den Feind zu behaupten."

„Und war allerdings in großer Eile das zu
bewerkstelligen," lachte van Leuwen. — „Außer=
dem aber," setzte er finster hinzu, „geht ein Ge=
rücht in der Stadt, daß er noch ein anderes
faules Spiel treibe, denn General Arellano aus
Queretaro ist vor einiger Zeit in diesen Mauern
gesehen worden und seit der Zeit verschwunden.
Was für Nachrichten hat er gebracht? — kein
Mensch erfährt es, und ich fürchte fast, unser
General spielt ein gefährliches Spiel mit seiner
eigenen Armee."

„Es ist unerhört," rief O'Horan empört
aus, „daß ein unterer Officier solche furchtbare
Anschuldigungen gegen seinen Vorgesetzten in
die Welt streuen darf. Herr! wissen Sie, daß
Sie Kerkerstrafe für dieses Vergehen verdient
haben?"

„Herr Präfect," sagte van Leuwen verächt=
lich, „ich bin jetzt nicht im Dienst, und wir
Deutschen haben nun einmal unsere eigene und
sehr bestimmte Meinung über diesen Herrn Ge=
neral gefaßt, den seine Landsleute selber nicht
anders nennen, als den Schlächter von Ta=
cubaya."

„Señores," sagte O'Horan jetzt ernstlich auf=
stehend, „Sie müssen mich entschuldigen, wenn
ich solchen Reden gegenüber es nicht mit meiner
Pflicht vereinbaren kann, länger in dieser Ge=
sellschaft zu bleiben! Möglich auch, daß Sie
Beide mir später einmal die Verleumdungen
dieses jungen unüberlegten Mannes bezeugen
müssen. Auf dem Statthalter Seiner Majestät
darf kein solcher Makel haften, und herrscht
wirklich ein solcher rebellischer Geist in dem ganzen
Fremdencorps, so ist es die höchste Zeit, daß
dagegen energisch eingeschritten wird."

„Aber bester O'Horan," rief Rodriguez, „Sie
dürfen, was junges, hitziges Blut sagt und vor=
sprudelt, nicht so ernst auffassen. Die Leute sind
in dem letzten Treffen arg mitgenommen, und
haben sich wirklich brav gehalten."

„Sie haben nur ihre Pflicht gethan," sagte
O'Horan giftig.

„Und das ist mehr, als der Lugarteniente von sich sagen kann," bemerkte van Leuwen trocken.

„Genug und übergenug — hasta luego, Señores — Señoritas; ich lege mich Ihnen zu Füßen," und damit verließ er hastig und zum äußersten gereizt den Saal.

Rodriguez schüttelte, als er die Thür hinter sich in's Schloß gedrückt, den Kopf. Er sah Ricarba's angstvollen Blick auf van Leuwen geheftet und sagte:

„Mein lieber van Leuwen, ich fürchte, Sie haben sich einen hier in der Stadt sehr einflußreichen und mächtigen Mann höchst unnöthigerweise zum Feind gemacht, und sich selber bei der Sache in Gefahr gebracht. O'Horan geht jedenfalls direct zu Marquez, und dieser — ist zu Allem fähig."

„Nur dazu nicht, mit unseren Regimentern anzubinden," sagte van Leuwen trotzig; „die Erbitterung gegen ihn ist furchtbar, und nur die Liebe zu unserem Kaiser und das ihm gegebene Wort hat uns bis jetzt abgehalten, direct trotz allen Befehlen dieses Schlächters von Tacubaya hinauf nach Queretaro zu marschiren und selber zu sehen, wie es dorten steht."

„Sie erwähnten vorher," sagte San Blas,
der indeſſen kein einziges Wort geſprochen, wohl
aber O'Horan wie van Leuwen ſcharf beobachtet
hatte, „des Generals Arellano. Wer will ihn
geſehen haben?"

„Mexicaniſche Officiere, Señor, die ihn ge=
nau kennen. — Er iſt bemerkt worden, wie er
Abends ſpät in den Convent Santiago trat;
ſelbſt die wachthabenden Soldaten, die früher
unter ihm gedient, haben ihn erkannt, aber von
dem Augenblick an blieb er ſpurlos verſchwunden
und wir fürchten jetzt mit Recht, daß er böſe
Nachrichten oder doch Befehle gebracht, die uns
ſelbſt betreffen, ohne daß ſich General Marquez
bemüſſigt ſähe ſie bekannt zu machen."

„Aber was könnte er dabei haben?"

„Quien sabe," — aber glauben Sie mir,
Señor, wir haben volle Urſache, den Mexicanern,
wenn es auch Ihre Landsleute ſind, nicht mehr
zu trauen, denn wir wiſſen gut genug, daß ſie
u n s haſſen und jetzt nur noch unſere Zahl und
Macht fürchten. Nicht ungegründet iſt der Ver=
dacht, daß uns Marquez abſichtlich im Stich
gelaſſen. Wer weiß denn, welchem von ſeinen
Plänen wir im Wege ſtehen, und was dieſen
Freund von ihm, den Präfecten von Mexico

betrifft, so circuliren über ihn ebenfalls abson=
derliche Gerüchte."

„Welcher Art?" frug San Blas rasch.

„Zuerst wird bestimmt behauptet, daß jene
ganze Verschwörung in Tlalpam damals, wobei
es auf eine Ermordung des Kaisers sollte ab=
gesehen sein, gar nicht existirt hat. Zwölf Per=
sonen sind allerdings auf O'Horan's Befehl auf=
gehängt worden —"

„Aber lieber Freund, das ist ein altes
Mährchen."

„Aber der Dreizehnte nicht," fuhr van Leuwen
fort, „der ebenfalls um die Sache wußte und
nach dessen Aussage jetzt O'Horan selber der
Vierzehnte gewesen sein sollte. Es handelte sich
auch gar nicht um die Ermordung, sondern nur
um die Gefangennehmung des Kaisers, die aber
verrathen wurde, und damit seine Vertrauten ihn
nicht — was sie jedenfalls gethan hätten,
verriethen, ließ er sie einfach hängen."

„Und wer ist dieser Dreizehnte?"

„Ein junger Liberaler, der glücklich zu Juarez
entkommen ist und gegen Gefangene selber die
Aussage gemacht hat. Kommen die Liberalen je
nach Mexico herein, so ist O'Horan der Erste,

der erschossen wird, darauf können Sie sich ver=
laſſen."

„Weil er treu am Kaiſer gehangen?"

„Nein, weil er zwölf Liberale gehangen, die
ihm gefährlich zu werden drohten."

„Und der Rache eines ſolchen Mannes haben
Sie ſich ausgeſetzt?" ſagte Ricarda beſorgt.

„Haben Sie keine Angſt, Señorita," lächelte
aber van Leuwen, „gerade ſolche Burſchen ſind
feig, und er wird es nicht wagen, irgend Etwas
gegen Einen von uns Fremden zu unternehmen
— ſelbſt Marquez nicht."

„Marquez iſt zu Allem fähig," ſagte Rodri=
guez, „er brandſchatzt jetzt die Stadt, und uns
ſind hier wenigſtens bedeutende Contributionen
auferlegt, aber ebenſo den Fremden — alle Läden
der Groß= und Kleinhändler ſtehen ja geſchloſ=
ſen, und kein Menſch iſt mehr ſeines Eigen=
thums ſicher."

Ein dumpfes Murmeln und Geſchrei tönte
von der Straße herauf, und als Ricarda an ein
Fenſter eilte, ſah ſie eine Menſchenmenge, die
ſich ſchräg gegenüber gegen ein Haus warf, die
Läden aufbrach und die Thür einſchlug. Es war
das der Laden eines der Franzoſen, der Lebens=
mittel und Getränke, beſonders Delicateſſen,

feinere Weine und Liqueure hielt, und wenige
Minuten später stürmte schon die Masse in das
Haus hinein, und kam bald mit Beute beladen
wieder heraus. — Es war der Beginn einer
Reihe solcher Verzweiflungsacte, deren sich das
halb ausgehungerte Volk, die Leperos und ähn=
liches Gesindel mit voller Lust und vom Prä=
fecten unbelästigt hingaben.

Van Leuwen war ebenfalls an das Fenster
zu Ricarda getreten. — „Da fängt es an," sagte
er, „und wir werden Mühe haben einen Auf=
ruhr zu dämpfen. Das Volk verlangt schon
seit gestern die Uebergabe der Stadt an Por=
feirio Diaz, aber Marquez weigert sich auf das
bestimmteste und darf sich darin auch auf uns
Fremde verlassen."

„Sie wollen wieder fort?"

„Ich muß. — Ich will in meine Kaserne
gehen. Man kann nicht wissen, was für Befehle
gegeben werden."

„Aber Sie können doch keinen Dienst thun?"

„Wenn es sein muß, gewiß — zu Pferd,
und mit dem rechten Arm gesund, geht es vor=
trefflich — der linke ist nicht so weit verletzt,
daß ich nicht mit der linken Hand die Zügel halten
könnte."

„Sie werden sich tödten," hauchte Ricarda.

„Und würden Sie um mich trauern, Seño=
rita?"

Ricarda antwortete ihm nicht, aber ihr Blick
traf ihn, und mit freudig blitzenden Augen rief
er aus: — „Jetzt ist Alles gut, Ricarda, und
recht von Herzen danke ich Ihnen dafür!"

„Für was, Señor?" sagte San Blas, der
hinübergetreten war und seiner Tochter Arm
ergriff.

„Für ein freundliches Wort, Señor," sagte
der junge Mann bewegt, „und glauben Sie mir,
sie sind uns spärlich genug in der letzten Zeit
zugetheilt worden. Für wen vergießen wir unser
Blut? Für unsern Kaiser, dessen ganzes und
einziges Streben es ist, Mexico glücklich zu ma=
chen, und wie wird ihm, wird uns dafür ge=
dankt? Nur mißtrauisch betrachtet man überall
die Fremden, als ob wir gerade als Eroberer
in das Land gekommen wären. Glauben Sie
mir — wenn wir Mexico einmal wieder ver=
lassen, werden nur Wenige an das Land mit Liebe
und Dankbarkeit zurückdenken." —

Ueber das Pflaster der Straße klapperten die
scharfen Hufschläge einer Reiterpatrouille — es
waren Khevenhüller=Husaren, die im scharfen

Trab die Calle San Francisco herabkamen und
im Nu den Pöbelhaufen zusammentrieben. Der
ganze in Angriff genommene Laden war freilich
schon so ziemlich ausgeraubt, aber sie verhüteten
doch weitere Excesse, und ließen dann einen Theil
ihrer Patrouille dort zurück, während der Rest
weiter ritt, um die benachbarten Straßen ab-
zufegen.

Van Leuwen hatte sich der Familie empfohlen
und stieg langsam die Treppe hinunter — sein,
durch einen Streifschuß verwundetes Bein hin-
derte ihn besonders auf der Treppe. Die Straße
lag wie veröbet, denn die Leperos hatten sich
vor der drohenden Soldatentruppe scheu nach
anderen Stadttheilen zurückgezogen. Weit war
er aber noch nicht auf seinem Weg zur Kaserne
gegangen, als er den Präfecten O'Horan bemerkte, der mit vier Mann zur Begleitung ihm
entgegenkam und ihn rasch, schon an der Uniform und dem in der Binde getragenen Arm erkennen mußte. Quer über die Straße schritt er
auch direct auf ihn zu, und ihn mit einem triumphirend lächelnden Blick betrachtend, sagte er:

„Señor Capitano — Sie werden sich wohl noch
der Worte erinnern, die Sie vor kaum einer halben
Stunde äußerten — Sie sind mein Gefangener.‟

11*

„In weſſen Namen?" rief van Leuwen heftig aus, und ſeine rechte Hand fuhr raſch und zornig nach dem Korb ſeines Säbels — im Nu fielen ihm aber die Häſcher in den Arm und der Präfect rief höhniſch:

„Wenn es Sie zu wiſſen intereſſirt, Señor — im Namen des Kaiſers."

„Das iſt eine niederträchtige, infame Lüge!" ſchrie der Officier, indem er gewaltſam ſeinen rechten Arm — wenn auch vergebens, frei zu bekommen ſuchte — „Schuft, verdammter, dafür ſollſt Du mir büßen!"

Aber ſein Sträuben half ihm Nichts, die Burſchen hatten den überdies wundenſchwachen Mann zu feſt und ſicher gepackt, und wenn ſich auch die wenigen Menſchen, die ſich auf der Straße befanden, wunderten, was die Polizei mit einem Officier der deutſchen Huſaren zu thun haben könne, ſo dachte doch Niemand daran, ſich hinein zu miſchen. Es war nun einmal eine wilde, tolle Zeit in der Stadt, Aufruhr an allen Ecken und Enden, und wohin man den Blick wandte, Verrath oder Mißtrauen — wer wußte denn, oder kümmerte ſich auch nur darum, was der da verbrochen hatte und was man von ihm wollte.

Da klapperten hinter ihnen bie Hufe einer
herankommenden Hufarenpatrouille, und Ge=
neral O'Horan, gerade mit keinem befonders
guten Gewiffen und ben Hufaren auch nicht recht
trauend, wollte mit feinem Gefangenen rafch in
das nächfte Haus treten — aber die Hausthür
war verfchloffen. Er pochte heftig an, doch Nie=
mand öffnete ihm — die Leute wollten mit
ben Vorgängen auf ber Straße Nichts zu thun
haben, und bachten gar nicht baran, fie zu fich
herein und in das Innere des Haufes zu laffen.

Die Hufaren waren indeffen auch fchon zu
nahe in einem fcharfen Trabe herangekommen;
benn fie hatten die rothe Uniform eines der
Ihrigen erkannt, den fie zu ihrem Erftaunen
in den Händen der Civilbehörde fahen. Ueber
die Gewaltthätigkeit der Handlung ließ ihnen
aber der Gefangene felber fchon keinen Zweifel.
Ihm war die herantrabende Patrouille ebenfalls
nicht entgangen, und wie er fie nur in Rufes
Nähe wußte, fchrie er ihnen auch fchon fein: „Zu
Hilfe, Kameraben!" entgegen.

Rittmeifter Schindler von den Khevenhüllern
commandirte den kleinen Zug, war aber, fein
Pferd fchon fcharf im Zügel und den blanken
Säbel überdies in der Fauft, mit wenigen Sätzen

bei der Gruppe, die den jungen Officier noch immer gefaßt hielt, und frug hier mit seinem sehr gebrochenen Spanisch, was das bedeuten sollte.

„Schindler," rief ihm van Leuwen in deutscher Sprache zu, „thun Sie mir einmal den Gefallen und hauen Sie dem Schuft, dem Präfecten, eins mit der flachen Klinge um die Ohren, das verstehen die Canaillen am allerschnellsten." Schindler aber, der den Präfecten ebenfalls erkannte, war doch zu vorsichtig, um den bescheidenen Wunsch gleich so ohne Weiteres zu erfüllen. — O'Horan selber antwortete auch sofort:

„Der Herr hier ist mein Gefangener, im Namen des General Marquez, des Stellvertreters des Kaisers. Er hat verrätherische Reden geführt."

„Caracho!" rief der Rittmeister, der die spanische Sprache besser v e r s t a n d, als er sich darin auszudrücken wußte — „weiter Nichts, und da werft Ihr Euch zu Fünfen auf einen verwundeten Officier? Laßt ihn los, Carachos, oder ich haue Euch mit der Plempe über die Schädel, daß Euch die Haare vom Kopf herunterfliegen."

„Señor!" rief O'Horan fast außer sich vor Wuth. „Ich bin Präfect in Mexico, und wenn

Sie sich unterstehen, in meine Rechte einzugreifen..."

Van Leuwen indessen hatte kaum seinen rechten Arm frei bekommen, als er auch den Säbel aus der Scheide riß.

„Hund von einem feigen nichtswürdigen Mexicaner," schrie er den erschrocken zurückweichenden Präfecten an, „öffne den verrätherischen Mund noch zu einem einzigen Worte, und ich stoße Dir den Säbelkorb in die Zähne — fort oder beim Himmel ich vergesse, daß Du an den Galgen gehörst, und gebe Dir einen ehrlichen Soldatentod."

„Wenn Ihr was von uns wollt," sagte aber auch der Rittmeister finster, „so meldet Euch beim Grafen Khevenhüller und beklagt Euch bei dem. Das wäre noch schöner, wenn wir uns auch noch sollten von der Polizei in den Straßen abfangen lassen. Wir müssen so schon Eure Dienste thun. — Geht und treibt Euer eigenes Gesindel auseinander, da habt Ihr genug Arbeit. — Herr van Leuwen, nehmen Sie ein Pferd von Einem meiner Leute. — Sie sind noch so schwach auf den Beinen."

O'Horan, der dem jungen hitzköpfigen Belgier nicht recht traute, war ein paar Schritte zurückgetreten. Jetzt rief er dem Rittmeister zu:

„Sie haben mir über diese Mißhandlung
der öffentlichen Gewalt Rechenschaft zu geben!"

Die Officiere kümmerten sich aber gar nicht um
ihn, die Husaren lachten und der kleine Zug ver=
folgte jetzt langsam seinen Weg nach der Kaserne
zu. Von einzelnen Balconen aus aber, auf welche
hier und da Damen herausgetreten waren, wink=
ten sie den Husaren, die sich erst wieder vor ganz
kurzer Zeit so besonders ausgezeichnet hatten,
mit ihren Tüchern zu, und Rittmeister Schindler
dankte auf das huldvollste mit seinem Säbel.

Die nächsten Tage verliefen, außer einigen
Brodkrawallen, zu denen das arme Volk durch
Hunger getrieben wurde, und bei welchem sich
hier und da die Polizei selber betheiligte, ziem=
lich ruhig. Einzelne Gebäude wurden erbrochen,
sogar das große Theater, von dem es hieß daß
Maisvorräthe darin aufgestapelt seien, obgleich
man freilich nur sehr wenig fand.

Aber mehr noch fast als leibliche Noth, die
jetzt unter allen Schichten der Bevölkerung
fühlbar wurde, quälte die Einwohner von Mexico
die Ungewißheit über Alles, was außerhalb vor=
ging und nur in dumpfen, beunruhigenden Ge=
rüchten nach innen seine Bahn fand. — Woher
die Nachrichten kamen, man wußte es nicht —

es war, als ob sie in der Luft lägen; aber bald
flüsterte man sich von Mund zu Mund zu —
Queretaro sei genommen und der Kaiser gefan=
gen. — Andere wieder hatten „von irgend wem"
gehört, daß Santa Anna in Vera=Cruz gelandet
sei und dann ein neuer Bürgerkrieg vor der Thür
stand.

Andere Gerüchte durchliefen aber auch wieder
die Stadt, die gerade das Gegentheil behaupte=
ten. Nach diesen sollte der Kaiser Escobedo's
Armee vollständig geschlagen haben und im An=
rücken auf die Hauptstadt sein — woher sie ka=
men? — wer wußte es, wer kümmerte sich darum
— man glaubt ja so gern, was man wünscht.

Wieder hieß es: das von den Liberalen ge=
nommene Puebla habe sich für das Kaiserreich
erklärt und die Besatzung vertrieben; dann: die
Hälfte des Belagerungsheeres sei abgegangen,
um den von Osten und Norden anrückenden Feind
zu bekämpfen und sich mit den geschlagenen Trup=
pen zu vereinigen, kurz, es war ein Gewirre von
unverfolgbaren Gerüchten, von denen sich bis
jetzt noch keins auf irgend eine thatsächliche
Weise bestätigte, daß es die Bewohner der ein=
geschlossenen Hauptstadt fast zur Verzweiflung
trieb.

Dabei wurde Mexico aber 'immer schärfer
beschoffen und enger eingeschloffen, und faft zu je=
der Stunde am Tag flogen die Kugeln in die
Stadt hinein und verwundeten und tödteten Ein=
zelne — aber man hatte sich so daran gewöhnt,
daß man die Gefahr zuletzt faft gar nicht mehr
achtete und viel begieriger geworden war, Neues
draußen und aus erster Hand zu hören, als
seine Glieder sicher hinter festen Mauern zu
wiffen.

Die Alameda, der eigentliche Spaziergang
der Mexicaner, war allerdings in den erften
Tagen der Belagerung, befonders da auch dort
einige Kugeln einschlugen, völlig verödet gelaffen
und kein Mensch wagte sich dort hinaus — jetzt
schwärmte es wieder in den Abendftunden von
Besuchern, und selbst Damen scheuten sich nicht,
oft unter schwirrenden Kugeln hin, unter den
schattigen Bäumen derselben ihre Promenade zu
machen, um da und dort Bekannte zu treffen,
die ihnen doch vielleicht etwas Beftimmtes
mittheilen konnten.

Dahinein brachte der „Diario del Imperio“
eine Nachricht, die Allen wieder neuen Muth
gab: „Glaubwürdige Perfonen,“ hieß es, „welche
von Maravatio abgingen, verfichern, daß am 13.

Escobedo einen allgemeinen und heftigen Sturm
auf Queretaro unternommen, von den Kaiser=
lichen aber total zurückgeschlagen worden sei und
400 Mann verloren habe. Escobedo's Truppen
seien nicht mehr zum Stehen zu bringen gewesen
und desertirten in Masse."

Man glaubte es die ersten Stunden und
zweifelte dann wieder daran.

Darnach erschien ein kaiserliches Handbillet in
demselben officiellen Blatte, welches ankündigte,
daß sich Seine Majestät schon auf dem Wege nach
Mexico befinde, der große Train aber, wie die
den Colonnen massenhaft angeschlossenen Fami=
lien von Queretaro die Ankunft verzögerten.

Es war kaum möglich, an diesem Gerücht zu
zweifeln, aber trotzdem stiegen wieder Zweifel
auf, denn Kaufleute aus Mexico, welche directe
Briefe erhielten, berichteten an Obrist Kodolich,
daß Queretaro am 15. Mai bestimmt gefallen
und der Kaiser ein Gefangener der Liberalen sei
— aber es waren nur Geschäftsbriefe, auf die sie
sich beriefen — keine bestimmte Ordre, kein Be=
fehl vom Kaiser selber, die Waffen niederzulegen,
und die wackeren Oesterreicher konnten auf solche,
wenn auch fast zu glaubhafte Berichte die Stadt
nicht übergeben. Noch war eine Möglichkeit

vorhanden, daß auch die Kaufleute getäuscht seien,
wenn auch die schlimme Nachricht mehr und mehr
Glauben in der Hauptstadt fand.

Da plötzlich läuteten eines Tages alle Glocken
— Kanonendonner erschallte, so daß die Libera=
len draußen glaubten, es sei in der Stadt eine
Revolution ausgebrochen, und zu stürmen ver=
suchten. Aber sie wurden in entschiedener Weise
zurückgewiesen, denn Jubel herrschte in der gan=
zen Armee — und weshalb?

General Arellano hatte sich — wie es hieß,
der Armee des Kaisers vorausgeschlichen und war
verkleidet in die Stadt gekommen. Er brachte
die günstigsten Nachrichten. Queretaro mußten
die Kaiserlichen allerdings aus Mangel an Le=
bensmitteln räumen. Escobedo aber sei voll=
ständig geschlagen und siegreich zog das kaiser=
liche Heer seiner Hauptstadt wieder zu.

An dem Abend war große Illumination in
der Stadt und ein prachtvolles Feuerwerk sandte
die flammenden Raketen dem sternenhellen Him=
mel zu. Die Belagerungstruppen draußen vor
den Wällen zerbrachen sich den Kopf, was da
drinnen so Glückliches passirt sein könne, ja hör=
ten sogar mit der Beschießung der Stadt auf,
um erst einmal Näheres zu erfahren.

Marquez ritt von seinem Stab begleitet durch
die Stadt, und. sein sonngebräuntes finsteres Ge=
sicht, das jetzt noch eine häßliche Schußnarbe
entstellte, da er sich erst kürzlich den früher ge=
tragenen Vollbart abrasirt, strahlte vor Ver=
gnügen.

Die Mexicaner sind leicht erregt. Obgleich
die Leute fast Nichts mehr zu essen hatten, wur=
den doch überall gleich Bälle und Festivitäten
arrangirt. Die Indianer hielten Aufzüge in den
Straßen, und man gab sich dem vollen Jubel
eines baldigen Sieges hin.

7.
Der Verrath.

———

Hatte die Garnison wie die Bewohner der Hauptstadt Mexico mit bringender Noth und einiger Ungewißheit zu kämpfen, so war Beides nicht minder in dem eng eingeschlossenen Quere= taro der Fall. In Mexico erwartete man stünd= lich die Ankunft des Kaisers — hier dagegen die des General Marquez, und wie die Regierung dort falsche aber ungünstige Nachrichten verbrei= ten ließ, um die Soldaten nicht zu entmuthigen und das Volk zu beruhigen, so war das Nämliche auch hier der Fall.

Der Kaiser selber, wie die oberen Generale zweifelten jetzt, nachdem Marquez schon über sechs Wochen ausgeblieben, nicht mehr an seinem, wie an Vidaurri's Verrath, aber trotzdem hielten

sie es geheim, und nicht einmal seinem Leibarzt
Doctor Basch theilte der Kaiser seine Ueberzeu=
gung mit, sondern suchte auch ihn guten Muthes
zu erhalten.

Bis dahin hatte sich nun der Kaiser noch
immer auf das entschiedenste geweigert Quere=
taro aufzugeben, trotzdem daß ihm selber der
größte Theil seiner Generale zuredete sich nach
der benachbarten Sierra Gorda durchzuschlagen,
wo General Mejia besonders von den Indianern
verehrt wurde. Maximilian nannte den Platz
selber zuweilen eine „Mausefalle", hielt es aber
einestheils nicht mit seiner militärischen Ehre
vereinbar, da er das schwere Geschütz in Feindes
Hand lassen mußte, und zeigte sich auch um das
Schicksal der Stadt selber besorgt, die so treu
und aufopfernd zu ihm gehalten. Aber jetzt
drängte ihn doch Alles zu einem entscheidenden
Schritt, und er fing selber an verbittert gegen
ein Volk zu werden, das ihm nur all' seine Treue
mit Verrath und Undank lohnte.

Wie hatte Lares und sein Ministerium Wort
und Handschlag gegeben, ihn treu und aufrichtig
zu unterstützen und ihm nach besten Kräften zu
dienen, und was hatten sie gethan? Die Trup=
pen, die er nachgesandt verlangte, schickten sie

nicht ab, wahrscheinlich weil sie wußten, daß sie
sich in der Hauptstadt besser und sicherer auf
diese **fremden** Soldaten verlassen konnten, als
auf ihre eigenen. — Marquez dann, der Elende,
und selbst Vidaurri, den er vor allen Anderen
treu gehalten — wie hatten sie ihm gelohnt —
nur dadurch, daß sie ihn vollständig im Stiche
ließen, um ihre eigenen — vielleicht verräthert=
schen, jedenfalls selbstsüchtigen Pläne zu verfol=
gen. — Und durfte er selbst hier in der Festung
Allen trauen? Die Generale waren stets un=
einig untereinander, besonders Mendez und Mi=
ramon, und oft kamen ihm Andeutungen zu, daß
Der oder Jener es nicht ehrlich mit ihm meine.

Gegen Miramon besonders hatte er ja noch
immer selber von früher her einen, wenn auch
durch nichts Directes begründeten, doch auch nicht
ganz grundlosen Verdacht, und nur das stets
offene Benehmen des „jungen Generals", wie
er ihn im Gespräch mit Anderen gewöhnlich
nannte, zerstreute immer wieder jedes Mißtrauen,
dem er dann und wann doch vielleicht Raum ge=
ben wollte. Zu einem vollen Gefühl der Sicher=
heit kam er indessen nie, und trotzdem konnten
die gerade, von denen er sich vollständig über=
zeugt halten durfte, daß sie es wirklich treu und

ehrlich mit ihm meinten, wie Doctor Basch, Obrist
Prinz Salm und sein wackerer indianischer General
Mejia, nie einen wirklichen Einfluß bei ihm ge=
winnen. Sie durften sich im Gegentheil fest davon
überzeugt halten, daß, wer n a ch ihnen zum Kaiser
kam und eine bessere Ueberredungsgabe besaß,
auch sicher i h r e Rathschläge wieder in den Schat=
ten stellte, oder ganz über den Haufen warf.

Wie lange schon hatten ihm diese gerathen,
die unglückselige Festung, die wohl ein wichtiger
Punkt für das ganze Reich war, zu einer Zeit
aber, wo das R e i ch schon eigentlich gar nicht
mehr dem Kaiser gehörte und er sich nur noch im
Besitz weniger Städte befand, im Stich zu lassen —
Er wollte nicht hören, bis er jetzt endlich doch
fühlte, daß er hier Nichts in der Gottes Welt
that und thun konnte, als sich selber am Leben
zu halten und die Seinigen in nutzlosen Schar=
mützeln nach und nach zwar langsam, aber sicher
aufzureiben. Jetzt endlich entschloß er sich dem
immer heftigeren Drängen des alten Mejia und
des Prinzen Salm nachzugeben.

In einem Kriegsrath wurde festgestellt, den
Feind am nächsten Morgen an zwei bestimmten
Punkten anzugreifen und zu beschäftigen und wo
möglich dabei zurückzuschlagen. Dann, sobald

man ihn in Verwirrung gebracht, follte das ganze
Heer, nur mit Zurücklaffung der fchweren Ge=
fchützftücke, aufbrechen und direct in die benach=
barte Sierra Gorda eindringen, die Mejia's Hei=
math bildete, und wo er von den dort haufenden
zahlreichen Indianerbanden allgeliebt und ver=
ehrt war.

Der Ausfall fand ftatt, und zwar mit fo unerwartet günftigem Erfolg, daß die ganze Bela=
gerungs=Armee in Verwirrung gerieth. Caftillo
und Miramon leiteten den Angriff. Major
Pittner mit den Cazadores nahm gleich im
erften Anlauf die erfte feindliche Linie und die
dortige Batterie — und rollte mit Miramon
zur Unterftützung die ganze feindliche Linie
auf. Die Liberalen fuchten ihr Heil in wil=
der Flucht, 15 Gefchütze, 7 Fahnen und 547
Gefangene mit 21 Officieren fielen den Kai=
ferlichen in die Hände; dazu Maffen von Mu=
nition, Waffen, Gepäck und Proviant.

Auch Caftillo drang fiegreich vor und nahm
6 Gefchütze, und die Niederlage des Feindes
fchien vollkommen.

Anftatt aber nun diefen unerwartet günftig
ausgefallenen Schlag zu benutzen und den fchon
in den kleinften Theilen vorbereiteten Plan zum

Durchbrechen der feindlichen — jetzt völlig auf=
gelösten Linien auszuführen, zeigte der Kaiser
auf's Neue Luft seine Stellung zu behaupten,
denn er konnte das ihm unangenehme Gefühl
nicht abschütteln, gewissermaßen vor dem Feind
zu fliehen.

„Wahrhaftig, Mejia," sagte er zu dem alten
treuen Indianer, der ihn drängte den Moment
zu benützen, „mir will es nicht in den Kopf,
vor einem Maulthiertreiber das Hasen=
panier zu ergreifen, und Escobedo ist ja doch
nichts weiter."

„Majestät," sagte Mejia in seiner trockenen
und berben Weise, „haben sich schon mehrfach
in ähnlicher Art geäußert, aber doch wohl nur
den europäischen Begriff von Maulthiertreibern
mit herübergebracht. Hier in Mexico und in all'
den südlichen Ländern ist ein richtiger Arriero
stets ein sehr geachteter Mann, und man kann
nur die tüchtigsten Leute dazu gebrauchen. Da=
bei haben sie genaue Terrainkenntniß, das Wich=
tigste in Mexico für einen General, und daß es
Escobedo auch nicht an Muth fehlt, hat er uns
schon ein paar Mal bewiesen. Wir sitzen außer=
dem hier eingekeilt, während er da braußen fort=
während neue Zuzüge bekommen kann und das
12*

ganze Land zur Verfügung hält. Der Platz
wird hier zu warm für uns — doch wozu das
Alles noch einmal wiederholen, was schon über
und über besprochen und berathen wurde. Nur
dessen können Sie versichert sein, ein günstigerer
Moment, um den Kopf hier ehrenvoll aus der
Schlinge zu ziehen, kommt nicht wieder."

„Aber mein guter Mejia," sagte der Kaiser,
„es hat sich ja doch heute deutlich gezeigt, daß
uns der Feind, wenn wir nicht bleiben wollen,
gar nicht halten kann. Er verfügt über größere
Truppenmassen, ja, aber sie sind vertheilt, und
wo wir jetzt mit ihm zusammentrafen, haben wir
ihn doch vor uns her gejagt."

Mejia zuckte einfach mit den Achseln. Er
war kein großer Redner, und wozu noch einmal
wiederholen, was er schon Alles gesagt hatte.

Vergebens bemühte sich auch jetzt Prinz Salm
den Kaiser zu überreden, ohne weiteres Zögern
den Zug in die Sierra Gorda anzutreten. Der
siegesgewisse Miramon, der selber keinen Mo=
ment an dem Erfolg zweifelte, wo sie heute einen
so glänzenden Sieg errungen, bestärkte den
Kaiser nur in seinem Vertrauen und überre=
dete ihn leicht, seinen Abmarsch noch zu verzö=
gern — glaubte er doch selber, daß er das mit

diesen wackeren Truppen zu jeder Stunde, und
wann er es für gut finden sollte, ermöglichen
würde.

Dadurch versäumte man die Zeit. — Der
Sieg sollte verfolgt und noch ein neuer Angriff
unternommen werden, aber dem Feinde waren
lange Stunden gelassen, um von Escobedo's
Hauptquartier mächtige Verstärkungen herbei zu
ziehen, und Miramon's neue Angriffs=Colonnen
wurden jetzt zurückgeworfen.

Der Kaiser war selber an der Spitze seines
Heeres — er wollte nicht weichen — in einem
wahren Kugelregen feuerte er selber die Truppen
an — umsonst — sie waren nicht zu halten,
und der Letzte von den Seinigen, nur von dem
Prinzen Salm und Miramon begleitet, ritt er
im Schritt in die Stadt zurück.

Allerdings glaubte der Feind jetzt vielleicht
den günstigen Moment erfaßt zu haben, um die
Stadt gleich selber mit zu nehmen, mußte seinen
Uebermuth aber schwer büßen. Er wurde mit
furchtbaren Verlusten zurückgeworfen und besetzte
nun wieder die Höhen, welche die Kaiserlichen
heute Morgen erst genommen.

Diesem Hauptausfall folgten noch einige klei=
nere, meist mit Erfolg gekrönte, aber die Ei=

tuation blieb deshalb dieselbe — nur mehr Ver=
wundete bekam man, nur enger schloß der Feind,
der immer mehr Zuzug erhielt, die Stadt ein.

Der Kaiser war in dieser Zeit sehr nieder=
gedrückt — die Stadt wurde unaufhörlich be=
schossen, und Granaten platzten überall in den
Straßen. Er achtete es nicht — es war oft
als ob er den Tod förmlich suche, so wanderte
er ruhig und stundenlang an den gefährdetsten
Stellen umher, aber er war wie gefeit, und wenn
um ihn in unmittelbarer Nähe selbst Granaten
platzten, berührte ihn doch nie auch nur ein
Splitter.

Dieser Zustand wurde aber auf die Länge
der Zeit unerträglich — die Lebensmittel hatten
in der Stadt in einem Grade abgenommen, der
das Schlimmste befürchten ließ. Man beschloß
endlich in einem wieder gehaltenen Kriegsrath
in der Nacht vom 13. auf den 14. Mai mit dem
ganzen Rest der kleinen Armee durchzubrechen
und die Sierra zu gewinnen.

Diesmal aber war es Mejia — der um einen
Aufschub, und zwar nur von 24 Stunden bat.
Man beabsichtigte während des Abzuges eine
Anzahl von Indianern zu bewaffnen, die indeß
die Wälle besetzen und den Feind glauben machen

sollten, daß das eigentliche Heer noch in Quere=
taro stehe. — Mejia wünschte noch mehr Ge=
wehre herbeizuschaffen — es kam ja nicht auf
24 Stunden an.

An dem nämlichen Abend ließ sich Obrist
Lopez bei dem Kaiser, bei dem sich gerade Prinz
Salm befand, melden und bat um nur wenige
Minuten Gehör.

Der Kaiser hatte den Obristen gern — Lopez
besaß, bei einer hübschen persönlichen Erschei=
nung, etwas Gewinnendes und selbst Elegantes
in seinem ganzen Wesen, das nicht ohne Einfluß
auf Maximilian geblieben war. Wußte er doch
auch dabei, daß gerade Lopez ihm vor allen An=
deren in vielen Stücken zu großem Dank ver=
pflichtet war, und hielt sich von seiner Treue
desto fester überzeugt.

Der Kaiser hatte ein kleines Wachtelhündchen,
das er gewöhnlich Baby nannte, und das mit
großer Treue an ihm hing.

Es war auch mit allen Menschen freundlich
und biß nie, konnte aber sonderbarerweise ge=
rade Lopez nicht leiden und knurrte jedesmal,
sobald er in seine Nähe kam. Heute, wie er
nur die Stube betrat, und ehe der Obrist ein
Wort sagen konnte, fuhr Baby wüthend von sei=

nem Lager auf und gegen den Officier an, und
bellte und schien so außer sich, daß es der Kaiser
kaum beruhigen konnte.

„Aber was Tausend, Baby — was hast Du
nur heute," sagte Maximilian, indem er es
selber aufnahm und leicht klopfte — „was fällt
Dir denn ein? Kehren Sie sich nicht daran,
Lopez — wer weiß denn, was dem kleinen un-
gezogenen Ding durch den Kopf gefahren ist —
was führt Sie zu mir?"

„Eine Bitte, Majestät!" sagte der Obrist,
der sichtlich durch den Zorn des kleinen Thieres
in Verlegenheit gerathen war, „ich wollte Majestät ersuchen, daß Obristlieutenant Jablonsky
von der Cavallerie mit seinen Leuten eine Linie
der Cruz am Pantheon besetzen dürfe. Die In-
fanterie ist überdies so enorm mit Wachen über-
laden, und die Cavallerie im Gegentheil ge-
schont worden, daß man ihr wohl eine Erleichterung gönnen kann."

„Gern, gern," sagte der Kaiser freundlich —
„ich bin Ihnen sogar dankbar dafür, lieber
Obrist. Sonst steht Alles gut? Keine Neuigkeiten?"

Des Obristen Augen blitzten für einen Moment auf — aber es war auch in der That

nur ein Moment, und mit ruhiger Stimme er=
wiederte er:

„Nicht, daß ich wüßte, Majestät —, das
Neueste, was wir haben, sind die Granaten, die
uns der Feind so freigebig in die Stadt schüttet.“

Der Kaiser winkte wehmüthig lächelnd mit
der Hand. „Wir werden ihm die Mühe bald
ersparen, lieber Obrist — also richten Sie es so
ein, wie Sie es für gut finden. — Daß mir die
Leute aber wachsam sind!“

„Majestät können sich fest auf sie verlassen.“

„Merkwürdig,“ sagte der Kaiser zu Prinz
Salm, als Lopez das Zimmer verlassen hatte,
„daß mein kleiner Baby den Obristen nicht leiden
mag. Wenn ich abergläubisch wäre, würde ich
das Gefühl theilen.“

„Es ist sonderbar,“ sagte der Prinz, „aber
Hunde haben manchmal einen richtigen Instinct.
Uebrigens halte ich den Obristen selber für
ehrlich. Wenn er es n i c h t wäre, Majestät,
w e l c h e m Mexicaner sollten Sie nachher noch
trauen?“

Der Kaiser seufzte, aber er erwiederte nichts
weiter, und als auch Doctor Basch das Zimmer
betrat, nahm das Gespräch bald eine andere
Wendung.

Obrist Lopez indessen ging in die Stadt
hinab, aber in düsterem unheilvollen Sinnen.
Die Arme verschränkt, den Kopf gesenkt, das fast
glühende Auge auf den Boden geheftet, schritt
er in sein Grübeln vergraben vorwärts und
achtete nicht auf das, was um ihn her vorging.

„Hallo, Lopez — so in Gedanken?" — rief
ihn da plötzlich eine Stimme an — Obrist
Guzmann, der dicht an ihm vorüberging, ohne
daß er ihn bemerkt hätte — „ist Etwas vorgefallen?"

„Vorgefallen?" sagte Lopez, rasch und fast
erschreckt den Kopf hebend — „nein — nicht,
daß ich wüßte — wenigstens nicht hier im Lager."

„Sie kennen die Nachrichten von Europa, die
heute eingetroffen sind?"

„Von der Kaiserin?" rief Obrist Lopez
heftig, und seine ganze Gestalt bebte — „wohl
kenne ich sie — aber ihr ist wohl. Sie hatte
keine Freude und kein Glück im Leben — mag
sie Frieden im Tode finden — aber wer brachte
die Nachricht?"

„Ein Deserteur — Escobedo soll eine Depesche erhalten haben."

„Arme Frau," sagte Lopez düster — „s i e

opferte sich für Mexico, während dieser Schatten=
kaiser sich zu einem Bandenführer herabwürdigte."

„Lopez?" rief Obrist Guzmann erschreckt —
„was fällt Euch ein — hat der Kaiser nicht wie
ein tapferer Soldat sein Recht vertheidigt?"

„Ja," sagte Lopez, dem die Worte vielleicht
nur in der Uebereilung entschlüpft waren —
„das hat er allerdings — er ist tapfer."

„Und theilt alle Entbehrungen seines Heeres
willig?"

„Auch das thut er —"

„Und ist ein besserer Mexicaner als Juarez
und Ortega zusammen."

„Möglich." sagte Lopez finster — „aber er
war ein schlechter Gatte —"

„Ein schlechter Gatte? Was fällt Euch ein?
Die Kaiserin hing mit unendlicher Liebe an ihm."

„Aber er war kalt und unfreundlich ge=
gen sie."

„Thorheit — wer hat Euch das Märchen
aufgebunden? Außer sich war er, als er von
ihrer Krankheit hörte, und man verheimlicht ihm
ja auch deshalb nur ihren jetzt erfolgten Tod."

„Ich weiß es," sagte Lopez düster — „es —
es mag sein, daß ich mich irre. Seine Umge=
bung sprach nur davon."

„Seine Hausdiener? — eine schöne Bande, die er sich da mitgebracht hat. Sie stehlen wie die Raben. Als ich in Cuernavaca einmal bei ihm war, hatte er nicht einmal Butter in der Hofhaltung, und als er in das Dorf schickte, wollten sie ihm ohne Geld keine schicken. Sein Verwalter, oder was der Kerl war, hatte wochen= lang die Butter gekauft, nicht bezahlt und dann für baar Geld wieder verkauft, also doppelt ge= stohlen, und die kaiserliche Hofhaltung bekam Nichts. Das sind auch die Halunken, die, wenn das Kaiserthum einmal zusammenbricht, mit ge= füllten Geldbeuteln und Koffern nach Hause zurückkehren und dann noch womöglich eine Pension für die „treuen Dienste“ verlangen, die sie geleistet. — Hol' sie der Teufel!“

Lopez erwiederte Nichts darauf; er war still und in sich gekehrt, und als er bald darauf Jablonsky begegnete, nahm er dessen Arm und schritt mit ihm die Straße hinab.

* * *

Der Ausfall war auf die nächste Nacht ver= schoben worden, aber schon in dieser sollte Alles gerüstet bleiben, und der Kaiser hatte sogar be= fohlen, daß die Leib=Escorte und die Husaren

ihre Thiere gesattelt ließen. Sie konnten sich
nachher über Tag ausruhen und reichlich Futter
bekommen.

Die Vorbereitungen waren vollständig ge=
troffen, Alles reise= und marschfertig, und das
kleine Gepäck lag schon bereit, um im letzten
Moment auf Pferden und Maulthieren mit=
genommen zu werden.

Doctor Basch war noch spät beim Kaiser.

„Ich bin sehr erfreut,“ sagte er ihm, „daß
es endlich einmal zum Schluß kommt. Ich habe
auch die beste Hoffnung. Theilweise baue ich
auch auf mein stetes gutes Glück, das mich bis
jetzt noch nicht verlassen hat, und — halten Sie
es für ein Vorurtheil oder nicht — aber morgen
ist der Namenstag meiner Mutter, und ich glaube,
der wird mir Glück bringen.“

Eilf Uhr Nachts war es, als Lopez, völlig an=
gekleidet, in seinem kleinen Gemach mit raschen,
hastigen Schritten auf und ab ging — sein Säbel
wie seine Revolver lagen auf dem Tisch und
neben ihnen ein Geldgurt mit Silber gefüllt,
das er aus der Reisekasse des Kaisers bekommen
hatte, um es für diesen zu sichern.

Da klopfte es leise an die Thür, und auf
sein heftiges entra öffnete Jablonsky dieselbe.

„Caracho!" sagte dieser leise, indem er sich scheu im Zimmer umsah — „was ist nun im Wind? — der Kaiser schickt und verlangt nach Euch."

Lopez wurde todtenbleich — endlich stammelte er: „Zu dieser Stunde der Nacht?"

„Seine Majestät haben oft wunderliche Ideen," sagte der Bursche, „aber diesmal begreife ich selber nicht was es sein kann. Der Teufel wird doch nicht etwa sein Spiel gehabt haben?"

„Wer ist draußen?"

„Mein eigener Schwager Pedro, der heute bei ihm die Wache hat, aber er behauptet, auch nichts weiter zu wissen, als daß ihn der Kaiser abgeschickt habe, Euch zu rufen."

Lopez blieb secundenlang, den Blick auf den Gefährten geheftet, im Zimmer stehen — endlich sagte er mit finsterer Entschlossenheit in den strengen Zügen, indem er seinen Degen um= schnallte und seine Revolver in seine Uniform hineinschob:

„Was kommen soll, kommt doch — vielleicht nur etwas früher — ich gehe."

„Und wenn sie Euch zurückbehalten — was wird nachher?"

„Unsinn — es ist nicht möglich, daß sie auch

nur eine Ahnung haben — aber führe mein Pferd unten an die Thür und halte es dort bereit."

„Und ich bleibe dann in der Falle sitzen."

„Du kannst das Deinige auch mitbringen. Vorwärts — wir dürfen ihn nicht lange warten lassen. Er ist außerdem immer mißtrauisch —"

„Und hat doch so wenig Grund dazu," lachte Jablonsky — „aber vamonos compañero. In einer Viertelstunde wissen wir woran wir sind — was wird mit dem Gelde da?"

Lopez zögerte — Einen Moment war es, als ob er es dem Freunde übergeben wollte, aber ob er auch diesem nicht traute, er schnallte es selber um, und rasch schritt er dann hinaus, um dem Befehl des Kaisers nachzukommen. — Seine Befürchtungen aber, welche er auch gehabt haben mochte, zerstreuten sofort die freundlichen Worte, mit denen ihn sein kaiserlicher Herr begrüßte.

„Ich konnte mir doch denken, lieber Lopez," sagte er, „daß Sie noch nicht schliefen, und — wollte Ihnen gern noch eine kleine Freude bereiten, denn morgen in dem Wirrwarr werden wir an Anderes zu denken haben. Hier," fügte er hinzu, indem er von seinem Tisch eine der

Bronce=Tapferkeitsmedaillen nahm und sie dem
bestürzt vor ihm stehenden Officier an die Brust
heftete — „nehmen Sie dies Ehrenzeichen, das
ich Ihnen schon längere Zeit zugedacht. — Eigent=
lich hat sie jeder Einzelne meiner wackeren Sol=
daten verdient, aber ich kann ja nicht Alle
decoriren."

„Majestät sind so gnädig," stammelte Lopez
auf's tiefste beschämt.

„Aber eine Bitte habe ich dafür an Sie, und
ich verlasse mich fest darauf, daß Sie dieselbe
erfüllen — eine ernste Bitte, Lopez!"

„Bedarf es da noch einer Versicherung, Ma=
jestät?"

„Gut," sagte der Kaiser, als er vor ihm
stand, ihm die rechte Hand auf die Schulter
legte und ihm still in's Auge sah. — „So hören
Sie, Lopez. Ich — möchte den Feinden nicht
gern lebendig in die Hände fallen — verspre=
chen Sie mir, daß, wenn ich beim Durchbrechen
durch die Armee vielleicht verwundet würde und
in Gefahr wäre gefangen zu werden — Sie —
mit einer mitleidigen Kugel mein Leben enden
wollen — nur nicht Gefangener werden — ver=
sprechen Sie mir das!"

„Majestät," rief Lopez jetzt wirklich bestürzt

— „aber was könnte Ihnen, selbst als Gefan=
gener, geschehen?"

„Nur nicht gefangen, Lopez!" rief Maxi=
milian in unverkennbarer Aufregung — „nur
nicht gefangen. Geben Sie mir Ihr Wort
als Ehrenmann, daß Sie mich lieber töbten
wollen."*)

Lopez zögerte noch immer, in die dargereichte
Hand einzuschlagen.

„Und wenn ich Sie nun darum b i t t e," sagte
der Kaiser, „ich hätte ja noch andere Freunde,
aber ich fürchte wohl mit Recht, daß sie Vorur=
theil oder Weichherzigkeit davon abhielte. Schla=
gen Sie ein, Lopez."

„Gut benn, Majestät," sagte der Obrist, in=
bem er seine Hand in die des Kaisers legte, mit
entschlossener Stimme, und sein Auge blitzte da=
bei in unheimlicher Gluth. — „Ihr Wunsch soll
erfüllt werden. Verlassen Sie sich auf mich."

„Ich danke Ihnen — ich wußte es," nickte
der Kaiser befriedigt, indem er die Hand zurück=
zog — „und nun, mein lieber Lopez, legen Sie
sich noch ein paar Stunden schlafen. Ich kann
Ihnen die Versicherung geben, daß Sie mich sehr

---

*) Nach des Kaisers eigener Aussage.

beruhigt haben. Ich gehe Allem, was jetzt kom=
men mag, mit fester Zuversicht entgegen."

Der Kaiser schritt noch lange in seinem Zim=
mer auf und ab. In seinem Vorzimmer hatte
von zehn Uhr Abends an ein Mexicaner, aber
ein treuer Bursche, der an dem Kaiser von gan=
zem Herzen hing, die Wache. Um ein Uhr hatte
sich Maximilian niedergelegt, aber um halb drei
Uhr schon mußte Pedro den Doctor Basch wecken,
da er einen heftigen Kolikanfall bekommen, der
sich aber nach etwa einer Stunde gab.

Es mochte halb Fünf sein, als die Thür leise
geöffnet wurde, und Pedro, der sich dahin wandte,
erkannte zu seinem Erstaunen seinen Schwager
Jablonsky, der mit leisem Schritt in das Zim=
mer schlich.

„Schläft der Kaiser?" frug er flüsternd.

„Ja," nickte Pedro — „was willst Du, An=
tonio?"

Jablonsky sah sich scheu um. „Dem Kaiser
eine Mittheilung machen," flüsterte er zurück.

„Jetzt?" sagte Pedro kopfschüttelnd — „der
Kaiser ist eben erst eingeschlafen — er war
krank. Du kannst jetzt nicht zu ihm — komm
morgen wieder."

„Ich kann nicht — es ist wichtig," sagte aber

der Obristlieutenant, und seine dunkeln Augen blitzten dabei im Zimmer umher, ohne denen Pedro's zu begegnen — „nur wenige Worte sind es — dann — mag er schlafen."

„Höre, mein Bursche," sagte der ältere Mericaner, der ihn indessen aufmerksam und auch mißtrauisch betrachtet hatte — „was hast Du denn eigentlich? — Du kommst mir so sonderbar vor!"

„Ich? — Nichts — was soll ich haben — aber laß mich hinein, Pedro," flüsterte er ihm zu — „es soll Dein Schaden nicht sein — ich muß den Kaiser sprechen, der Feind ist in der Stadt und doch Alles verloren."

„Der Feind!" rief Pedro entsetzt.

„Pst — nicht so laut — wir dürfen ihn nicht erschrecken," meinte Jablonsky, „ich komme gleich zurück."

„Halt, Compañero," sagte da Pedro, indem er seinen Arm ergriff — „ist der Feind wirklich in der Stadt, so muß der Kaiser allerdings geweckt werden und Du magst ihm Deine Nachricht bringen, aber" — setzte er drohend hinzu, indem er einen Revolver von dem nächsten Tische nahm, „hüte Dich, amigo — mit Dir ist nicht Alles richtig!"

„Aber Pedro!" rief Jablonsky bestürzt —

13*

„ſei vernünftig — es iſt doch Alles vorbei —
Du ſollſt —"

„Wird dem Kaiſer da drinnen ein Haar ge=
krümmt — und die Thür bleibt offen — ſo ſchieße
ich Dich über den Haufen wie einen tollen Hund."

„Aber Pedro, biſt Du wahnſinnig?" flüſterte
Jablonsky zurück.

„Vollkommen bei Verſtand, amigo," nickte
der Burſche — „geh und mache Deine Meldung
raſch, aber hier an der Thür halte ich Wache —
lebendig verläßt Du das Zimmer nicht wieder,
wenn Du böſe Abſichten haſt, und ſagſt Du noch
ein Wort, ſo rufe ich die Wache — vorwärts,
wenn Du einen Auftrag haſt."

Jablonsky biß die Zähne zuſammen, aber er
kannte den ſtarrköpfigen Burſchen gut genug —
zögerte er, ſo wurde deſſen Mißtrauen überhaupt
nur noch gerechtfertigter, und mit einem halb=
laut gemurmelten Caracho betrat er das Schlaf=
zimmer des Kaiſers. Wohl warf er noch einmal
den Blick zurück, aber in der Thür ſtand Pedro,
mit dem Revolver in der Hand, und den Arm
des Schlafenden jetzt ergreifend und ſchüttelnd,
rief er mit lauter Stimme:

„Majeſtät — ſtehen Sie auf! Der Feind iſt
in der Cruz!"

„Der Feind?" rief der Kaiser, der halb an=
gekleidet auf seinem Bette lag, indem er rasch
emporfuhr — „in der Cruz?"

„Wir sind verrathen — fort, so schnell Sie
können — ich will die Uebrigen alarmiren" —
und hinaus stürzte er, indeß Pedro selber über
die furchtbare Nachricht entsetzt stand — und doch
herrschte eine durch Nichts unterbrochene Stille
in dem weiten Gebäude.

Unmittelbar nachher wurden Doctor Basch
und dann Prinz Salm, aber diese durch den
Obristen Lopez alarmirt, der verstört zu ihnen in
das Zimmer drang und sie beschwor, den Kaiser
zu retten, — und ringsumher diese fabelhafte
Ruhe — kein Posten auf seinem Platze, der Markt
selbst war menschenleer und öde, und kein Sol=
dat zu sehen.

Prinz Salm und Doctor Basch eilten zum
Kaiser — sie fanden ihn schon vollkommen an=
gekleidet, den Säbel umgeschnallt, in jeder Hand
einen Revolver, aber so ruhig, als ob es einen
Spaziergang gelte.

„Salm, wir sind verrathen!" rief er dem
Prinzen zu — „lassen Sie Husaren und Leib=
Escorte ausrücken. — Wir wollen nach dem Cerro

und sehen, wie wir die Sache in Ordnung brin=
gen. Ich werde gleich folgen."

Der Prinz erfüllte die Aufträge — als er
zurück eilte, traf er den Kaiser, aber schon traten
ihm feindliche Soldaten entgegen, die Maximilian
aufhalten wollten. Obrist Don José Rincon Gal=
lardo commandirte die Truppe. Er erkannte auch
jedenfalls im Augenblick den Kaiser, wandte sich
aber an seine Soldaten und sagte: „Que pasen
— son paysanos" (können passiren, sind Lands=
leute (Freunde).

Die Soldaten traten zur Seite — der Kai=
ser mit seiner Begleitung schritt vorüber, und
als der Prinz den Kaiser fragend ansah, sagte
dieser lächelnd:

„Sehen Sie, es schadet niemals, wenn man
Gutes thut. Man findet zwar unter Zwanzigen
neunzehn Undankbare, aber doch hier und da einen
Dankbaren. Das hat sich soeben bewährt. Die
Mutter des feindlichen Officiers, der uns passi=
ren ließ, war sehr häufig bei der Kaiserin, die
ihr viele Wohlthaten erwiesen hat. — Thun
Sie Gutes, Salm, wenn immer Sie können."*)

Der Kaiser zog sich jetzt mit seinen Beglei=

*) Prinz Salm's „Querétaro".

tern nach dem Cerro be las Campanas hinüber,
ohne baß er von feinblichen Truppen aufgehal=
ten worden wäre — als Lopez, beritten unb be=
waffnet, hinter ihm hergesprengt kam unb in
ihn brang, sich in das Haus des Banquiers Rubio
zu flüchten; allein der Kaiser, der noch immer
keine Ahnung von bem schänblichen Verrath dieses
Buben hatte — sagte entschlossen: „Nein —
ich verstecke mich nicht!" — ja er wollte nicht
einmal seinen ihm wahrscheinlich von Lopez ge=
brachten Schecken besteigen, weil seine Begleiter
bann hätten gehen müssen.

Auf bem Cerro be las Campanas stellte sich
der kleine Trupp enblich, um ben sich ein Bruch=
theil der Armee gesammelt hatte — waren boch
die mexicanischen Truppen, nach Art dieser Krieg=
führung, schon fast sämmtlich zu ben Feinben
übergegangen. Was sollten sie sich für eine ver=
lorene Sache tobtschießen lassen, unb militärisches
Ehrgefühl war ein Wort, bas sie nicht einmal
bem Namen nach kannten.

Indessen hatte General Miramon versucht,
Truppen zu sammeln unb Wiberstanb zu leisten,
um eine der Straßenecken bog aber feinbliche
Cavallerie, unb der Officier, seinen Revolver
auf ben General abbrückenb, verwunbete ihn im

Gesicht, daß er zu Boden stürzte. Man trug ihn allerdings in das Haus des ihm befreundeten Doctor Licea, der ihn aber natürlich augenblicklich an die Liberalen verrieth. Er konnte sich doch nicht selber in Ungelegenheit bringen, eines F r e u n = d e s wegen!

Die Feinde rückten jetzt gegen den Cerro vor und begannen ihn zu beschießen. — Der Prinz stand neben dem Kaiser.

„Jetzt, Salm, eine glückliche Kugel!" flüsterte ihm dieser zu — aber sie kam nicht. — Er wandte sich an Mejia und frug ihn, ob es mög= lich sei, sich durchzuschlagen. — Zu spät — der Platz war von Feinden umzingelt, ein Durch= hauen zur Unmöglichkeit geworden — selbst Widerstand wäre hier Wahnsinn gewesen. Die weiße Flagge mußte aufgezogen werden, und der Kaiser Maximilian war Gefangener in den Hän= den seiner Feinde.

In Mexico.

Charakterbild aus den Jahren 1864—1867

von

Friedrich Gerstäcker.

— ..

Vierter Band.

(Zweiter Theil.)

Das Recht der Uebersetzung in fremde Sprachen wird vorbehalten.

Jena,

Hermann Costenoble.

1871.

8.

General Marquez.

In der Hauptstadt Mexico blieb in den näch=
sten Tagen anscheinend Alles beim Alten, wenn
auch der Kaufmannsstand, durch Privatbriefe
unterrichtet, keinen Augenblick mehr an der Ein=
nahme Queretaros und der Gefangenschaft des
Kaisers zweifelte. Die Einnahme der Festung
bestritt die Regierung nicht, aber dagegen er=
klärte das „Diario del Imperio" auf das be=
stimmteste und brachte immer neue, angeblich
authentische Berichte, daß der Kaiser mit seiner
ganzen Armee Queretaro geräumt habe und sich
auf dem Marsch nach Mexico — ja endlich schon
ganz in der Nähe befinde.

Bei den deutschen Obristen war indessen eine
Dame, die Prinzeß Salm, die Gemahlin des in

Queretaro befindlichen Prinzen Salm, außer=
ordentlich thätig gewesen, um sie zur Uebergabe
zu bewegen und zu dem Zweck zwischen Mexico
und dem Hauptquartier des Porfeirio Diaz fort=
während, bald zu Pferd, bald zu Fuß hin und
her gewechselt. Sie hatte genaue Nachrichten von
Queretaro und fürchtete natürlich für das Leben
ihres Gatten, wie das des Kaisers, wenn hier
längerer Widerstand geleistet würde. Die deut=
schen Obristen Kobolich und Graf Khevenhüller
lehnten aber natürlich ein derartiges Ansinnen
auf das entschiedenste ab, bis sie nicht erst die
volle Gewißheit hätten, daß der Kaiser wirklich
gefangen sei; wonach die Sache dann allerdings
verloren und weiteres Blutvergießen nutzlos und
selbst verbrecherisch gewesen wäre.

General Diaz bekam das ewige Drängen ohne
Erfolg aber auch satt, er mißtraute der Señora
außerdem, die fortwährend mit seinen Officieren,
bei denen er Bestechung fürchtete, verkehrte. Er
verweigerte jede Unterhandlung weiter mit ihr
und ertheilte ihr nur widerstrebend, und auf die
Bitten einflußreicher Leute hin, die Erlaubniß,
nach Queretaro zu gehen und sich dort von dem
Stand der Dinge zu überzeugen.

Dies war die Situation, als am 28. Mai in

der Hauptstadt die Nachricht zur öffentlichen
Kenntniß gelangte, daß eine telegraphische De=
pesche des Kaisers aus Queretaro eingetroffen sei,
worin der preußische Gesandte, Baron Magnus,
aufgefordert wurde, sich in Begleitung der Ad=
vocaten Riva Palacio (Vater des Juaristischen
Generals) und Martinez de la Torre — Beide
bekannte Liberale — zum Kaiser nach Queretaro
zu begeben, da er in den nächsten Tagen vor ein
Kriegsgericht gestellt werden sollte. Gleichzeitig
eintreffende Privatbriefe bestätigten Alles; Mar=
quez aber, den man mit Recht beschuldigte, an
ihn gerichtete, eigenhändige Privatbriefe des
Kaisers unterschlagen zu haben — erklärte das
Telegramm an Baron Magnus für gefälscht und
legte der Abreise der Advocaten wie Diplomaten
mehrere Tage Hindernisse in den Weg, bis es
die fremden Gesandten endlich doch durchsetzten
und der preußische, belgische, österreichische und
später auch der italienische Gesandte am 1. und
2. Juni die Hauptstadt verließen. — Eulalio
Ortega, ebenfalls ein tüchtiger und gleich so der
liberalen Partei getreuer Advocat, schloß sich
ihnen an.

Die Noth in der Stadt nahm indessen mehr
und mehr überhand, das Volk rottete sich zu=

sammen, und der Präfect General O'Horan
stellte sich verschiedene Male selber an die Spitze
solcher Raubbanden, und erbrach Läden und
Häuser, wo man aufgespeicherte Lebensmittel ver=
muthen durfte. — Dabei wurde die Stadt auf
das hartnäckigste von außen her beschossen, und
viele unglückliche Menschen ereilte eine Kugel
mitten in der Straße. — Was kümmerte das
aber Marquez — er verkehrte außer mit O'Horan
fast mit Niemandem, und hielt sich abgeschlossen
von Allen, allein über seinen dunkeln, verrätheri=
schen Plänen brütend.

Padre Fischer spielte indessen in Mexico eine
sehr unglückliche Rolle, denn wie gern und
häufig die Conservativen wie Klerikalen noch
in Orizaba seinen Rath gesucht und seine Hilfe
erbeten hatten, so schienen sie Beides jetzt voll=
kommen entbehren zu können, denn — man
brauchte ihn nicht mehr. Der Kaiser war so
ziemlich aufgegeben worden — in gut unter=
richteten Kreisen wußte man schon genau, wie
es mit ihm stand und daß von daher keine Hilfe
mehr kommen konnte — wozu also sollte der
ebenfalls bei Seite gesetzte Padre dienen — er
konnte nur noch lästig werden.

Allerdings hatte ihn der Kaiser in Mexico

gewiffermaßen als Auffiht für das Miniſterium
zurückgelaſſen, mit dem Auftrag, genauen Be=
riht über deſſen Thätigkeit zu geben. Man ließ
ihn aber ſhon unter Lares gar niht mehr zu
den Berathungen, und das jetzige, von Marquez
eingeſetzte, Miniſterium hatte überhaupt keine
Verpflihtungen gegen ihn — oder wenn doh,
ſo ſetzte es ſih über dieſelben hinweg.

Pabre Fiſher mochte aber ſhon ſelber ahnen,
wie die Sache ſtand, und verſuchte ſein Heil bei
dem Erzbiſhof — freilih mit niht beſſerem Er=
folg. Der ſtolze Prieſter kannte den einfachen
Pabre niht mehr, dem er ſih früher, als er
ihn nothwendig gebrauht, ſo huldvoll gezeigt,
und überall abgewieſen und zurückgeſetzt, warf
ſih Fiſher jetzt mit beſto größerem Eifer auf
die Wiſſenſhaften, und ſhleppte aus der Na=
tional=Bibliothek eine Menge Bände in ſeine
Wohnung, die er auh mit beſtem Erfolg für ſih
ſelber *) ſtudirte.

Erzbiſhof Labaſtiba hatte einen geheimen
Courier von Bera=Cruz bekommen und augen=

---

*) Pabre Fiſher hat erſt ganz kürzlih eine äußerſt
werthvolle mexicaniſche Bibliothek hier in Europa durch
Auction auf den Markt gebraht und eine ſehr bedeutende
Summe dafür gelöſt.

blicklich nach Marquez geschickt und ihn zu sich
bitten lassen. So eifrig dieser nämlich früher
mit ihm unterhandelte, so fast entschieden zog er
sich von dem Klerus zurück, als er endlich merkte,
daß auch dieser nur Versprechungen für ihn
hatte, und immer auf das hartnäckigste ver=
langte, er, Marquez, müsse erst Garantien geben,
daß er es wirklich ehrlich mit der Kirche meine.
— Das aber sollte er dadurch bethätigen, daß er
ohne Weiteres und rechtskräftig als Stellver=
treter des nun doch einmal beseitigten Kaisers
die leyes de reforma aufhob und ein Concordat
mit dem Klerus abschloß.

Die Zumuthung an sich war schon Wahn=
sinn, aber was kümmerte sich der ehrgeizige und
habgierige Priester um irgend welche Partei,
so lange er die seinige — und sei es nur vor der
Hand durch ein todtes Gesetz — wieder an die
Spitze brachte. Marquez hatte sich auch direct
geweigert und mit Recht betont, daß er dazu
keine Vollmacht besitze — er fühlte ja selber recht
gut, daß er keinen genügenden Anhang im Land
habe, um einen derartigen Schritt, der ihm sel=
ber noch dazu nicht den geringsten Nutzen brachte,
zu wagen. Der Verkehr zwischen ihm und dem
Erzbischof war deshalb fast vollständig abgebro=

chen, und etwas Wichtiges mußte es sein, das
diesen heute veranlaßte, seine Gegenwart und
eine Unterredung zu verlangen. Er folgte denn
auch der Aufforderung, und fand den Kirchen=
fürsten in seinem Gemach mit einem unterge=
ordneten Geistlichen, Pabre Zaloga, allein und
ihn erwartend.

Als er es betrat, kam ihm Labastida mit ge=
winnender Freundlichkeit entgegen und sagte,
ihm die Hand reichend und herzlich schüttelnd:

„Aber amigo mio — Sie machen sich ja so
selten, daß man Sie wirklich halb mit Gewalt
citiren muß, um Ihrer nur einmal auf ein
Viertelstündchen habhaft zu werden."

„Monseñor," erwiederte Marquez trocken und
zurückhaltend, denn er kannte den Priester zu
gut, um nicht zu wissen, daß diese Aufnahme,
nach Allem, was bisher zwischen ihnen vorge=
fallen, einen ganz besondern Grund haben müsse.
Er war deshalb auf seiner Huth. — „Sie wissen
gewiß recht gut, wie es uns in der Stadt geht,
und daß ein Oberbefehlshaber in einer so lange
schon und so eng eingeschlossenen Stadt gerade
nicht auf Rosen gebettet ist. Wir haben für
unsere Soldaten sehr wenig Nahrung und für

unſere Pferde faſt gar keine mehr, und lange
halten wir es jetzt nicht mehr aus.“

„Sie haben Recht, lieber Freund,“ nickte der
Erzbiſchof, plötzlich ernſt werdend, „und es iſt
ſogar die höchſte Zeit, daß ein entſcheidender
Schlag geführt wird; denn ſobald die fremden
Truppen die Beſtätigung bekommen, daß der
Kaiſer wirklich gefangen iſt, ſo dürfen wir nicht
mehr auf ſie rechnen.“

„Ein entſcheidender Schlag?“ lachte Marquez
bitter — „und womit? Die Pferde ſelber ſind
ſo matt, daß ſie kaum noch ihre Reiter tragen
können, und w e n n wir uns hinauswürfen —
wohin?“

Der Erzbiſchof faßte ihn am Arm, bog ſich
zu ihm hinüber und ſagte halb flüſternd, indem
er ihn feſt anſah:

„Wiſſen Sie, daß Santa Anna an der meri-
caniſchen Küſte gelandet, daß er in dieſem Augenblick, wenn auch noch unter anderem Namen, in
Vera-Cruz iſt und ſeine Partei um ſich ge-
ſammelt hat?“

„Caracho!“ entfuhr es unwillkürlich den
Lippen des Soldaten — „und woher haben S i e
die Kunde?“

„Da ſteht mein Bote,“ ſagte der Erzbiſchof

triumphirend, auf den Pabre zeigend, „direct
kommt er von Vera=Cruz herauf und hat uns
die gute Kunde gebracht.“

„Und seine Partei hat er um sich gesammelt?“
sagte Marquez finster, mit dem Kopf schüttelnd
— „wer wird das sein! Die nämliche Geschichte
wie hier in der Stadt. Ein paar Dutzend Men=
schen, die Minister, Postmeister, Steuerbeamte
oder sonst etwas Derartiges werden wollen, und
vor und nach Gott schwören, daß sie willens
sind Blut und Leben für ihn zu opfern, aber
nicht einmal daran benken, auch nur etwas Aehn=
liches zu versuchen. Gehen Sie mir mit Ihren
Parteien, Monseñor, ich kenne sie zur Ge=
nüge und zum Ekel, und weiß, was ich von
ihnen zu halten habe.“

„Gut, lieber Freund,“ sagte da der Erz=
bischof, indem er langsam und lächelnd mit dem
Kopf nickte — „ich kenne sehr genau die Be=
weggründe, die Sie veranlassen so zu denken,
wie Sie sich da eben aussprechen — doch sehen
wir davon ab und hören Sie vor allen Dingen,
was uns der Pabre über die Zustände in Vera=
Cruz — nach eigener Anschauung, wohlverstan=
ben, und nicht auf ein bloßes Gerücht hin —
berichten kann. Er hat selber mit Santa Anna

gesprochen, und was er Ihnen sagt, darauf dür=
fen Sie sich verlassen."

„Und was ist das?"

„Erzählen Sie, Zaloga, was haben Sie in
Vera=Cruz gesehen?"

„Gesehen, Monseñor," entgegnete der Padre
unterwürfig, „noch nicht viel, aber gehört desto
mehr. Santa Anna ist voller Hoffnung und
Zuversicht. Er ist in seinen Kreisen mit Jubel
aufgenommen, denn man setzt jetzt auf ihn seine
letzte Hoffnung. Juarez' Regiment ist überall
verhaßt, selbst bei den Fremden, weil sie wissen, wie
er mit der Douane gewirthschaftet hat. Der reli=
giöse Sinn des Volkes empört sich dabei in dem Ge=
danken, ihn wieder das Ruder ergreifen zu sehen."

Um Marquez' Lippen zuckte ein spöttisches
Lächeln, aber er erwiederte kein Wort, und der
Padre fuhr fort:

„Ganz Vera=Cruz befand sich in Bewegung,
wenn sich die Leute auch der kaiserlich gesinnten
oder wenigstens so gehaltenen Besatzung wegen
noch nicht öffentlich darüber aussprechen durften.
Soldaten selber waren, wie ich aus ganz sicherer
Quelle weiß, schon gewonnen, denn sie haben
von Maximilian wenig gesehen und betrachten
ihn nur als einen Fremden, der ihnen von den

überall verhaßten Franzosen aufgezwungen wurde. Ein einziger Aufruf Santa Anna's, und die ganze Garnison geht, wie ein Mann, zu ihm über, aber er hat ihn bis jetzt noch nicht gewagt, weil er sich im Lande gar keiner Unterstützung sicher weiß — das heißt keiner Armee, auf die er sich werfen könnte, und die dann natürlich rasch zu Tausenden anschwellen würde."

„Und wozu das Alles? Haben wir eine solche?" sagte Marquez bitter, „und kann ich mich, sobald sich die deutschen Regimenter von uns zurückziehen, etwa auf meine jetzt schon be= moralisirten Mexicaner verlassen? Schon bei Puebla würden sie in hellen Haufen zum Feind übergehen und, wenn es sein müßte, selbst ihren Führer verrathen. Ich bin überhaupt gar nicht sicher, ob ich noch einen einzigen Soldaten in der ganzen Stadt behalte, sobald der Sturz des Kaisers erst einmal bekannt wird. Nicht daß die Soldaten selber des Dienstes müde wären, aber ihre Weiber, die jetzt zu einem fabelhaften Schwarm angewachsen sind, drängen und treiben sie fortwährend zum Desertiren, und — ich habe schon ein paar Exempel statuiren müssen, um dem nur Einhalt zu thun."

„Ganz mit Ihnen einverstanden, General=

lieutenant," nickte Labastiba, und sein stolzes
Auge blickte den kleinen vor ihm stehenden und
den scheuen, tückischen Blick abwendenden Mann
an, „ganz mit Ihnen einverstanden. Sie haben
die Situation vollkommen richtig erfaßt, scheinen
aber nur noch nicht auf den Ausweg verfallen
zu sein, der uns allein aus dieser Lage retten
und dem ganzen Krieg plötzlich eine für uns
günstige Wendung geben kann."

„Ich verstehe Sie nicht, Monseñor," sagte
der General, „sprechen Sie deutlicher."

„Gut denn — so hören Sie mit wenigen Wor=
ten. Wir haben mexicanische Truppen noch ge=
nug, um die Stadt wochenlang gegen die Angreifer
zu halten, sobald wir sie nur ein klein wenig
auch äußerlich unterstützen. Lassen Sie das
meine Sorge während Ihrer Abwesenheit sein."

„Während meiner Abwesenheit?"

„Ja — Sie nehmen Ihre besten Truppen
indeß — wenigstens Ihre ganze Cavallerie, die
Ihnen doch im Augenblick wenig in der Stadt
nützt, und nur zur ersten Unterstützung auch von
dem deutschen Infanterie=Regiment, das Sie
nachher, wo Sie wollen, zurücklassen können,
um rascher vorwärts zu bringen, und brechen
durch. Diesem ersten, mit aller Wucht geführten

Anprall widersteht der Feind nicht. Sie ge=
winnen jedenfalls das offene Land und werfen
sich dann ohne Weiteres und ohne den gering=
sten Aufenthalt nach Vera=Cruz. Rascher als
Sie noch, eilt Ihnen Pabre Zaloga hier voraus,
der jeden Bergpfad kennt und die Mittel von
uns erhält, seine Reise ununterbrochen und auf
frischen Thieren zurückzulegen, denn wir haben
überall unsere Posten, und sobald Sie Vera=
Cruz erreichen, pronuncirt sich Santa Anna in
der Stadt, nimmt den für uns wichtigen Hafen,
der uns die ganzen Zölle sichert, vereinigt sich
mit Ihnen und kehrt dann mit Ihnen hierher
zurück nach Mexico, während Ihnen unterwegs
Alles zuströmt. — Denken Sie an Miramon:
mit sieben Mann zog er hier aus der Haupt=
stadt aus, mit einem Bataillon kam er nach
Queretaro und mit mehreren Regimentern schlug
er gleich darauf den Feind. Santa Anna an
Ihrer Spitze und das Banner der heiligen
Jungfrau von Guadelupe — und das ganze
Heer des Feindes geht zu Ihnen über."

Marquez hatte ihm still und schweigend zu=
gehört, und sein dunkles Auge haftete, während
er sprach, scharf und sinnend auf dem Prälaten.
Er täuschte sich nicht über die Gesinnung von

Porfeirio Diaz' Truppen, wie es der Priester
in seiner Verblendung that, der da glaubte, wenn
er nur das Kreuz erhöbe, müßte sich das ganze
Volk ihm beugen. Die Zeit war vorüber —
aber andere Pläne waren es, die ihm durch den
Sinn kreuzten, sich aber merkwürdig leicht —
bei einem ganz andern Ziele freilich, mit denen
des Kirchenfürsten vereinigen ließen und ihm
die Hand zu reichen schienen.

Hier bot sich eine günstige Gelegenheit, zum
Meeresufer zu entkommen; den deutschen
Truppen gegenüber war leicht ein Vorwand ge=
funden — er brauchte ihnen nur unterwegs zu
sagen, daß Maximilian aus Queretaro ausge=
brochen sei, und sie sich in der Nähe der Küste
mit ihm vereinigen wollten. Draußen fanden
sie auch Unterhalt genug, und daß sie ihre Bahn
ungehemmt verfolgen konnten, davon war er
überzeugt. Nur Geld mußte er haben, und was
nachher aus den Truppen wurde, wenn er sie
nicht mehr brauchte, was kümmerte das den
Schlächter von Tacubaya — es waren Fremde,
weshalb kamen sie überhaupt nach Mexico?

Langsam nickte er mit dem Kopfe — und
Santa Anna nachher? Aber welche Verpflich=
tungen hatte er gegen den? — ausgenommen

die Chancen zeigten sich vollkommen zu dessen
Gunsten — doch schien das nicht wahrscheinlich,
denn der Exdictator konnte, wie er das recht
gut wußte, auf keine wirklichen Sympathien im
Lande rechnen. Eine kleine Partei mochte wohl
noch an ihm hängen und auf ihn zählen, um
ihre eigenen Zwecke dabei zu verfolgen, aber diese
war nicht mächtig genug, um auf sie zu vertrauen
— man konnte sie höchstens, wenn es sich nö=
thig zeigen sollte, für einen Moment benützen.

„Es ist möglich, Monseñor," sagte er nach
einer kleinen Pause, in der ihn der Erzbischof
erwartungsvoll ansah, sich aber vergebens be=
mühte, das in seinen Zügen zu lesen, was jetzt
in seinem Innern vorging — „es ist vielleicht
ausführbar."

„Vielleicht?" rief Labastiba rasch — „es ist
ein sicherer Sieg, dem Sie entgegengehen, und
der Ihnen die beste Waffe in die Hand giebt,
Rache und Vergeltung an Juarez wie an den
Feinden der Kirche zu nehmen. Santa Anna ist
in diesem Augenblick nach dem Verrath Mira=
mon's an der Kirche der einzige Mann in ganz
Mexico, der nach des Kaisers Sturz über das
Volk verfügen kann, und Sie mit ihm vereint
sind unüberwinblich."

„Veremos-veremos" — nickte der General —
„wir können wenigstens den Versuch machen."

„Aber lange zögern dürfen Sie nicht!" rief
der Erzbischof — „die fremden Gesandten sind
nach Queretaro aufgebrochen, und wir wissen
nicht, welche Mittel sie finden, um den deutschen
Obristen Nachricht zu senden. Wir sind wenig=
stens keinen Tag mehr sicher."

„Nein — nein, ich weiß es!" rief Marquez,
„rebellisches Gesindel, die schon jetzt heimlich mit
dem Feind verkehrt haben — aber so geht es" —
rief er plötzlich, sich hoch emporrichtend, aus —
„über welche Geldmittel verfügen Sie, Mon=
señor?"

„Ich stelle Ihnen zwanzigtausend Pesos zur
Verfügung."

„In Gold natürlich?"

„In Gold."

„Gut" — nickte Marquez — „es ist freilich
nicht viel, aber ich denke, ich kann das Andere
in den nächsten Tagen zusammentreiben," und
ein boshaftes Lächeln zuckte dabei um seine Lip=
pen. „Bis wann haben Sie das Geld bereit?"

„Zu jeder Stunde — und außerdem noch
einen kleinen Vorrath Mais, den ich für m e i n e
Thiere aufgespart, mit dem Sie aber den Pfer=

ben, ehe Sie den Marsch antreten, ein gutes, reichliches Futter geben mögen.“

„Das ist nöthig,“ rief Marquez rasch — „aber das sparen wir bis für die letzte Stunde auf — und nun adios, denn mein Plan verlangt Vorbereitung und ich muß jetzt mit Minuten geizen.“

„Gott segne Sie,“ sagte der blut= und machtgierige Priester, indem er beide Hände gegen den hundertfachen Mörder erhob, und Marquez, der sich fromm und ehrfurchtsvoll bekreuzte und verneigte, verließ rasch den Saal.

Am nächsten Morgen in aller Frühe durcheilten eine Anzahl von Ordonnanzen die Stadt, die aber heute nur Privathäuser, und zwar die der angesehensten und reichsten Bewohner Mexicos aufsuchten. Sie überbrachten auch sämmtlich eine gleichförmig, aber sehr artig lautende Aufforderung an die verschiedenen Herren, sich nämlich um neun Uhr in dem Convent von Santiago, in dem gegen Guadelupe zu liegenden Fort, wo Marquez sein Hauptquartier hatte, einzufinden.

Was sie da sollten? Die Ordonnanzen zuckten auf die verschiedenen Fragen mit den Schultern. Sie wußten es nicht — es war nur der Befehl vom Obercommando, und sie baten die Herren, pünktlich zu erscheinen.

Roneiro, Lucido, Almeja, Rodriguez, alle diese Herren erhielten solche Einladungen — aber diese nicht allein, auch fast sämmtliche in Mexico angesessene fremde Kaufleute (Franzosen, Deutsche, Amerikaner, Engländer, selbst einige Consuln unter ihnen), und als sie nach und nach dort eintrafen, wurden sie hinauf in den Convent und in einen großen, langen und öden Saal, eine Art von Corridor geführt, der allerdings nicht wie ein Empfangszimmer für solche ausgewählte Gesellschaft aussah. Es befand sich weder Stuhl noch Tisch noch Bank darin, keine Gardinen an den Fenstern — gar nichts in dem ganzen weiten Raum als die öden Wände, die dadurch natürlich nicht freundlicher wurden, daß eine Anzahl von Soldaten unter Waffen auf dem vorderen Gang postirt standen — und auch dort blieben.

Es mochten in dem weiten Raum einige dreißig Herren versammelt sein und gingen jetzt, da sich überall Bekannte zusammen trafen, ihre Cigarren rauchend, auf und ab. Sie erwarteten auch nichts Anderes, als daß Marquez selber erscheinen und vielleicht eine Anrede an sie hal=

ten würde, die natürlich nichts Anderes be=
zwecken konnte, als eine Geldforderung an sie
zu stellen. Dahin verständigten sich übrigens
bald Alle untereinander, daß man dieser Re=
gierung, die in der That kaum selbst eine pro=
visorische genannt werden konnte, kein Geld mehr
anvertrauen dürfe, denn auf eine Wiederbezah=
lung wäre nie zu rechnen gewesen. Die nächsten
Tage schon mußten ja auch eine Entscheidung
bringen; die erste sichere, oder vielmehr officielle
Kunde, die von Queretaro kam, denn sichere
Kunde hatten sie schon von dort her — und dann
blieb dem jetzigen Obercommandanten von Mexico
Nichts auf der Welt übrig, als mit den Siegern
zu capituliren. Das Kaiserreich war gefallen,
und die jetzige kaiserliche Regierung in der Haupt=
stadt ja doch nur noch eine auf kurze Zeit künst=
lich, und sogar widerrechtlich hingehaltene.

Da trat ein Ordonnanz=Officier in den Saal.
Er hielt eine Anzahl von Zetteln in der Hand,
und sich mit einem derselben an den ihm nächst=
stehenden Herrn — es war Almeja, wendend,
sprach er einige Worte mit ihm, die aber eine
heftige Entgegnung von dessen Seite hervor=
riefen.

Hier schien eine Aufklärung der räthselhaften

Einladung zu folgen, und Alles drängte jetzt
herzu, um zu hören um was es sich denn eigent=
lich handle, denn was den Einen hier betraf,
interessirte sie wahrscheinlich Alle.

„Caramba, Señor," hörten sie jetzt, wie Al=
meja sagte, „General Marquez muß jedenfalls
glauben, daß ich in Gold schwimme, oder es auch
haufenweise bei mir im Hause liegen habe. Das
ist jedenfalls ein etwas unzarter Scherz, den sich
der General mit uns erlaubt."

„Was ist es, Almeja?" frug Lucido, der auf
ihn zuging — „was haben Sie?"

„Oh, Nichts," lachte der Angeredete — „nur
eine Kleinigkeit. General Marquez verlangt von
mir, daß ich ihm heute Morgen zwanzigtausend
Pesos auszahle."

„Zwanzigtausend Pesos?" riefen die ihm
Nächsten, viel weniger erstaunt als erschreckt, denn
im Stillen berechneten sich Alle gleich, was man
nach diesem Maßstabe jetzt von ihnen fordern
würde — „aber das ist ja nicht möglich!"

„Für die anderen Herren," sagte der Or=
donnanz=Officier ruhig, der wie ein Fels in dem
allgemeinen Sturm stand, „habe ich ebenfalls
die Karten — Señor Rodriguez hier die Ihrige."

„Zwölftausend Pesos," stammelte der Herr,

wie er nur. einen Blick darauf warf — „das
wäre nicht übel."

„Señor Roneiro — hier die Ihrige," fuhr
der Officier fort, ohne sich irre machen zu lassen
— „Señor Gonzales — Señor Galway — welcher
von den Herren ist das?"

„Ich heiße Galway," sagte eine nicht sehr
große aber sehnige Gestalt, ein Amerikaner, der
die Hände in den Taschen, den Hut hinten auf
dem Kopf, langsam herankam und den für ihn
bestimmten Zettel nahm. Kaum hatte er übri=
gens den Blick darauf geworfen, als er lachend
ausrief:

„Dreihundert Unzen? — ich wollte, ich wäre so
reich," und den Zettel mitten auseinander reißend,
drehte er sich ab und schritt der Thür zu. Der
Ordonnanz=Officier ließ ihn auch ruhig gehen,
so wie er aber dort, mit der größten Nonchа=
lance, die Soldaten passiren wollte, hielten ihm
diese einfach ihre Bajonnette vor, und die ver=
sammelten Herren, die sämmtlich aufmerksame
Zeugen dieser Scene gewesen, sahen jetzt deut=
lich, daß sie wirklich Gefangene waren und sich
in den Händen des gewissenlosesten Schurken
von ganz Mexico, in denen des General Marquez
befanden.

Der Officier hatte sich indessen um diese
Zwischenscene anscheinend gar nicht bekümmert;
nur ein leichtes, halb spöttisches Lächeln spielte
um seine Lippen, und ruhig vertheilte er indessen
die noch übrigen Zettel, die er in der Hand hielt,
an die Betreffenden. Jetzt stellte sich auch bald
heraus, daß Fremde wie Mexicaner ziemlich un=
parteiisch, wie man etwa ihre Vermögensverhält=
nisse abgeschätzt hatte, verurtheilt worden
waren (denn ein Zwangsanlehen konnte man
es nicht einmal nennen), so und so viel Tausend
Pesos Strafe für ihre Existenz zu zahlen.

Gutwillig fügte sich übrigens Keiner — die
Fremden beriefen sich auf ihre Ausnahmestellung
im Reiche, die Mexicaner auf ihre leeren und
schon durch den Krieg ausgesogenen Kassen, der
Officier hatte Nichts als ein Achselzucken für sie,
und sagte, als sich der erste Sturm gelegt zu
haben schien:

„Señores, ich erfülle hier nur die Befehle
meines Chefs — beruhigen Sie sich, es wird sich
Alles reguliren lassen. Hier in dem Nebenzim=
mer steht Schreibmaterial — ich werde augen=
blicklich Jemanden zu Ihnen senden, mit dem
Sie sich über die Summe, die Sie unmittelbar
zur Verfügung haben, verständigen können."

„Gut, Señor," rief Almeja — „dann erlau=
ben Sie uns aber auch, daß wir uns ohne Wei=
teres in unsere Geschäftslocale zurückverfügen
dürfen, um dort selber nachzusehen, denn dar=
auf wird h i e r Keiner von uns Allen vorbereitet
sein."

„D a s bedauere ich, verehrter Herr," erwie=
berte, wenn auch mit größter Höflichkeit, der
Officier — „betrachten Sie sich nicht etwa als
Gefangene, aber — mir ist strenge Ordre gewor=
den Sie hier zurück zu halten, bis Sie sich nicht
allein entschieden, sondern das auch vorher be=
stimmte Geld herbeigeschafft haben. Nehmen Sie
sich nur Zeit dazu," setzte er freundlich hinzu,
„Sie sollen gar nicht gedrängt werden — cor=
respondiren Sie mit Ihren verschiedenen Häusern,
vereinigen Sie sich untereinander."

„Und dazu dürfen wir dies Local nicht ver=
lassen?" rief Ronciro, der sich auf s e i n e m
Zettel ebenfalls mit einer runden Summe von
15,000 Pesos verzeichnet fand.

„Das allerdings nicht," sagte der Officier.

„Caramba Señor," sagte Almeja, bem der
Schreck über die 20,000 Pesos doch in die Glie=
ber gefahren war, indem er sich mit seinem Tuch
ben kalten Schweiß von der Stirn wischte, „das

ist — Sie nehmen mir das nicht übel, ein wunderliches Benehmen gegen Männer gerade, die ihr ganzes Leben eben der Partei gewidmet haben, zu der sich der General selber bekennt. Und geht die Ordre direct von ihm aus?"

„Direct von ihm, Señor."

„Und hat er selber die aufgeführten Namen gesehen?"

„Nicht allein das, Señor, sondern auch eigen= händig die beigefügten Summen ausgefüllt."

„In der That? — sehr freundlich und liebenswürdig von dem General — aber es ist doch kein Gedanke daran, daß wir die von uns verlangten Summen auch nur zahlen können, davon ganz abgesehen, ob wir die Handlung bil= ligen oder nicht, und uns für diese Regierung aufopfern möchten."

„Der betreffende Finanzbeamte wird augen= blicklich zu Ihrer Verfügung stehen, verehrter Herr —"

„Sehr schön — sehr schön," nickte Almeja, „und indessen wird uns dann wohl verstattet, es uns hier so bequem als möglich zu machen," setzte er mit einem bittern Blick auf die kahle und trostlose Umgebung hinzu. — „Caramba Señor, das ist eine unwürdige Behandlung, die

uns hier zu Theil wird, und wir haben es
wahrlich nicht gerade um General Marquez ver=
dient. Doch wie dem auch sei, wir werden uns
vor der Hand dem fügen müssen — dürfte ich
Sie nur jetzt," fuhr der alte Herr fort, indem
er sich überall im Zimmer umsah, „ersuchen,
einen Diener nach einer Flasche Wasser und
einem Glas zu senden. Mir klebt die Zunge
am Gaumen."

„Ich bedauere sehr, verehrter Herr," erwie=
derte der Officier mit äußerster Höflichkeit,
„Ihnen darin nicht willfahren zu können. Es
ist strenger Befehl gegeben, die Herren in keiner
Weise mit Lebensmitteln zu versorgen."

„Caramba!" rief Almeja aus — „auch selbst
kein Glas Wasser?"

„Auch selbst kein Glas Wasser," sagte der
Officier bestimmt — „es hängt ja von den Herren
ab, in kürzester Frist wieder auf freiem Fuß zu
sein." Damit empfahl er sich, nach einer ach=
tungsvollen Verbeugung gegen die Gefangenen.
Er gab sich aber nicht einmal die Mühe, den
Spott zu verbergen, der in seinen Zügen lag,
und ließ die Versammelten in nicht geringer
Aufregung zurück.

Im Nu hatte es sich nämlich im Saal aus=

15*

gesprochen, daß man Almeja selber ein Glas
Wasser verweigerte, es lag also auf der Hand,
wie man gegen sie vorzugehen gedachte; mit Höf=
lichkeit und dabei Folterzwang durch Hunger —
allerdings der schnellste Weg um zum Ziel zu
kommen. — Und trotzdem beschlossen einige der
Herren, es auf das Schlimmste ankommen zu
lassen. Der versprochene Finanzbeamte erschien
allerdings sehr bald und brachte die Furcht=
samsten dahin, sich rasch zu fügen. Er bestand
auch nicht fest auf den angegebenen, und viel=
leicht absichtlich so hoch gegriffenen Summen,
die, wie er recht gut wußte, in Wirklichkeit nicht
herbeigeschafft werden konnten. Er ließ fünfzig
und mehr Procent von seinen Forderungen ab,
erklärte aber auch dabei auf das bestimmteste,
daß Keiner der Herren den Convent, der indessen
von den draußen liegenden Liberalen unaufhör=
lich scharf beschossen wurde, verlassen dürfe, bis
er sich nicht der „nothwendigen Forderung der
Regierung" gefügt habe.

Einige der Herren weigerten sich aber trotz=
dem und erklärten, sie könnten und würden das
Geld nicht unter solchem Zwang herbeischaffen,
und man ließ sie dann auch ruhig gewähren, ja
bekümmerte sich gar nicht um sie.

Unter diesen befand sich auch der Amerikaner
Galway, einige Deutsche und einzelne Mexicaner,
die sich nicht denken konnten, daß das Ganze
mehr als eine freche Drohung sein würde; aber
die Nacht brach an — eine Forderung, die sie
stellten, nach Lebensmitteln ausschicken zu dür=
fen, wurde mit einfachem Achselzucken beantwortet;
dabei schien das Feuern von draußen heftiger
als je zu werden, und sogar dort, wo sie sich
befanden, konnten sie fühlen, wie die schweren
Kugeln gegen das Steingebäude schmetterten,
ohne daß bis jetzt eine derselben zu ihnen herein=
geschlagen wäre.

Sie baten jetzt die Soldaten, ihnen Matratzen
oder wenigstens eine Decke für die Nacht zu ver=
schaffen. — Die Leute schüttelten schweigend mit
dem Kopf, so gern sie auch wohl selber — gegen
eine gute Belohnung natürlich — bereit gewesen
wären, die verschiedenen Wünsche zu erfüllen.
Sie wurden zu streng überwacht und durften
ihre Posten nicht verlassen.

Einige der Gefangenen waren ältliche Herren,
die für ihre Gesundheit fürchteten, wenn sie,
noch dazu ohne Lebensmittel, gezwungen würden,
eine zweite solche Nacht durchzumachen — sie
gaben am nächsten Morgen nach. Das Geld

nachdem so viel als möglich abgehandelt, wurde
herbeigeschafft, und man entließ sie dann mit der
größten Artigkeit.

Galway, auf seine Nationalität trotzend, hielt
noch bis zuletzt aus, aber auch er fand bald,
daß ihm die ganzen Vereinigten Staaten Nichts
nützen konnten, wenn er hier verhungerte, und
nachdem er seinen Beitrag auf hundert Gold=
unzen heruntergehandelt hatte, zahlte er ebenfalls.

* * *

Am 9. Juni, etwa nach Mitternacht, gab
Marquez plötzlich den Befehl, daß alle Adjutan=
ten ihre Pferde bereit halten sollten — Orbon=
nanzen flogen nach allen Richtungen, und etwa
gegen zwei Uhr kam der Befehl zum Aufsitzen.

Marquez, ein großer Theil der Generale und
sämmtliche Adjutanten mit ihren Ordonnanzen
versammelten sich (etwa vierzig Pferde zusammen)
im Kloster San Jago und ritten von dort aus,
ohne daß Jemand, als die oberen Befehlshaber
vielleicht, eine Ahnung gehabt hätte, was beab=
sichtigt wurde. Galt es nur eine Recognosci=
rung, einen ernstlichen Ausfall, einen Durchbruch
vielleicht gegen Queretaro? — Die Leute zer=
brachen sich darüber den Kopf. Da rasselte plötz=

lich die Artillerie durch die Straßen heran, die
Rifleros de la Frontera und die Gensdarmerie
folgte, die Husaren schlossen sich an, und es blieb
jetzt keinem Zweifel mehr unterworfen, daß irgend ein entscheidender Schlag ausgeführt und
gewagt werden sollte. — Aber das konnte nicht
gegen Queretaro gehen, denn bei der Calzada
S. Antonio Abad, gerade nach Süden zu, ging
der Zug, und Queretaro lag im Norden, oder
wollte Marquez den Feind täuschen, und nachher
erst die Schwenkung machen?

Draußen, unmittelbar vor der Stadt wurde
Halt gemacht und das Ausfallscorps geordnet,
bis etwa drei Uhr Morgens die Jäger den Befehl
erhielten vorzubringen und sich in wildem Ansturm gegen die nächste Schanze zu werfen. Aber
mit heftigem Gewehrfeuer wurden sie empfangen
und konnten nicht, trotz allem Heldenmuth, in
die mit tiefen Gräben umzogenen Befestigungen
gelangen.

Jetzt donnerten die rothen Husaren heran
und Allen voran ihr wackerer und heldenmüthi-
ger Führer Graf Khevenhüller — umsonst —
Rittmeister Schäbler erhielt gleich beim ersten
Anprall einen Schuß mitten in die Stirn, und
ein furchtbares Kleingewehrfeuer, von sausenden

Granaten unterstützt, zeigte den Stürmenden nur
zu deutlich, daß sie es mit einer unverhältniß=
mäßigen und noch dazu wohlvorbereiteten Ueber=
macht zu thun hatten.

Nach fast vierstündigem Gefecht und Klein=
gewehrfeuer sah Marquez, daß ein Durchbruch
nicht möglich sei — er gab den Befehl zum
Rückzug, und das blutige Feld von Todten und
Verwundeten bedeckt, von dem jetzt siegreichen
Feind verfolgt, wurde die Truppe in die Stadt
und hinter die Wälle zurückgetrieben.

Marquez hatte in seiner Begleitung zwei
schwer bepackte Maulthiere, denen er nicht von
der Seite wich, und hinter ihnen ritt er erst sel=
ber wieder in die garrita ein.

9.

Fluchtversuche.*)

In derselben Zeit, in der Marquez sein fre=
velhaftes Spiel in der Hauptstadt trieb, und
Menschenleben muthwillig in die Schanze schlug,
nur um seine eigenen selbstsüchtigen Pläne zu
fördern, erwartete Kaiser Maximilian im Ge=
fängniß von Queretaro das Kriegsgericht seiner
Feinde und hatte schon fast mit dem Leben ab=
geschlossen.

Der Kaiser war, da längerer Widerstand auf
dem Cerro de las Campanas Wahnsinn gewesen,
und das kleine Häufchen seiner Getreuen sich
ergeben hatte, nach der Cruz, als dem festesten

*) Wenn ich hierbei manche Namen verändert habe, so
geschah es nur, um noch in Mexico Lebenden keine Unan=
nehmlichkeiten zu bereiten.

Platz gebracht werden, und wurde dort natürlich
scharf bewacht, aber Escobedo selber hatte be=
fohlen, ihm jede mögliche Bequemlichkeit zu ge=
statten, von denen ihm freilich wenig genug
geblieben schien. Sein Zimmer hatte man, mit
Ausnahme des Feldbettes und eines Fauteuils,
rein ausgeplündert — seine silberne Waschtoilette
stahl Lopez eigenhändig, aber man gestattete dem
Kaiser wenigstens den Verkehr mit seinen ge=
treuen Mitgefangenen und überhaupt jede Frei=
heit, die sich mit seiner Lage eben vertrug.

Freilich drängten sich auch viele Officiere
hinzu, um den Maximiliano de Habsburgo mit
eigenen Augen zu sehen, und Viele waren ihm
lästig — Manche aber auch lieb, wie z. B. Obrist
Gallardo, der nicht zuerst die Hand an den
Monarchen legen wollte und ihn passiren ließ.

Alle diese Officiere erzählten aber jetzt auch
freimüthig den schändlichen, nichtswürdigen Ver=
rath, durch den sie, von Miguel Lopez geleitet,
die Cruz und damit Queretaro genommen, was
der Kaiser im Anfang gar nicht glauben wollte.

„Ist es denn möglich, ist es nur denkbar,"
rief er aus, „daß Lopez, Lopez, an dem ich
Alles gethan, ein solcher nichtswürdiger Schurke
sein konnte! Und in demselben Augenblicke, wo

seine Helfershelfer schon bereit standen, wo
Alles vorbereitet war, um mich, seinen Wohl=
thäter, zu verderben, kommt er herein zu mir,
nimmt von mir die Tapferkeitsmedaille und küßt
mir dafür die Hand — wahrlich ein Judaskuß
dem, den er schon verrathen hatte — pfui über
den Menschen! — Und was wird jetzt mit ihm?"

„Que quiere, Majestät," sagte Gallardo —
„solche Menschen benützt man, wenn man sie
gerade braucht, aber giebt ihnen nachher einen
Tritt. Ich traf ihn heute, und er hatte die
Frechheit mich anzureden und mich zu bitten, ihm
zu einer Stelle behilflich zu sein — ich sagte
ihm aber: die einzige passende Stelle, die ich
für ihn wüßte, sei an einem Baum mit einem
Strick um den Hals. Ich glaube, er wird uns
hier nicht lange lästig fallen."

„Und Marquez?"

„Hält sich noch in Mexico mit Hilfe der
europäischen Truppen und veröffentlicht alle
Tage Berichte, daß Sie mit der Armee unter=
wegs wären und zum Entsatze kämen."

„Aber er hatte neue, strengere Befehle, ohne
Säumen hierher nach Queretaro mit der Caval=
lerie zu kommen."

„War ein Glück für uns, daß er es nicht

that," ſagte ein anderer der Officiere, „ſo hat
er ſich gefallen, ſelber Kaiſer in der Hauptſtadt
zu ſpielen, über die er viel Elend gebracht. Ich
weiß nicht wer ſchlimmer iſt, er oder Lopez."

„Von Allen verrathen," murmelte der
Kaiſer bitter vor ſich hin, „von Allen, auf die
ich zählen mußte, weil ich ſie für meine Freunde
hielt. Von den Pfaffen — das wundert mich
nicht — das iſt deren Natur — von den Fran=
zoſen — ich war ein Thor, ihnen zu glauben —
nur das ſchmerzt, ſolche Undankbarkeit von denen
zu erleben, für die wir Alles gethan, was in
unſeren Kräften ſtand."

Er blieb an dem Tag ſehr niedergeſchlagen.
Ueberhaupt trat jetzt, nachdem die erſte Aufregung
vorüber war, ein Grad der Erſchlaffung ein,
indem ſich auch ſein altes Leiden wieder ein=
ſtellte. Der mexicaniſche Militärarzt, den man
Klugheit halber noch zugezogen, trug jetzt dar=
auf an, daß der Kaiſer eine andere Wohnung
angewieſen bekomme, und man brachte die Ge=
fangenen dann, aber unter ſtrenger Bewachung,
in das Kloſter Tereſita.

Ein Befehl war indeſſen erlaſſen, daß ſich
alle kaiſerlichen Officiere, die noch verſteckt lagen,
melden ſollten, oder man würde ſie, wenn ſie

nachträglich entdeckt würden, ohne Weiteres todt=
schießen. Einige thaten es, Mendez aber, der
recht gut wußte, daß s e i n Leben doch verfallen sei,
sobald man nur seiner habhaft werde, blieb ver=
borgen, wurde aber natürlich von seinem eigenen
Diener für Geld verrathen und augenblicklich zur
Execution hinausgeführt — und dazu schienen
die Liberalen allerdings berechtigt.

Mendez war es gewesen, der nur nach dem
Gerücht des October=Decrets, und ehe es noch
selbst gesetzlich in Kraft getreten, die beiden
mexicanischen Generale Arteaga und Salazar
hatte erschießen lassen.

Man brachte ihn nach der äußeren Mauer
der Plaza de Torros, in der Nähe der Alameda,
wo er von einem Detachement der Cazadores de
Galeano v o n r ü c k w ä r t s erschossen werden
sollte, wie es in Mexico mit Personen geschieht,
die von der Gegenpartei des Verrathes bezichtigt
werden. Mendez wollte sich aber durchaus nicht
in diese Stellung fügen. Auf einem Knie ruhend,
drehte er sich um als es knallte, hob den Hut
in die Höhe, rief Viva Mexico und fiel auf das
Gesicht. — war aber nicht todt und bei voller Be=
sinnung, denn er zeigte mit dem Finger hinter
das Ohr, um anzudeuten, daß man dorthin

schießen und ihn tödten möge — was auch einer
der Cazadores that. *)

Escobedo ist fast in allen über Mexico er-
schienenen Büchern als ein grausames Scheusal
dargestellt worden, dessen Drängen allein Juarez
habe nachgeben müssen, um des Kaisers Tod zu
befehlen. Nach Allem aber, was ich selber an
Ort und Stelle über ihn gehört, und was auch
außerdem aus allen den Schriften, die ihn sonst
schmähen, hervorleuchtet, ist das nicht allein nicht
der Fall, sondern er hat sich sogar in Allem, was
den unglücklichen Gefangenen betraf, höchst ehren-
haft und sogar theilnehmend bewiesen, und war
entrüstet darüber, als er erfuhr, daß einer seiner
Generale den Kaiser für eine Nacht in die Todten-
gruft des Klosters gesperrt hatte.

Es war ihm auch von der höchsten Regierung
anfangs der Befehl geworden, alle höheren Officiere auf der Stelle erschießen zu lassen; aber
er hatte sich nicht allein geweigert, ihn auszuführen, sondern machte Juarez selbst Vorstellungen, daß etwas Derartiges ohne vorhergegan-
genes Rechtsverfahren nicht zulässig wäre.

Daß Grausamkeiten in seinem Heer verübt

*) Prinz Salm: „Queretaro".

worden sind, liegt im mexicanischen Charakter,
und er kann nicht dafür verantwortlich gemacht
werden, denn es ist sehr die Frage, ob er darum
wußte. Marquez ließ auch — auf dem Zug
nach Queretaro die unterwegs gefangenen Gue=
rillas, die den Zug aufhalten wollten, heimlich
und gegen den Befehl Maximilian's erschießen,
und es wird Niemandem einfallen, deshalb dem
Kaiser einen Vorwurf zu machen. Außerdem
liegt jeder Grund vor, zu glauben, daß Esco=
bedo um spätere Fluchtversuche des Kaisers wußte
und schwieg, oder doch Nichts sah, so lange es
eben möglich war.

Die Theilnahme, die des Kaisers Schicksal
indessen im Land erweckte, war allgemein, und
steigerte sich, als man anfing an seiner Begna=
bigung zu zweifeln.

Nach Queretaro war indessen auch ein in
Mexico ansässiger amerikanischer Kaufmann
Thomson gekommen, den seine Reisen bis nach
San Louis und in das Hauptquartier von Juarez
geführt. Er mochte auch dort wohl die Gewiß=
heit erhalten haben, daß an eine Rettung Maxi=
milian's nicht mehr gedacht werden dürfe, wenn
er nicht im Stande sei, „sich selber zu helfen".
Man besprach es wenigstens dort ziemlich offen,

daß Juarez wohl leicht bewogen werden könne,
seinen Tod in Verbannung zu verwandeln, daß
aber sein, bei ihm allmächtiger Minister Lerdo
de Tejada auf dem Tode Maximilian's aus po=
litischen Gründen fest bestehe, und davon nicht
wanken und weichen wolle.

Thomson, ein nichts weniger als poetischer,
aber durchaus praktischer Kopf, faßte da den Ent=
schluß, den Kaiser, wenn es irgend möglich sei
— und was ist in Mexico mit Geld nicht möglich
— zu befreien, und reiste zu dem Zweck nach
Queretaro, wo es ihm leicht gelang, Zutritt zu
Maximilian zu bekommen. Escobedo legte Nie=
mandem Etwas in den Weg, und wo er selber
persönlich um eine Gunst für den Kaiser an=
gegangen wurde, bewilligte er sie stets, ja er
hatte sogar schon eine längere Unterredung mit
Maximilian gehabt, um Unterhandlungen mit
Juarez zu seinen Gunsten einzuleiten.

Der Kaiser empfing Thomson gütig wie alle
Uebrigen, und schien nur stutzig zu werden, als
dieser seinem Fluchtplan Worte gab. Stand es
wirklich so schlimm mit ihm, daß man schon an
etwas Derartiges denken mußte? Thomson übri=
gens, auf einen Widerstand oder ein Zögern
vorbereitet, ließ ihm den ersten Tag Ruhe, den

Vorschlag zu überdenken, und kam erst am näch=
sten darauf zurück. Er selber hatte sich unter=
dessen mit den gewöhnlich Wache haltenden Of=
ficieren bekannt gemacht, und sich bald überzeugt,
daß es gar so keine große Mühe kosten würde,
diese Herren zu kaufen.

Einmal gab es wirklich nur sehr wenig ganz
rohes Officiersvolk unter den Liberalen, das sich
an der Gefangenschaft des Kaisers und auf seinen
Tod freute — die Meisten nahmen mehr oder
weniger Theil an dem Schicksal eines Mannes,
von dem sie von Tag zu Tag mehr gute und
edle Züge erzählen hörten, und — hatten außer=
dem eine unüberwindliche Schwäche für die lan=
desübliche Münzsorte.

Der Kaiser äußerte gleich anfangs zwei Be=
denken gegen einen Fluchtplan. Erstlich war es
ihm, wie er sagte, ein unangenehmes Gefühl,
„davonzulaufen" — und dann könne er gar
nicht daran denken, ohne die mit ihm am mei=
sten Gefährdeten, wie Miramon, Mejia und
Prinz Salm, zu entfliehen, und das bot aller=
dings schon mehr Schwierigkeiten, war aber
trotzdem durchzuführen.

Prinz Salm wurde mit in das Geheimniß
gezogen und ging rasch und freudig auf den

Plan ein. — Alles, nur nicht der Gefangene
dieser Menschen und von ihrer Willkür abhängig
bleiben — aber der Kaiser schwankte. — Er hielt
es nicht mit seiner „militärischen Ehre" verträg-
lich, und der Prinz hatte Mühe genug, ihn zu
überzeugen, wie er der gerade genug gethan,
und auch noch andere Pflichten habe, um sein
Leben zu erhalten.

Dem Prinzen gelang es dabei, ohne besondere
Schwierigkeit, den Officier für sich zu gewinnen,
der am häufigsten die Wache hatte. Die Garnison von Queretaro war nämlich schon sehr zu-
sammengeschmolzen, da man alle entbehrlichen
Truppen nach der Hauptstadt dirigirt hatte, um
dort die Belagerung und Einnahme derselben zu
unterstützen.

Der Kaufmann Thomson war indessen auch
nicht müssig gewesen und hatte für Pferde und
Waffen gesorgt, um sie zu der noch später zu be-
stimmenden Zeit bereit zu halten. Geld besaß
der Kaiser noch für die nächsten Ausgaben, um
seinen Rettern wenigstens eine Abzahlung zu
machen. — Das Uebrige sollte dann angewiesen
werden.

Der erste Officier mußte übrigens noch einen
zweiten gewinnen, ohne dessen Mithilfe die Flucht

nicht bewerkstelligt werden konnte, und Alles
schien sich so günstig als möglich zu gestalten.

In dieser Zeit traf die Prinzessin Salm in
Queretaro ein, der es nach unsagbarer Mühe
und Ueberwindung aller möglichen Schwierig=
keiten endlich gelang, ihren Gatten aufsuchen zu
dürfen.

Thomson hatte davon gehört und sich wieder
Zutritt zu dem Kaiser zu verschaffen gewußt, dem
er einmal Bericht abstatten und dann eine drin=
gende Bitte an's Herz legen wollte.

Der Kaiser empfing ihn wie immer freund=
lich, und nach kurzer Einleitung sagte er dann:

„Es steht Alles gut, Majestät — Prinz Salm
hat tüchtig vorgearbeitet, die nöthigen Officiere
sind gewonnen, so daß wir bereit sein müssen,
schon in nächster Zeit auszubrechen, aber eine
Bitte habe ich an Sie.“

„Und die ist, lieber Thomson?“

„Wie ich heute gehört habe, ist eine Dame
eingetroffen, die Prinzessin Salm. — Wenn
Ihnen an dem Gelingen unserer Flucht auch
nur das Geringste liegt, so theilen Sie ihr keine
Sylbe über unsern Plan mit, oder gestatten ihr
gar, daß sie sich hineinmischt.“

„Sie irren sich, Thomson,“ sagte der Kaiser.

16*

— „Die Prinzeſſin iſt uns treu und aufrichtig
ergeben und an Verrath nicht zu denken.‟

„Davon ſpreche ich nicht, Majeſtät, und
fürchte keinen Verrath von ihrer Seite,‟ ſagte
Thomſon, „wo aber bei einer ſolchen Sache Da=
men die Hand mit im Spiel haben, geht es je=
des Mal ſchief, denn ſie können den Mund
nicht halten.‟

„Ich glaube, die Prinzeſſin kann ſchweigen,
wo ſie will.‟

„Möglich,‟ ſagte Thomſon nach einigem Zau=
dern, „aber — ich habe in meinem Leben nichts
Beweglicheres und Unruhigeres geſehen, als dieſe
Dame iſt — ich kenne ſie ſchon von Mexico her.
Sie wechſelte dort fortwährend aus der Stadt
in das feindliche Lager und zurück —‟

„Um Vermittlungsverſuche zu machen.‟

„Ich weiß es, aber ſie trieb es in einer ſo
raſtloſen Weiſe, daß ſie Porfeirio Diaz zuletzt
ausweiſen ließ und ihr nur ſchwer die Erlaub=
niß gab, nach Queretaro zu gehen. Sie würde,
mit allem Eifer für die Sache, hier mehr ver=
derben als gut machen, und ich bitte Euer Ma=
jeſtät dringend, mir nur hier zu folgen.‟

„Wenn ihr nur der Prinz ſelber nicht ſchon
davon geſprochen hat!‟

„Dann gebe ich keinen Claco für unsern ganzen Plan."

Der Kaiser lachte. „Sie haben schlechtes Vertrauen auf weibliche Bundesgenossen, und doch leisten sie manchmal vortreffliche Dienste."

Thomson schüttelte mit dem Kopf. „Ich will wünschen, daß ich mich irre, Majestät," sagte er, „aber das Beste wäre, daß wir sie auf kurze Zeit von hier entfernten — es arbeitet sich besser."

„Ich werde mit dem Prinzen sprechen," sagte der Kaiser nach kurzem Nachdenken, „aber gerade die Prinzessin scheint mir sehr resolut."

„Das ist sie," bestätigte Thomson. — „Ich glaube nicht, daß es noch eine zweite Dame in Mexico giebt, die mehr Strapazen erträgt — und durchmacht, und kein Cavallerist sitzt fester im Sattel als sie, aber Alles was ich fürchte, ist übertriebener oder verkehrter Eifer, und außerdem ist sie der spanischen Sprache gar nicht mächtig. — Wie gesagt — ich bitte Majestät bringend, sich nicht mit ihr einzulassen."

„Schön, schön, lieber Thomson, wir wollen die Sache bedenken. Sie haben vielleicht Recht, und wenn das Unglück nicht schon geschehen ist, soll sie von mir Nichts darüber erfahren — oder doch jedenfalls zur Vorsicht ermahnt werden."

Damit war vor der Hand Nichts weiter zu
thun und Thomson kehrte in die Stadt zurück,
um noch nöthige Anordnungen zu treffen.

Am nächsten Morgen besuchte die Prinzessin
den Kaiser wieder, aber er brauchte Nichts mehr
an sie zu verrathen, denn sie wußte schon Alles
von ihrem Gatten und — schien mit dem Plan
nicht einverstanden. Sie hatte den einen Officier
gesehen und traute ihm nicht — die Leute woll=
ten nur Geld erpressen, weiter Nichts — bei einem
solchen Vorhaben müsse man sich an h ö h e r e
Officiere wenden, die auch wirklich eine Flucht
sichern könnten — diese unteren Officiere hingen
ja nur von einem Befehl ihrer Oberen ab, der
— selbst zufällig gegeben, die ganze Sache über
den Haufen werfen konnte. -- Auch diesem Thom=
son, den sie kennen gelernt hatte, traute sie nicht
— es war aber möglich, daß er es ehrlich meine,
wenn auch immer mit ihm gewagt.

„Aber Prinzessin, Sie sehen zu schwarz,"
sagte der Kaiser freundlich — „es ist wahr, ich
bin jetzt von Verrath umgeben gewesen, aber
soll es denn gar keine ehrlichen Menschen auf
der Welt mehr geben?"

„Gut, Majestät," sagte die Prinzessin, „als=
dann versprechen Sie mir wenigstens, vorher nach

Baron Magnus und einigen tüchtigen Rechts=
gelehrten zu senden, und — hören Sie erst deren
Meinung — ich will mit Freuden selber nach
Mexico reisen und sie holen."

„Sie wollen diese böse und gefahrvolle Reise
für mich machen?" sagte der Kaiser herzlich —
„wie kann ich das Alles Ihnen danken."

„Alles, Alles will ich für Sie thun," rief
die Prinzessin leidenschaftlich, „aber folgen Sie
nur dieses Mal meinem Rath, Majestät. Mein
Leben gäbe ich ja so gern für das Ihre hin,
wenn ich es damit erkaufen könnte, aber — mir
sagt eine Ahnung, daß Sie den Weg zur Flucht,
den sie mit Hilfe dieser Menschen suchen, nicht
offen finden werden. Aber einmal die Sache
mißglückt, und Sie sind verloren, denn ein zwei=
tes Mal wird man Ihnen keine Gelegenheit mehr
geben. Warten Sie die Gesandten ab."

„Aber indessen geht die Sache hier ihren
Gang," sagte der Kaiser. „Juarez drängt und
die Gesandten werden zu spät eintreffen."

„Und ist es nicht möglich Aufschub zu er=
langen?"

„Man müßte sich an Juarez selber wenden
— und wer kann das thun?"

„Das ist dann das Wichtigere," rief die

Prinzeſſin, augenblicklich bereit, irgend welchen
ſchwierigen Auftrag zu übernehmen. — „Laſſen
Sie mich machen, Majeſtät," fügte ſie mit herz=
gewinnendem Lächeln hinzu — „ich habe es mir
nun einmal in den Kopf geſetzt, Sie zu retten,
und was ich unternehme, führe ich auch ſicher
durch."

„Täuſchen Sie ſich nicht, Prinzeſſin," ſagte
der Kaiſer gutmüthig. — „Sie würden da viel=
leicht das Unmögliche verſuchen — doch veremos — wunderbarere Dinge ſind geſchehen."

Die Prinzeſſin führte ihren Vorſatz in der
That durch. Der Obriſt Villanueva bei den
Liberalen, der aber ganz durch die Ueberredung
der Prinzeſſin ihrer Seite gewonnen worden,
rieth jetzt ſelber dem Kaiſer, ein paar Zeilen an
Juarez zu ſchreiben und ihn um 14 Tage Auf=
ſchub zu bitten, um ſowohl ſeine Vertheibiger
von Mexico kommen zu laſſen, als auch alles
nöthige Material herbeizuſchaffen, und es gelang
der Dame bei einer perſönlichen Zuſammenkunft
mit Juarez, zu welchem Zweck ſie beſonders die
beſchwerliche Tour nach Luis Potoſi machte, ihm
wenigſtens drei Tage Aufſchub abzuringen. In=
deſſen war nach Mexico telegraphirt worden, um
den preußiſchen Geſandten herbeizurufen, da

sich der österreichische als völlig unbrauchbar und nutzlos zeigte. Er war ein diplomatischer Schattenmann voller Furcht und Bedenken, eine adelige Puppe, wie sie leider nur zu oft in fremde Welttheile geschickt werden, um das deutsche Volk dort würdig zu vertreten. Diese Leute sind völlig nutzlos in der Heimath, und man ist da thöricht genug, sie nach außen als Repräsentanten zu schicken, wo sie auch eine Weile eine Rolle spielen, bis wirklich einmal etwas Ernstliches von ihnen verlangt wird. Dann tritt ihre Nutzlosigkeit zu Tage, und sie ziehen sich später mit ein paar unverdienten Orden mehr und einer großen Pension in's Privatleben zurück.

Die Prinzessin kehrte nach sehr kurzer Zeit mit der Ordre des Aufschubs, der dem Proceß eine längere Dauer gab, zurück, war aber sehr unglücklich als sie hörte, daß die Flucht doch ausgeführt werden sollte, und versuchte nochmals aber umsonst ihre Beredsamkeit an dem Kaiser, der jetzt fest entschlossen schien den Versuch zu wagen. Es war Alles vorbereitet, auch die Reise der Prinzessin nach Mexico sollte verschoben werden, bis man wußte, ob die Flucht gelingen werde oder nicht.

Ein dritter Officier hatte indessen in das

Geheimniß gezogen werden müssen, und am
2. Juni traf Alles so günstig zusammen, daß diese
drei gerade die Wache hatten. Es wurde nun
auch definitiv festgestellt, daß die Flucht in der
nächsten Nacht stattfinden solle.

„Außer durch die Cavalleriewache an der
Treppe," erzählt Prinz Salm, „und die Infan=
teriewache vor dem Thor des Klosters wurden
die Gefangenen durch keine andere bewacht. Die
Officiere waren gewonnen, und die Soldaten
folgten ohne zu denken den Officieren. Der
Rittmeister nahm sogar eine Escorte mit. In
der Stadt lagen nur einige Truppen in den
Häusern zerstreut, und die Straßen wurden nicht
später als bis eilf Uhr von kleinen Infanterie=
Patrouillen durchzogen. Vor der Stadt standen
keine Posten und keine Truppe überhaupt zwischen
dort und der Sierra Gorda."

An diesem Tage kam Miramon's Gemahlin
nach Queretaro und es wurde ihr gestattet, ihren
Mann zu sehen, aber um ein Uhr traf eine tele=
graphische Depesche von Mexico ein mit der Nach=
richt, daß Baron Magnus mit den beiden ersten
Advocaten Mexicos, Martinez de la Torre und
Riva Palacio, unterwegs sei.

Die Prinzessin hatte sich die größte Mühe

gegeben, den Kaiser noch zu bewegen, wenigstens
die Ankunft der Gesandten und der Advocaten
abzuwarten, aber er schien diesmal entschlossen
zu fliehen, denn er ahnte was ihm bevorstand,
und wollte es nicht abwarten.

Unruhig ging er an dem Nachmittag in sei=
nem Zimmer auf und ab — alle Vorbereitungen
waren getroffen und nur die Nacht mußte abge=
wartet werden, um Queretaro unter starker Be=
gleitung und fast ohne Gefahr zu verlassen. Da
verlangte eine alte Frau zu dem Kaiser gelassen
zu werden, die, wie sie sagte, einige Kuchen für
ihn gebacken hatte und sie ihm selber bringen
wolle. Er war immer gut mit den armen Leu=
ten gewesen, und wenn sie auch arm sei, wolle
sie ihm doch ihre Dankbarkeit zeigen.

Die Soldaten ließen sie durch, blieben aber
— wie ihr Befehl lautete, bei der offenen Thür
stehen, und die Alte reichte jetzt dem, darüber
allerdings überraschten Monarchen das kleine
Körbchen, indem sie ihn bat, die dürftige Gabe
freundlich anzunehmen. Von den Soldaten un=
bemerkt, schob sie aber dabei das eine Brödchen,
während ihr Blick den Kaiser traf, ein wenig
vor — es war das jedenfalls ein Zeichen, schüt=
tete die Brödchen dann aus, und jedes Geschenk

verweigernd, eilte sie, so rasch sie konnte, wieder zurück und auf die Straße.

Maximilian kannte aber schon diese Art, kleine Zettel in Brod zu verstecken — er hatte mehrere in der nämlichen Weise erhalten, und wie er sich nur unbemerkt wußte, brach er das bestimmte Bröbchen auf. Ein unheimliches Gefühl beschlich ihn jedoch dabei — was für eine Nachricht konnte es sein, die ihm jetzt noch mit solcher Vorsicht gesandt wurde, wo er fast offen mit allen seinen Freunden verkehren durfte — etwas Gutes schwerlich — und seine Ahnung hatte ihn nicht getäuscht. In dem Bröbchen war allerdings ein kleiner Zettel verborgen, auf dem aber nur, mit augenscheinlich verstellter Handschrift die Worte standen:

„Hüten Sie sich — die Leute, mit denen Sie fliehen wollen, sind Verräther."

Ein recht wehes, bitteres Lächeln zuckte um des Kaisers Lippen, als er die Worte las und den Zettel dabei fast unbewußt in lauter kleine Stückchen zerpflückte.

„Alles Verräther," — murmelte er endlich halblaut vor sich hin — „alles Verräther — giebt es denn keinen ehrlichen Menschen mehr in Mexico?"

Er ging von jetzt an mit raschen Schritten
in seinem kleinen Gemach auf und ab — nach=
denkend die Hände, wie er es gewöhnlich that,
auf den Rücken gelegt und den Kopf etwas ge=
senkt — endlich schickte er nach Prinz Salm, der
rasch zu ihm eilte.

„Lieber Salm," sagte er, jetzt wieder voll=
kommen ruhig, „da die Gesandten unterwegs
sind, ist die Reise Ihrer Frau nach Mexico un=
nütz geworden. Außerdem habe ich beschlossen,
daß wir in dieser Nacht nicht fliehen wollen."

„Majestät!" rief Salm wirklich erschreckt aus,
„das kann nicht Ihr Ernst sein — Alles ist
vorbereitet — Alles — Sie brauchen nur Ihr
Zimmer zu verlassen, aufzusitzen und davon zu
reiten. Sämmtliche Officiere, die heute die
Wache haben, sind gewonnen, ich bitte Sie drin=
gend von diesem unglückseligen Gedanken abzu=
stehen."

„Es geht nicht, lieber Salm," entgegnete aber
der Kaiser freundlich — „denken Sie nur, was
die fremden Gesandten sagen würden, wenn sie
von Mexico hier ankämen und ich ihnen durch=
gegangen wäre."

„Ihrem Gott würden sie danken," rief Prinz
Salm eifrig, „denn damit wäre ja Alles erreicht,

was sie jetzt nur vielleicht mit vieler Mühe — oder gar nicht — erstreben könnten. Oh, Majestät, ich bitte Sie bringend, folgen Sie nur dies e i n e Mal meinem Rathe — Sie befinden sich in größerer Gefahr, als Sie vielleicht glauben!"

„So schnell geht es nicht, lieber Salm," lächelte der Kaiser, „und dann — habe ich auch Ihrer Frau versprochen, hier zu bleiben, bis die Gesandten eintreffen — mein Versprechen muß ich doch halten?"

„Majestät!" rief Prinz Salm bewegt, „meine Frau kann Ihnen kein solches Versprechen abgenommen haben — und sicher nicht für den Fall, daß Sie sich früher retten würden. Alles, was sie will, ist ja doch auch nur, Sie in Freiheit und Sicherheit zu sehen."

Der Kaiser schüttelte den Kopf. — „Bitte, sprechen Sie mit den Officieren — wir müssen es auf einen andern Abend verschieben, auf ein paar Tage kommt es ja doch nicht an."

Prinz Salm ging, kehrte aber bald zurück, um dem Kaiser auf's Neue Vorstellungen zu machen. Die Officiere waren außer sich, denn sie wollten einmal das ihnen versprochene Geld verdienen, und dann lag ihnen auch daran, von

hier fortzukommen. Es wußten zu viele Per=
sonen um den Fluchtplan — jetzt sei die Sache
noch ein Geheimniß und die Ausführung so gut
wie gelungen, allein eine Gelegenheit wie die
heutige komme nie wieder.

Es war umsonst. So leicht sich der Kaiser
sonst zu irgend Etwas bereden ließ, heute gab er
nicht nach.

„Wo ist Thomson?" frug er nach einer klei=
nen Weile.

„Thomson, Majestät, ist heute Mittag abge=
reist, um nicht nach gelungener Flucht in den
Verdacht der Beihilfe zu kommen. Er konnte
auch hier Nichts mehr nützen, denn es ist Alles
so durchaus geordnet und vorbereitet, daß für
ihn Nichts mehr zu thun blieb. Wenn Majestät
nur wollten —"

„Heute nicht, lieber Salm — heute nicht
— die Herren müssen ja in den nächsten Tagen
kommen."

Die Nacht verging — und der Kaiser blieb
Gefangener — der günstige Moment war ver=
strichen.

Wie er dem Drängen der treu an ihm hän=
genden Officiere nicht nachgegeben hatte, als
er noch aus Queretaro ausbrechen konnte —

bis es zu spät war — so auch hier. Zu spät!
zu spät!

Am nächsten Tage schon zeigten strengere
Maßregeln und die Entfernung der früheren
Wachen, daß Escobedo Alles wissen mußte —
wenn er es nicht schon früher gewußt hatte.

Prinz Salm wie alle übrigen Officiere wur=
den von dem Kaiser getrennt und im Casino
untergebracht, wie ebenfalls unter strenge Be=
wachung und Aufsicht gestellt, die sogar so weit
ging, daß man ihnen nicht einmal mehr ein Eß=
besteck erlaubte.

Als Doctor Basch, der ebenfalls vom Kaiser
getrennt gewesen war, aber sehr bald wieder die
Erlaubniß erhielt, zu ihm zu gehen, bei ihm
eintrat, sagte ihm Maximilian, indem er mit
ihm über die jetzt vollständig gestörten Flucht=
pläne sprach: „Das haben wir nur den Weibern
zu verdanken — ich glaube, die Miramon muß
geschwätzt haben."*)

Die nächsten Tage vergingen in großer Un=
ruhe, denn das Kriegsgericht sollte seine Sitzun=
gen beginnen' und zwar — als dem größten
Raum in Queretaro, wo man auch dem Publikum

---

*) Basch: „Erinnerungen", Band II. 190.

den Zutritt gestatten konnte — im Theater
Jturbide. Wie unwürdig das sei, dem Kaiser
gegenüber, sah man natürlich nicht ein. Sowie man
aber auch nur dem Kaiser die Mittheilung machte,
erklärte er augenblicklich auf das bestimmteste,
daß e r nicht dort persönlich erscheinen würde,
und dabei blieb es.

Die Gesandten gaben sich indessen im Verein
mit den gekommenen Advocaten die größte Mühe,
den Kaiser gar nicht vor ein Kriegsgericht zu
bringen, sondern ihn den Civilgerichten zu über=
weisen, wodurch die ganze Sache schon ein an=
deres Ansehen bekam, und nicht von unreifen
mexicanischen Officieren, sondern von wirklichen
Juristen entschieden wurde. Man hatte den
Kaiser allerdings mit den Waffen in der Hand
gefangen genommen, aber doch nicht in der
Schlacht besiegt, sondern nur von einem Ver=
räther gekauft — aber Lerdo de Tejaba w o ll t e be=
sonders das October=Decret gegen ihn als Haupt=
anschuldigung erhoben wissen, obgleich es der
Kaiser selber fast nie hatte ausführen, sondern
fast ohne Ausnahme Gnade walten lassen, und
damit war das Urtheil schon von vornherein
gesprochen. Der Angeklagte sollte außerdem

nach dem Gesetz vom 25. Januar gerichtet
werden. *)

Sämmtliche, dem Kaiser meist freundlich ge=
sinnte Officiere, die darüber befragt wurden,
erklärten auch achselzuckend, daß sie die feste
Ueberzeugung hätten, der Kaiser würde zum Tod
verurtheilt und das Urtheil dann jedenfalls
von Juarez bestätigt werden, und jetzt war es
Prinzessin Salm, die auf Flucht drang und den
Kaiser dahin zu überreden suchte.

Maximilian dagegen, dem man auch wohl
diese schlimmen Anzeichen veröffentlicht hatte,
vertraute immer noch fest auf die Hilfe des
preußischen Vertreters und die seiner Advocaten,
und wollte, als ihm die Prinzessin den Vorschlag
machte, Nichts davon wissen.

„Ich bin überzeugt, liebe Prinzessin," sagte
er, „daß Sie es gut und aufrichtig mit mir
meinen, aber — Damen sind doch vielleicht für
so Etwas nicht die passenden Werkzeuge, und so
sehr ich Escobedo's Schonung nach dem ersten
Fluchtversuche anerkenne, so würde ein zweiter,
wenn entdeckt, unsere Lage sehr verschlimmern."

*) Das Gesetz vom 25. Januar, in dem Juarez alle
mit den Waffen in der Hand Betroffener zum Tode verurtheilte.

„Aber ich gehe sicher, Majestät!" rief die
Prinzessin, im Eifer für ihre Sache erglühend,
„und Alles ist schon vorbereitet. Den Obrist
Villanueva, der in der Stadt befehligt, habe ich
vollständig gewonnen und von ihm ist kein
Verrath zu fürchten — nur noch ein anderer
Obrist, der die Gefängnisse unter seiner Aufsicht
hat, Riva Palacio, muß gewonnen werden, und
alle diese Menschen sind mit Gold zu kaufen.
Ich stehe Ihnen für den Erfolg, wenn Sie mich
mit den entsprechenden Mitteln ausstatten."

Der Kaiser hatte das Vertrauen verloren,
aber dem dringenden Zureden der Dame konnte
er zuletzt nicht widerstehen. Schon ihre Worte
ließen ihn ahnen, daß seine Sache doch vielleicht
gefährlicher stünde, als er anfangs geglaubt —
er gab seine Zustimmung, und fröhlichen Herzens
eilte die unermüdliche Frau an ihr Werk.

10.
Die Verräther.

Marquez war mit seinen Ausfallstruppen ge=
schlagen worden, und wenn man auch in Me=
rico wußte, daß der kleinen Zahl eine furcht=
bare Uebermacht, noch dazu hinter befestigten
Werken, gegenüber gestanden, so machte es doch
in der Stadt einen höchst peinlichen Eindruck,
denn was konnten sie jetzt noch hoffen.

Die Stadt selber sah auch veröbet aus —
alle Läden waren geschlossen, die Bewohner wagten
sich kaum noch auf die Straße, denn das Feuer
der Belagerer wurde von Tag zu Tag heftiger,
und trübe Nachrichten von außen dienten nicht
dazu, den Belagerten frischen Muth zu geben.
So wenig man bis jetzt wirklich geglaubt, daß
Queretaro genommen und der Kaiser gefangen

sei, so drängte sich doch der Masse endlich die
Ueberzeugung auf, daß es im inneren Lande nicht
gut stehen könne, sonst hätte man schon in
dieser langen Zeit bestimmte Nachricht haben
müssen — aber Gewißheit fehlte, und die
wackeren österreichischen Führer, Graf Khoven=
hüller und Obrist Kodolich, wiesen alle Versuche
des liberalen Oberbefehlshabers, die Waffen in
einer hoffnungslosen Sache niederzulegen, auf
das entschiedenste zurück.

Da gelangte plötzlich am 16. Juni ein Brief
von Baron Lago aus Tacubaya, dicht bei Mexico,
an den Grafen Khevenhüller, der jeden Zweifel
zerstreuen mußte und dem Ganzen eine entschie=
dene Wendung gab.

Baron Lago, der österreichische Geschäftsträger,
aus Furcht, sein kostbares Leben gefährdet zu
sehen, hatte allerdings den Kaiser in seinen letzten
Tagen und in der höchsten Gefahr verlassen —
hier aber traf seine Kunde zur rechten Zeit ein,
um weiteres Blutvergießen und Unheil zu ver=
hüten.

Der Brief lautete: „Lieber Graf — Ich mache
Ihnen officiell zu wissen, daß der Kaiser Maxi=
milian sich in Queretaro, von wo ich am heuti=
gen Abend hier eingetroffen bin, in Gefangen=

schaft befindet. Er wurde am 15. Mai mit sei=
ner ganzen Armee und allen seinen Generalen
gefangen genommen.

„Ich habe Seine Majestät zu wiederholten
Malen in seinem Gefängniß in dem Kloster be
las Capuchinas gesprochen. Ohne Zweifel hat
General Marquez einen eigenhändigen Brief
Seiner Majestät, den Ihnen Herr v. Magnus
gesendet hat, beseitigt. In diesem Briefe be=
fiehlt Ihnen Seine Majestät sowie allen übrigen
Officieren österreichischer Nationalität, fürderhin
jedes Blutvergießen zu vermeiden.

„Ich erlaube mir nun, Ihnen dies, in meiner
Eigenschaft als österreichischer Geschäftsträger,
mitzutheilen, indem ich Sie und die anderen
Officiere der genannten Nationalität für jedes,
von nun an für eine verlorene Sache vergossene
Blut jedes Oesterreichers verantwortlich erkläre,
und dies zwar gegenüber Seiner k. k. öster=
reichischen Majestät.

„Empfangen Sie Herr Graf ꝛc.

Baron de Lago.“

Der letzte Satz war eine — Schwachheit, um
ein ganz mildes Wort zu gebrauchen; Oesterreich
hatte sich lange von den nach Mexico gezogenen
Soldaten losgesagt, fand es sogar später gegen

das „Princip", Officiere von dort wieder anzu=
stellen, und gestattete es nur ausnahmsweise. Aber
der Brief selber klärte endlich die Situation
und brachte das unnatürliche Verhältniß in Me=
rico zu einem Abschluß. —

Im erzbischöflichen Palais saß an dem näm=
lichen Nachmittag Labastida und schrieb verschie=
dene Briefe, horchte aber dabei immer unwill=
kürlich nach der Thür. — Er hatte den General
Marquez zu sich bitten lassen, und erwartete ihn
schon seit fast zwei Stunden, ohne daß er der
Aufforderung gefolgt wäre.

Endlich meldete ein im Vorzimmer stationir=
ter Padre den Oberbefehlshaber der Stadt, und
gleich darauf betrat Marquez in voller Uniform,
aber bleich und mit finster zusammengepreßten
Zügen den Raum.

„Monseñor hatten gewünscht mich zu spre=
chen," sagte er, „und es trifft sich dabei sehr
gut, denn ich wäre auch von selber heute zu
Ihnen gekommen. Was ist es, das Sie mir
mitzutheilen haben?"

„Nichts Gutes, lieber Marquez," sagte der
Erzbischof, „nichts Gutes in der That. Aber was
hätte Sie zu mir geführt?"

„Ich möchte Ihre Neuigkeit zuerst hören,"

sagte Marquez trocken, „vielleicht ist es das Näm=
liche, was ich erfahren habe.“

„Schwerlich,“ rief Labastiba, „dann bringen
Sie mir eine andere Unglücksbotschaft.“

„Es kommt selten eine allein,“ lachte Mar=
quez bitter, „also was war es?“

„Santa Anna ist von den Liberalen gefan=
gen genommen,“ sagte der Erzbischof mit unter=
drückter Stimme, „und Vera=Cruz selber viel=
leicht schon, während wir hier sprechen, in ihren
Händen.“

„In der That?“ sagte Marquez, ohne jedoch
besondere Aufregung deshalb zu zeigen, „ist Ihr
Bote zurück?“

„Denken Sie sich die Niederträchtigkeit von
Porfeirio Diaz,“ rief aber der Kirchenfürst, und
seine Augen blitzten dabei vor Zorn und In=
grimm — „den Boten, den Pabre Zaloga, haben
sie aufgefangen — er hatte noch andere wichtige
Papiere aus Puebla bei sich, die jetzt verloren
sind — den Brief aber, der mir über Santa
Anna Kunde giebt, schickt mir General Diaz hier
herein, und zwar zugleich mit einem Zettel,
worin er uns einfach anzeigte, daß er den „wür=
digen Pabre“ als Spion habe hängen lassen.“

Ein spöttisches, fast verächtliches Lächeln

zuckte um Marquez' Lippen, aber er hielt es nicht
einmal der Mühe werth, darauf zu antworten.

„Da bringe ich noch beffere Kunde," fagte
er nach einer Paufe, „diefen Brief haben die
fremden Obriften heute von dem öfterreichifchen
Gefandten erhalten."

„So wiffen fie Alles?" rief der Erzbifchof
rafch.

„Gewiß —"

„Und was haben fie befchloffen zu thun."

„Was konnten fie befchließen? Sie weigern
fich, weitere Dienfte zu thun, und die Gefchichte
ift aus."

Der Erzbifchof fah den General ftarr und
erbleichend an.

„Und was gedenken Sie zu thun?"

„Mich nicht von den Liberalen erwifchen zu
laffen," erwiederte Marquez trocken.

„Und die Stadt?"

Der General zuckte die Achfeln. — „Unfere
Truppen können fie nicht allein mehr halten,"
fagte er ruhig, „und werden fich hüten, einen
weiteren Verfuch dahin zu machen."

„Und wenn man ihnen Geld verfpräche?"

„Monfeñor haben fchon zu viel verfprochen,"
fagte der General ruhig, „daß Ihnen kein Menfch

mehr glaubt. Jetzt aber hülfe auch nicht ein= mal mehr Geld, und wenn es der Klerus wirk= lich baar aus den Händen gäbe — es ist zu spät. Hätten Sie den Kaiser unterstützt, so konnten Sie mit dem noch zu einem Verständniß kommen — mit den Liberalen ist das, wie Sie recht gut selber wissen, nicht mehr möglich, und Sie mögen jetzt sehen, wie Sie mit denen fertig werden."

„Und ist das all' der Dank, den wir von Ihnen zu erwarten haben, General?" sagte La= bastiba, sich stolz emporrichtend.

„Dank?" erwiederte Marquez bitter — „ich wüßte in der That nicht, Monseñor, wofür ich Ihnen Dank schuldig wäre, denn von allem An= fang an hatten Sie nur das Interesse des Klerus im Auge und hielten sich zu dem, der Ihnen Aussicht bot, das zu fördern. Ich habe es ver= sucht, aber es ging eben nicht — das Volk wird doch mit den Jahren klüger. War es sonst noch Etwas, das Sie mir mitzutheilen hatten?"

„Und soll denn wirklich Alles verloren sein!" rief der Erzbischof in Verzweiflung.

„Darüber werden Sie sich mit dem Präsi= benten Juarez verständigen müssen, Monseñor," erwiederte kalt der General, machte dem Erz=

bischof eine tiefe Verbeugung und verließ das
Haus.

Unter dem Militär entwickelte sich jetzt eine
ganz eigenthümliche, aber dabei fast unheimliche
Regsamkeit, denn mit der Gewißheit, daß das
Kaiserreich gestürzt und der Kaiser gefangen sei,
dachten die fremden Truppen gar nicht mehr
daran, für General Marquez oder irgend einen
Mexicaner den Krieg fortzuführen. Ihre Führer
erklärten augenblicklich dem General Marquez,
daß sie mit Porfeirio Diaz selber über ihren Zug
nach der Küste in Unterhandlung treten würden
— erhielten aber gar keine Antwort. Marquez
blieb überhaupt von dem Augenblick an ver=
schwunden. Nachdem man ihn noch bei General
Andrade hatte vorfahren sehen, setzte er sich in
seinen Wagen, und kein Mensch war im Stande
anzugeben, wohin er sich gewendet.

Das Commando in der Stadt, oder vielmehr
den Oberbefehl über die jetzt unaufhaltsam ein=
tretende Verwirrung, übernahm General Tavera,
aber auch ihm blieb nichts weiter übrig, als mit
dem Feind zu capituliren — es wäre ihm nicht
möglich gewesen, die jetzt von den deutschen
Truppen aufgegebene Stadt auch nur gegen
einen Ansturm des Feindes zu halten, selbst

wenn er noch Lebensmittel für seine Soldaten gehabt hätte.

Die fremden Truppen aber zogen, wie es mit Porfeirio Diaz ausgemacht worden, sämmtlich in den kaiserlichen Palast, in dessen Hofräumen sie sich lagerten. Die Thore wurden geschlossen, und die ausgesteckte weiße Fahne deutete an, daß sie alle Feindseligkeiten eingestellt hätten.

Jetzt erst bekamen sie sichere Nachrichten von ihrem Kaiser, und mit welchem Weh es die treuen Herzen erfüllte, läßt sich denken.

Am 21. endlich marschirte Porfeirio Diaz in musterhafter Ordnung in die Stadt. Es war eine rauh aussehende Armee, die Soldaten meist barfuß oder mit Sandalen, in Leinwandhosen, oft ohne Jacken selbst, aber vortrefflich bewaffnet und in strenger Disciplin gehalten. Den Soldaten war unter Todesstrafe jede Gewaltthat verboten, auch der Verkauf von spirituösen Getränken in der Stadt für die ersten drei Tage bei schwerer Strafe untersagt.

Der Klerus aber mußte — wo er am liebsten die ganze Armee der Liberalen excommunicirt hätte, zu Mittag ein Tedeum abhalten und alle Glocken läuten lassen — sie deuteten den Frieden.

Während die Glocken noch erklangen, die Soldaten aber schon meist Alle ihre Quartiere bezogen und die Officiere sich zerstreut hatten, um ihre alten, lange nicht gesehenen Bekannten und Verwandten wieder aufzusuchen, ritten zwei Reiter in mexicanischer Tracht über die Plaza und bogen nach einer der Seitenstraßen ein. Dieser folgten sie eine kurze Strecke, bis sie ein kleines aber freundliches Haus erreichten.

Der Eine von ihnen, eine sehr stattliche Gestalt mit schwarzem Schnurrbart und Militärischem in seinem ganzen Wesen, hielt hier, sprang vom Pferd, warf seinem Begleiter die Zügel zu und klopfte mit dem Hammer an die Pforte. Es dauerte auch nur wenige Momente, so erschien ein indianischer Bursche, der aber mehr erschrocken als erfreut schien, den Caballero da zu finden.

„Nun, muchacho," sagte dieser, „Du schneidest ja ein sehr bestürztes Gesicht — ist die Señora zu Hause?"

„Ah, Señor Lopez!" rief der Junge, „sind Sie wieder da? Nein, die Señora ist nicht zu Hause — schon seit drei Tagen nicht."

„Seit drei Tagen?" rief Lopez erstaunt — „und wo sonst ist sie?"

„Bei ihren Eltern," sagte der Bursche, „und ich weiß nicht, wann sie wiederkommt."

Lopez warf ihm einen düstern, mißtrauischen Blick zu, erwiederte aber kein Wort, drehte sich ab, schritt hinaus, sprang wieder in den Sattel und trabte die Straße hinab, dem Hause seiner Schwiegereltern zu. — Was konnte nur seine Frau bewogen haben, ihre eigene Heimath zu verlassen? Aber das Alles mußte er ja bald erfahren, und schärfer ließ er sein Pferd austraben, um die Stätte rasch zu erreichen.

Vier oder fünf Straßen mochten die Beiden etwa passirt sein, ohne ein Wort mit einander gewechselt zu haben, als sie wieder an einem größeren und sehr eleganten Hause anhielten, und wieder sprang Lopez aus dem Sattel und klopfte an die Pforte — aber Niemand antwortete oder kam um zu öffnen.

Sein Begleiter — Obristlieutenant Jablonsky, hatte wohl, als sich Jener eben dem Hause näherte, eine Frauengestalt bemerkt, die auf den einen Balcon trat. Sie warf aber nur einen flüchtigen Blick hinab und verschwand dann wieder, und Jablonsky glaubte natürlich, daß sie nun einen Diener zum Oeffnen senden würde — aber es kam Niemand. Lopez klopfte jetzt

ſtärker und anhaltend, und ließ zuletzt den
Hammer ſo raſch und tönend auf das Eiſen
niederfallen, daß das ganze Haus davon erbebte
und die Nachbarinnen ſchon auf die Balcone
hinaustraten. Endlich wurden unten Schritte
gehört, die Thür öffnete ſich und ein junges
Mädchen ſtand im Gang.

„Die Señora im Haus?" rief Lopez, der ſie
recht gut kannte, — „wie geht es Dir, Ma=
nuelita?"

„Meine Schweſter kommt gleich," erwiederte
die Señorita, ohne aber nur den Gruß mit
irgend einem Wort oder Blick zu erwiedern. —
Lopez wollte auch an ihr vorüber und durch den
unteren Gang der Treppe zueilen, als er ſeine
junge Frau erblickte, die mit dem Kind auf dem
Arm ihm entgegenkam, ſeiner Umarmung aber
auswich und ihm nur den erſchreckten Knaben
entgegenhielt.

„Da," rief ſie, und ihr Antlitz war dabei
todtenbleich, aber ihre Augen blitzten und ihre
ganze Geſtalt zitterte — „da haſt Du Dein Kind,
Verräther — Verräther an Deinem Kaiſer
und Wohlthäter, an dem Pathen Deines eige=
nen Knaben!"

„Querida!" rief Lopez entſetzt, indem er vo
r

dem sprühenden Blick des jungen Weibes scheu
einen Schritt zurücktrat — „was ist Dir?"

„Was mir ist?" rief aber die Frau, den
Knaben auf den Boden setzend, indem sie sich zu
ihrer vollen Höhe aufrichtete, „und das fragst
Du auch noch? — Traidor! — weißt Du, wie
Dich d a s Wort, einem Judas gleich, durch die
Welt treiben wird? Da, nimm Deinen Knaben
— Du hast ihm die Schmach, den Fluch Deines
Namens gelassen, und er wird ein Verräther
werden, wie Du selbst — aber dann weiche von
dieser Schwelle, denn verflucht ist selbst der Boden,
auf dem Du stehst!"

„Um der heiligen Jungfrau willen!" rief
Lopez, die Arme nach ihr ausstreckend; aber das
junge Weib flog den Gang zurück, und das
Kind, das sich aufgerafft hatte und so klein war,
daß es kaum laufen konnte, suchte schreiend ihr
zu folgen.

Lopez stand, das Gesicht in den Händen ber=
gend, vernichtet und gebrochen, dann raffte er
sich empor — er zögerte — sollte er ihr nach?
— er wagte es nicht — den schreienden Knaben
aufgreifend und an sich pressend, küßte er das
Kind, aber setzte es wieder auf den Boden,
dann aus dem Haus wankend, ergriff er die

Zügel seines Pferdes und schwang sich in den Sattel.

„Caracho, Lopez!" rief ihm sein Begleiter zu — „was ist Euch? Ihr seht ja käseweiß aus, — Etwas vorgefallen im Haus?"

Lopez antwortete ihm nicht, sein Thier fühlte die Sporen, und im Galop sprengte er die Straße hinab — wohin? — er wußte es selber kaum, und das Thier flog mit ihm den Weg ent= lang — Jablonsky war aber schon an seiner Seite.

„Compañero!" sagte er, „ich halte es jetzt nicht länger aus — acht Stunden sind wir nun ge= ritten, ohne daß auch nur ein Bissen Brod oder ein Tropfen Wein über unsere Lippen gekommen ist — das wird langweilig. Da vorn ist eine Pulqueria, und ich muß wenigstens ein Glas Wein trinken oder ich kann mich nicht mehr im Sattel halten" — und ohne Weiteres voraus= sprengend, zügelte er sein Pferd dort ein, sprang hinab, band es draußen an einen Ring und trat in das Innere.

Es war die nämliche Pulqueria a los descon- tentos, die Jablonsky schon von früher her gut genug kannte und wußte, daß man dort ein

gutes Glas spanischen Wein bekam. — Lopez
folgte ihm fast willenlos. Die Zunge klebte ihm
selber am Gaumen, und er fühlte, daß er einer
Stärkung bedürfe. Der Raum im Innern war
freilich mit Menschen gefüllt, denn das drängte
und wogte nur so heute durch die Straßen.
Wurde doch die Stadt nicht mehr beschossen, und
Jeden trieb es Neues von draußen und Nach=
richten theils von Queretaro, theils von anderen
Orten her zu hören. Ebenso hatte sich hier eine
Anzahl der liberalen Officiere versammelt, um
die Tagesneuigkeiten zu besprechen, und meist
die Tische im benachbarten Zimmer besetzt. Einige
standen aber auch an dem Schenkstand selber,
um sich ihre Gläser füllen zu lassen, und der
Wirth hatte kaum Hände genug, um ihnen Allen
zu willfahren.

Zwischen diese hinein trat Jablonsky, und
Niemand achtete auf ihn. Wer auch kannte den
Burschen. Jeder hatte selber genug mit sich zu
thun, und eben so wenig würde man seinen
Kameraden, der ihm dicht folgte, bemerkt haben,
wäre nicht Einzelnen dessen so merkwürdig blei=
ches Gesicht aufgefallen.

„Caracho!" flüsterte einer der Officiere dem
andern zu — „sieh 'mal den Caballero an; ich

glaube, der hat nicht einen Tropfen Blut mehr
in den Backen."

Der Angeredete hielt gerade ein großes Glas
Wein in der Hand, das er sich selber am Schenk=
tisch geholt hatte, und war eben im Begriff da=
von zu trinken. Ueber das Glas hin sah er
nach dem Bezeichneten hinüber, als er es rasch
und fast wie erschreckt wieder absetzte und laut
ausrief:

„Lopez! Purisima!"

„Lopez? — wer? welcher?" rief es im be=
nachbarten Zimmer — „Miguel?"

Lopez hatte den Blick dem, der seinen Namen
nannte, zugewandt und einen Freund erkannt,
mit dem er früher viel verkehrt — aber es lag
ihm jetzt Nichts daran, alte Bekanntschaften wie=
der anzuknüpfen — er wäre auch am liebsten
gleich wieder umgekehrt, aber das hätte Aufsehen
erregt. — Was kümmerten ihn die Officiere —
nur ein Glas Wein wollte er trinken, und dem
Andern nur leicht zunickend, trat er zum Schenk=
tisch.

Lopez — der Name hatte aber wie Feuer ge=
zündet, denn es wurde gerade in der Zeit fast
von Nichts weiter in Mexico gesprochen, als
von der Einnahme von Queretaro, bei der ge=

18*

rabe dieser Lopez den Kaiser verrathen und ihn
und die Festung für 3000 Unzen an Escobedo
verkauft hatte. — „Miguel Lopez?" rief es von
allen Seiten. — Die Officiere wollten den Mann
selber sehen und drängten herbei. Der Erste
aber, ein Hauptmann Estella, der sich von seinem
Erstaunen erholt hatte, rief, indem er einen Schritt
auf Lopez zutrat:

„Und Du Schurke wagst es, unter ehrliche
Leute, unter Soldaten zu kommen und mit
ihnen an einen Tisch zu treten und von einem
Wein trinken zu wollen? Caracho!" Und mit
dem zwischen den Zähnen hervorgezischten Fluch,
goß er in aller Wuth dem Buben den Wein,
den er noch in der Hand hielt, in's Gesicht hinein.

Lopez griff, fast außer sich, nach der Seite,
wo er jedenfalls seinen Revolver trug, aber jetzt
brach der Sturm von allen Seiten gegen ihn los.

„Hinaus mit dem Schuft — hinaus mit der
Canaille!" rief es, selbst der Wirth griff in Ent-
rüstung nach einer vollen Flasche, die er verkehrt in der Hand hielt — „auf die Straße mit
dem Verräther, oder besser noch, an den Galgen
mit ihm!" Und wer etwas Flüssiges in der Hand
hielt, goß es über ihn, ja Gläser wurden nach
ihm geschleudert; ein großes Pulqueglas barst

ihm am Kopf, und nur durch den Hut wurde
die Wucht desselben gebrochen.

Lopez warf scheu den Blick umher, aber er
sah auch im Nu, daß er hier Alle gegen sich
hatte. Selbst sein Helfershelfer Jablonsky drückte
sich vorsichtig von ihm fort, um nicht in den
Verdacht zu kommen, daß er zu ihm gehöre, und
dann gleiche Mißhandlung zu erfahren, und der
Verräther, feige wie er sich immer gezeigt, floh
aus der Thür, warf sein Pferd los und sich in
den Sattel, und jagte, wie von Furien gepeitscht,
die Straße hinab. — Wohin er floh? Niemand
hat es erfahren — unter anderem Namen mag er
wohl das Land verlassen haben, aber selbst Mexico,
das Land des Verraths und Treubruchs, mochte
diesen nichtswürdigen Verräther nicht auf
seinem Boden dulden.

Auch Marquez war verschwunden, hielt sich
aber noch, wie man bestimmt wußte, in der
Stadt versteckt, und Porfeirio Diaz hatte
10,000 Pesos auf seinen Fang gesetzt, so daß
die Polizei einen außerordentlichen Eifer entwickelte, um ihn aufzuspüren.

Ebenso fahndete man auf den Präfecten O'Ho=
ran, der in Tlalpam die zwölf Liberalen hatte
hängen lassen.

Draußen am Nordende Mexicos, in einer vollkommen abgelegenen Gegend, wo nur die ärmsten Bewohner der Stadt in Schmutz und Dürftigkeit lebten und in den letzten Tagen der Belagerung, wo die Kugeln immer dichter flogen, auch fast alle ihre elenden Baracken verlassen hatten, schien noch die eine von diesen Hütten bewohnt. Eine alte Frau wenigstens stand vor der Thür draußen und mußte wohl Jemanden erwarten, denn sie sah fortwährend die Straße hinunter und ging nur manchmal in ihre elende Kammer zurück. Dort hatte sie eine Kranke im Bett liegen, mit der sie, aber auch nur leise flüsternd, einige Worte wechselte.

Wieder war sie herausgekommen und erschrak sichtlich, denn dicht vor der Thür bemerkte sie zwei Fremde. — Sie wollte sich wenden und in das Haus zurückgehen, aber der Eine, der mit dem Andern ein paar Worte geflüstert hatte, eilte ihr rasch nach und sagte:.

„Oh, Señora — erlauben Sie mir eine Frage — wohnen Sie hier ganz allein?"

„Ja," brummte die Frau — „weshalb?"

„Oh — ich — suche einen guten Freund, dem ich gern Etwas sagen wollte."

„Ja, dann müssen Sie ihn wo anders suchen,"

knurrte die Alte, deren Gesicht in tausend klei=
nen Falten lag, während die zusammengekniffe=
nen grauen Augen daraus vorblitzten — und
damit eilte sie über den Hof schräg hinüber, und
würde im nächsten Moment auch die Thür er=
reicht und jedenfalls hinter sich zugeworfen und
verriegelt haben. Der Fremde schien aber nicht
gesonnen, sich so abfertigen zu lassen. Mit ein
paar Sätzen war er an ihrer Seite.

„Seid Ihr ein Räuber?" schrie das Weib
entsetzt, indem sie ihn zurückzuschieben suchte. —
„Und glaubt Ihr, daß es bei einer armen alten
Frau Etwas zu stehlen gäbe? Fort mit Euch,
oder bei —"

„Pst," warnte aber der Fremde, der auch gar
nicht wie ein Mexicaner aussah. „Ich weiß,
wen Ihr bei Euch habt, und muß ihn sprechen.
Seid Ihr vernünftig, so soll Euch kein Leid ge=
schehen — und ihm auch nicht. Nehmt Ihr aber
keinen guten Rath an, dann rufe ich den näch=
sten Soldaten, der vorbeigeht, und was dann
geschieht, wißt Ihr."

„Wer seid Ihr?" rief das Weib, an allen
Gliedern zitternd, „und was wollt Ihr?"

„Ich bin ein Amerikaner," sagte der Fremde,
„und muß den General sprechen — weiter Nichts."

„Welchen General — ich weiß von keinem General," rief aber die Alte, während sich der Fremde jedoch ohne Weiteres in die Thür drängte, „da seht selber — ist das etwa einer?" Und sie deutete dabei auf das in der Ecke befindliche Bett, auf dem, mit dem Rücken nach dem Zimmer zu, eine Gestalt, mit einer Serape zugedeckt, lag, die aber eine Frauenmütze über die Ohren gezogen hatte.

Der Fremde beobachtete die angebliche Kranke etwa eine halbe Minute und ließ dann den Blick im Zimmer umherschweifen. Der Raum sah öde genug aus, kahle Wände, ein paar wacklige Sessel, ein alter Tisch — außerdem war es bei dem geschlossenen Laden fast ganz dunkel. Der Fremde stieß aber ohne Weiteres den Laden auf — unter dem Bett sah er ein zusammengeschnür= tes Bündel, und ein anderes, wie es die India= ner gewöhnlich zu Markte tragen, lag noch mit= ten in der Stube.

„Wer ist die Frau?"

„Meine kranke Tochter," sagte die Alte finster. „Habt Ihr Euch nun überzeugt? — und nun geht, daß Ihr sie mir nicht stört; sie hat in all' dem Lärm und Trubel in der Stadt überdies in den letzten Tagen keine Stunde Ruhe gehabt."

Der Fremde war nicht so leicht abgewiesen
— er betrachtete sich die Gestalt etwas genauer
— die breiten Schultern gehörten keiner Frau
an, er schien auch seiner Sache zu gewiß, und
sich einen Stuhl nehmend, rückte er ihn ruhig an
das Bett, setzte sich darauf, nahm dann einen
Revolver aus der Tasche und sagte mit der größ=
ten Freundlichkeit:

„General Marquez, dürfte ich Sie vielleicht
ersuchen, sich einmal einen Augenblick umzubre=
hen — bitte, geben Sie sich keine Mühe," setzte
er hinzu, als er bemerkte, daß die Kranke eine
fast krampfhafte Bewegung unter der Decke
machte — „mein Revolver hier ist in guter
Ordnung, und außerdem hält noch ein Freund
von mir draußen an der Thür Wache. Sie müssen
mir Rede stehen, aber fürchten Sie auch Nichts
für Ihre Sicherheit. Wenn Sie meinen Wunsch
erfüllen, soll Ihnen nicht das Geringste gesche=
hen, und ich denke gar nicht daran Sie zu ver=
rathen."

Die Gestalt rührte sich nicht — sie lag jetzt
still und regungslos, und die Alte sagte zitternd:

„Aber um der heiligen Jungfrau willen,
Señor, was reden Sie nur — es ist meine kranke
Tochter und stocktaub noch dazu. Sie könnten

eine Stunde auf sie einschwatzen und sie würde keine Sylbe davon hören."

„So," sagte der Fremde, indem er von seinem Stuhl aufstand — „das ist dann etwas Anderes — so werde ich mir nur erlauben, als Wache hier zu bleiben, und meinen Freund indessen nach einer Patrouille schicken. Behüten Sie nur so lange die kranke Tochter, Señora" — und mit langsamen Schritten ging er nach der Thür.

Da plötzlich richtete sich die Gestalt im Bette empor, und der Fremde, sich rasch wendend, hielt den Revolver gegen sie gerichtet, aber er hatte Nichts für sich zu fürchten. Er starrte in das leichenblasse und durch eine alte Schußwunde arg entstellte Gesicht des gefürchteten Generals, das mit der Frauenmütze auch einen halb komischen, halb grausigen Anblick bot.

„Was wollen Sie — wer sind Sie?" rief er dabei, und der Fremde sah recht gut, daß auch er in der rechten Hand eine Waffe trug, aber er hob sie nicht, sondern hielt sie nur krampfhaft umspannt und blickte den Eindringling mit seinen bösen, stechenden Augen, in denen ein ganzes Meer von Haß und doch auch zugleich von Furcht lag, an.

„Oh, Santisima," rief da die Frau, auf ihre Kniee niederfallend, „ich habe ihn auf meinen Armen herumgetragen, ich konnte ihn ja nicht verrathen! Erbarmen — Erbarmen!"

„Señora," sagte der Fremde mit voller Ruhe, „schreien Sie nicht so — ich habe Ihnen schon vorher gesagt, daß ich ihn nicht verrathen will — General, kennen Sie mich nicht mehr?"

„Nein," sagte der General finster und riß dabei die Mütze von seinem Kopf herab, denn er fühlte, daß er lächerlich darin aussehen mußte.

„Dann will ich mich Ihnen selber vorstellen," erwiederte der Amerikaner. „Mein Name ist Galway — erinnern Sie sich meiner jetzt? Es sind noch kaum acht Tage her — vielleicht etwas länger, daß Sie so freundlich waren — mich, wie eine Anzahl von Kaufleuten aus der Stadt, einzuladen, wonach Sie uns dann zwangen, Ihnen bedeutende Summen Geldes auszuzahlen. Mich hielten Sie damals zwei Tage ohne einen Bissen Essen oder einen Trunk Wasser einge=sperrt, bis mich der Hunger zwang, Ihnen zu willfahren, und ich war genöthigt, Ihnen hundert Unzen zu übergeben."

Als Marquez schwieg, fuhr der Amerikaner freundlich fort:

„Ich war glücklich genug, gerade Zeuge zu
sein, wie Sie diesen Schlupfwinkel suchten, und
eine Weile habe ich mit mir gekämpft, ob ich die
auf Ihren Fang ausgesetzten zehntausend Pesos
verdienen solle oder nicht. Die Sache hat aber
einen Haken. Mitleid für Sie hielt mich natürlich nicht ab, denn Sie sind vielleicht der abge-
feimteste und blutgierigste Schurke, den die Welt
trägt, und haben den Tod tausendfach verdient.
Aber die liberale Regierung macht von der mexicanischen Tugend: Alles zu versprechen und gar
Nichts zu halten, keine Ausnahme. Lopez, der
Queretaro und den Kaiser verrieth, hat ebenfalls
Nichts bekommen, und ich würde nur Mühe gehabt und aller Wahrscheinlichkeit nach gar nichts
weiter als das Vergnügen erreicht haben, Ihrer
Execution beizuwohnen. Ich habe mir deshalb
die Sache anders überlegt. — Geben Sie mir
die hundert Unzen, die Sie mir frecher Weise
abgenommen, wieder zurück und machen Sie dann,
daß Sie fortkommen — ich werde Ihnen nicht
dabei im Wege sein. Weigern Sie sich, so befinden Sie sich eine halbe Stunde später in den
Händen der Liberalen, und was dann mit Ihnen
geschieht, wissen Sie — den alten General Vidaurri haben sie auch vor etwa anderthalb

Stunden hinausgeschleppt und von hinten er=
schossen."

Marquez war todtenbleich geworden. „Und
wer bürgt mir dafür," sagte er mit heiserer
Stimme — „daß Sie das Geld nehmen und nicht
doch nachher hingehen und mich verrathen?"

„Sie urtheilen nach sich selber, bester Gene=
ral," lächelte der Amerikaner. — „Schon daß
ich nicht mehr Geld von Ihnen erpresse, als
wirklich mein Eigenthum ist, mag Ihnen den
Beweis liefern — außerdem gebe ich Ihnen mein
Ehrenwort, daß weder ich, noch mein Freund da
draußen Sie in den nächsten vierundzwanzig Stun=
den anzeigen werden. Bis dahin wünschen wir
Ihrer Gegenwart enthoben zu sein. Wie ist es,
haben Sie sich entschlossen?"

„Ja," sagte Marquez finster, indem er unter
die Bettdecke griff und einen kleinen Sack mit
Unzen hervorholte — „es bleibt mir nichts An=
deres übrig." Er langte mit der Hand hinein
und hatte rasch hundert Stück abgezählt, die er
dem Amerikaner reichte — „sind Sie jetzt zu=
frieden?"

Der Amerikaner zögerte: „Die Zinsen möchte
ich nicht gern verlieren — ich bitte Sie, noch
eine zuzulegen."

Marquez lachte. „Sie sind wirklich praktisch,"
sagte er — „und was wird jetzt? — Können
Sie mir behilflich sein, von hier fortzukommen?
Ich gebe Ihnen —"

„Bitte, nein," unterbrach ihn aber Galway
— „das ist Ihre Sache und geht über unsern
Contract. — Nicht einen Finger würde ich be=
wegen, um Sie vom Galgen zu retten. Ich habe
nur versprochen, Sie nicht zu verrathen, würde
Sie aber mit Vergnügen hängen sehen. Also
adios, Señor — unser Geschäft ist beendet!"
Und ohne sich weiter um den General oder die
Frau zu kümmern, schob er seinen Revolver
wie das Gold in seine Taschen und verließ das
Haus.

11.
Das Ende eines braven Mannes.

Ich möchte nicht im Thal verderben,
Den letzten Blick beengt von Zwang.
Auf einem Berge möcht' ich sterben,
Bei gold'nem Sonnenuntergang.
                              Maximilian.

Maximilian und seine Generale wurden nach
dem letzten versäumten und dann natürlich ruch-
bar gewordenen Fluchtversuch allerdings viel
strenger bewacht als vorher, ohne daß sich jedoch
Escobedo selber Härten gegen den Kaiser erlaubt
hätte. Im Gegentheil trat er immer vermittelnd
ein, wo ihn untere Officiere roh behandeln wollten. Er hatte sogar schon früher die Erlaubniß
gegeben, daß der Kaiser ein eigenes und bequemes Haus bewohnen solle, was aber durch die
Proteste eines rohen Burschen, eines General

Gonzales, dem damals die Bewachung anvertraut
worden, hintertrieben wurde, und einigermaßen
hatte sich auch Escobedo dem Willen seiner Officiere zu fügen, wenn er nicht jede Verantwortung
später allein tragen wollte.

Es war übrigens augenscheinlich, daß wenigstens alle besser gesinnten Mericaner durch das
liebenswürdige und edle, wie standhafte Benehmen des Kaisers, nach und nach und mehr und
mehr für ihn eingenommen wurden, und Mancher
von ihnen würde vielleicht nicht ungern seine
Flucht gesehen haben. Das rohe Volk behielt aber trotzdem die Oberhand, und Lerdo de
Tejada hatte ja einmal seinen Tod beschlossen.
Es sollte ein Exempel Europa gegenüber statuirt
werden, daß kein fremder Fürst es je wieder
wage, die Hand nach der mericanischen Kaiser-
krone auszustrecken.

Das Kriegsgericht über den von a l l e n Seiten fast verrathenen Monarchen war in vollem
Gang, und damit auch sein Tod beschlossen, denn
das nichtsnutzigste Gesindel saß über ihn zu Ge-
richt und eine Appellation von diesem gab es
nicht mehr. Der Kaiser hatte auch schon mit
dem Leben abgeschlossen. „Das Einzige, um
was ich sie bitten werde," sagte er zu seinem

Arzte, dem Doctor Basch — „ist, baß sie mein
Leben allein nehmen — mein Blut das Einzige
sein lassen, was vergossen wird — sie können
sich damit genügen lassen."

Indessen besuchte ihn in diesen Tagen die
Prinzessin Salm noch verschiedene Male und
verkehrte außerdem häufig in der Stadt mit ver=
schiedenen feindlichen Obristen, besonders mit
Obrist Villanueva, der englisch sprach und den
sie ja auch schon früher für sich gewonnen. Sie
hatte es sich in den Kopf gesetzt, den Kaiser un=
ter jeder Bedingung zu retten, und mit einer
fabelhaften Ausdauer verfolgte sie diesen Plan —
freilich nur mit der schon früher ausgesprochenen
Idee, daß man sich nicht mit geringeren Perso=
nen dabei einlassen dürfe, sondern sich an höhere
Officiere wenden müsse, wobei Gold dann der
Hebel sein sollte, der sie gefügig machte.

So viel Geld hatte aber der Kaiser natürlich
nicht baar bei sich, und konnte es auch jetzt nicht,
wo sich das Ganze um Tage handelte, so rasch
herbeischaffen — Baron Lago — der wahre
Strohmann eines Gesandten, war ebenfalls nicht
im Stande, hier zu helfen, und der Kaiser stellte
endlich zwei Wechsel, jeden von 100,000 Pesos
aus, die auf das kaiserliche Haus und seine Fa=

milie lauteten und von Baron Lago, als öster=
reichiſchem Geſandten, ebenfalls unterſchrieben
wurden.

Der letztgenannte Herr ſcheint aber über ſeine
Unterſchrift ſehr in Angſt geweſen zu ſein, denn
als ihm Doctor Baſch die Wechſel noch einmal
brachte, um auch die Unterſchrift der übrigen
Geſandten zu bekommen, lief er in heller Ver=
zweiflung in ſeinem Zimmer auf und ab. — „Sie
werden uns Alle hängen,“ rief er dabei, „ſie
werden uns Alle hängen, ohne dem Kaiſer Etwas
nützen zu können,“ und mit einer Scheere ſchnitt
er ſeinen Namen wieder ab.

Als man es ſpäter dem Kaiſer erzählte und
ihm die Worte wiederholte, lachte dieſer verächt=
lich und ſagte: „Und welch ein Unglück wäre
das geweſen? Die Welt hätte dadurch wahrlich
keinen Verluſt erlitten.“

Die Prinzeſſin nun — in der feſten Ueber=
zeugung, mit Geld Alles auszurichten, forderte
Riva Palacio — einen der wenigen ehrenwerthen
mexicaniſchen Obriſten direct auf, ihr bei der
Flucht des Kaiſers behilflich zu ſein, und bot
ihm dafür den einen Wechſel von 100,000 Dol=
lars. Villanueva hatte ſich ſchon um den näm=
lichen Preis bereit gefunden. War es nun, daß

der Versuch ihn zu bestechen zu schroff an Pa=
lacio herantrat, oder ihm auch zu direct gestellt
worden war, da die Prinzessin nur wenige
Worte Spanisch sprach, aber — er lehnte es
nicht allein nur ab, sondern brachte sogar den
Fluchtversuch zur Anzeige bei Escobedo, und
das schnitt dem Kaiser dann die letzte Hoff=
nung ab.

Prinzessin Salm bekam augenblicklich Befehl,
Queretaro zu verlassen, und das Schicksal Maxi=
milian's war entschieden.

Die Comödie im Theater Iturbide in Quere=
taro, wo das Kriegsgericht auf der Bühne saß,
spielte sich ab. Der Kaiser und die Generale
Miramon und Mejia wurden zum Tode verur=
theilt, das Urtheil mußte Escobedo bestätigen,
und am 16. sollte die Execution stattfinden.

Indessen hatte das Gerücht von dem Tode
der Kaiserin mehr Verbreitung gefunden, seine
wenigen Getreuen fürchteten, daß es dem Kaiser
von anderer Seite einmal plötzlich und uner=
wartet zu Ohren kommen könnte, und beschlossen
endlich, es ihm mitzutheilen. Er nahm es —
selber schon auf seinen Tod gefaßt, ruhiger hin,
als man erwarten konnte.

„Ein Band weniger, das mich an diese Erde
19*

feſſelt," ſagte er leiſe, als es ihm Mejia mit=
getheilt hatte, und blieb dann ſtill und in ſich
gekehrt.

Am Morgen des 16., während der Kaiſer
beſchäftigt war Abſchiedsbriefe zu ſchreiben, kam
gegen eilf Uhr Vormittags Obriſt Miguel Palacio,
mit ihm General Refugio Gonzales — ihnen
folgte eine Truppe Soldaten, die ſich ſchweigend
auf dem Vorplatz aufſtellten.

Bei offener Thür las der neue Fiscal Gon=
zales dem Kaiſer jetzt das Urtheil vor, der es
mit ruhig lächelnder Miene anhörte; wie aber
nur der Fiscal geendet, ſagte er zu Doctor Baſch,
auf die Uhr zeigend: „Auf drei Uhr iſt die
Stunde angeſetzt — Sie haben noch mehr als
drei Stunden Zeit und können ruhig Alles
vollenden."

Der Fiscal wendete ſich zum Gehen, als Ma=
ximilian plötzlich frug:

„Zu wem gehen Sie jetzt?"

„Zu General Mejia."

„Dürfte ich Sie bitten, einen Augenblick zu
warten — General Mejia hat Beſuch — nur
einen Augenblick," — und er ſchritt ſelber hin=
über zu ſeinem treuen Indianer. Vor kaum
einer halben Stunde hatte er nämlich geſehen,

daß Mejia's Frau ihn besuchte, und selbst in
diesem Augenblicke dachte er daran, wie furcht=
bar es für die Gattin sein müsse, dem Vorlesen
des Urtheils zuzuhören. Er trat hinüber in
Mejia's Zelle, und den Arm der Frau in den
seinen ziehend, sagte er:

„Kommen Sie, Señora — Sie müssen jetzt
Ihren Gatten für kurze Zeit allein lassen —
kehren Sie nachher zurück" — und damit führte
er sie dem Ausgang zu.

Miramon, der wohl ahnte, was das Alles
bedeute, war Zeuge dieser kleinen Zwischenscene
gewesen — er trat, als der Kaiser zurückkehrte,
auf ihn zu und sagte:

„Majestät — das ist gar nicht Mejia's
Frau."

„Und was thut das?" sagte der Kaiser weich
— „es ist eine Frau," — und damit schritt er
in seine eigene Zelle zurück.

Gegen Mittag kam der Beichtvater Pater
Soria. — „Ich beichte nicht Jedem, der Geist=
licher ist," sagte der Kaiser zu Doctor Basch, „und
habe den Pabre rufen lassen, um zu erfahren,
ob wir uns über gewisse Vorfragen einigen
können."

Um drei Uhr war der zum Tode verurtheilte

Monarch völlig bereit zum Sterben,*) als der
Obrist ein Telegramm brachte, das die Execution
drei Tage hinausschob.

„Das ist hart,“ sagte der Kaiser, „denn ich
hatte schon ganz mit der Welt abgeschlossen,“ —
und es war hart, denn es verlängerte nur die
Todesqualen der doch dem Tode Verfallenen.
— Und die Tage vergingen, schwache Hoffnung
lebte noch in den Herzen der treuen Menschen,
die ihn umstanden — aber vergebens. Der dritte
Tag kam — Baron Magnus, der preußische Ge=
sandte, der sich mit jeder Aufopferung ange=
strengt hatte, den Kaiser zu retten, während der
österreichische Gesandte gar nichts that, hatte
umsonst diesen Aufschub von Juarez verlangt.

Um halb sieben Uhr Morgens kam der Obrist
Palacio mit der Wachtmannschaft, um den Kaiser
abzuholen, der ernst, aber vollkommen gefaßt von
den Seinen Abschied nahm.

Die Verurtheilten wurden, während die ganze
Besatzung von Queretaro aufmarschirt stand, auf
Wagen zu dem Cerro de las Campanas — dem=
selben, wo er sich seinen Feinden ergeben hatte,
hinausgeführt.

----

*) Die Einzelheiten dieser Stunden hat Doctor Basch
einfach und ergreifend in seinen „Erinnerungen“ geschildert.

Als er aus dem dumpfigen Kloster auf die freie Straße trat, sah sich der Kaiser ringsum, athmete mit voller Brust die frische Morgenluft ein und sagte: „Welch ein herrlicher Tag! — einen solchen habe ich mir immer zum Sterben gewünscht."

Und wie öbe lag die Stadt — die Straßen waren menschenleer — die Läden geschlossen — keine Neugierigen auf den Balconen, noch auf den Dächern der Häuser — allgemeine Trauer herrschte in Queretaro, denn man hatte dort den unglücklichen Kaiser von Herzen lieb gewonnen und beklagte tief sein gewaltsames Ende.

Auf dem Hügel be las Campanas, der die freundliche Stadt mit ihren zahlreichen Thürmen und Kuppeln voll überschaute, und fast unmittel= bar neben der Stelle, wohin sich die Verrathenen damals zurückgezogen, schritt der Kaiser in das nach dem Cerro hin offene Quarré, umarmte noch einmal seine beiden Todesgefährten und stellte sich dann fest und ruhig den Soldaten gegenüber. An ihm vorbei gingen Miramon und Mejia. Miramon blieb wenige Schritte von dem Kaiser stehen, und Mejia, anstatt an seiner andern Seite zu bleiben, ging noch über Miramon hinaus.*)

Noch einmal trat der Kaiser vor und gab jedem der Soldaten, die bestimmt waren auf ihn zu schießen, die Hand und eins der neu ge= prägten Zwanzig-Dollar=Goldstücke mit seinem Bild darauf. „Schießt gut — schießt gerade hier= her!“ sagte er, auf sein Herz deutend, und ging dann zu seinem Platz zurück.

Dann sprach er mit klarer Stimme die Worte: „Mexicaner — möge dieses Blut das letzte sein, das für das Wohl des Vaterlandes vergossen wird!“

Miramon wies in wenigen Worten den Vor= wurf des Verrathes zurück — Mejia rief nur: „Viva Mejico — viva el Emperador!“

Die Büchsen knallten — die drei Opfer stürzten gut getroffen zu Boden; „Hombre!“ flüsterte der Kaiser, als er zusammenbrach, dann war Alles vorbei. —

Und warum länger bei dem furchtbaren Bild verweilen. Ein edles Herz hatte da ausgeschla=

---

*) Es wird gewöhnlich erzählt, der Kaiser habe Mira= mon den Ehrenplatz in der Mitte zugewiesen, aber das ist unrichtig. Wie sie sich aufstellten, ohne wohl in diesem Augenblick an den Rang zu denken, blieben sie stehen.

gen. Maximilian, der Erzherzog von Oesterreich,
war nach Mexico in dem festen Glauben ge=
kommen, von dem Volk wirklich berufen zu sein,
und mit dem Willen, nur dem Land Heil und
Segen zu bringen — und was fand er? Ver=
rath und Treubruch, wohin er den Fuß setzte,
eine schwankende Masse, die ihn heut' vielleicht
mit lautem Jubel als Kaiser begrüßte, um mor=
gen schon, statt der Blumen und Kränze, Steine
auf ihn zu schleudern — ein verkommenes, durch
endlose Revolutionen demoralisirtes und gesunke=
nes und doch in blindem Eigendünkel befangenes
Volk, das durch Phrasen einen Moment für
jede Sache hingerissen werden konnte, und
augenblicklich nüchtern wurde, sobald man das
geringste Opfer von ihm selbst verlangte.

Dahinein trat, an der Hand Napoleon's,
Maximilian, ein Prinz, ein Seemann, ein Poet
und außerdem ein braver, ehrlicher Mann, der
sich an sein Wort gebunden hielt, und nie glaubte
er genug gethan und seine Pflicht erfüllt zu
haben. So treu und rein sein eigenes Herz
war, so konnte und wollte er auch nicht an die
Schlechtigkeit anderer Menschen glauben, und
selbst zuweilen gewarnt, klammerte er sich noch
immer an die Möglichkeit an, daß es seine Um=

gebung doch gut und ehrlich mit ihm meine, bis
sie fast Alle — Alle — mit nur sehr wenig
Ausnahmen auf sein sinkendes Haupt den Fuß
setzten, um darüber hin die eigene Sicherheit
zu suchen.

Von Allen wurde er verrathen — am schmäh=
lichsten von Louis Napoleon selber und seinem
würdigen Marschall Bazaine, von Marquez, von
Lopez, den er mit Wohlthaten überhäuft, von
seinen eigenen Ministern und Räthen, ja von
seiner eigenen Dienerschaft, die nur ihre Koffer
füllte und dann zurück nach Hause floh, um
ihren Herrn und Wohlthäter zu verunglimpfen.

Die, für die er das Wenigste im Stande war
zu thun, hielten am treuesten bei ihm aus, und
zu spät sah er ein, daß er weit besser deren
Rath gefolgt wäre, als auf die zu hören, die
sich ihm aufdrängten und sich seine Freunde
nannten.

Zu spät! wie oft schon ist das verhängniß=
volle Wort einem Fürsten verderblich geworden
— zu spät! — wie oft wird es ihnen noch zum
Verderben werden.

Und doch kann die Geschichte nie einen Vor=
wurf auf das Haupt des mexicanischen Kaisers
Maximilian häufen. Er fiel — ja — aber wie

ein Mann, wie ein Held, wie ein Fürst. Seine
Feinde opferten ihn — aber er hinterließ keinen
Feind, und selbst die rohen Mericaner standen
erschüttert an seiner Leiche.

„Era una alma grande!" (es war eine große
Seele) sagte der Obrist Palacio, als er von der
Hinrichtung zurückkehrte, und mehr Thränen sind
ihm in Mexico, auf fremder Erde, nachgeweint
worden, wie vielleicht irgend einem andern Für=
sten der Welt, denn erst n a ch seinem Tode sahen
die Mericaner ein, w a s er ihnen gewesen —
was sie an ihm verloren.

Die Bewohner von Queretaro waren außer
sich. Sie hatten die lange und schwere Bela=
gerung ertragen, sie waren gezwungen gewesen
für das Heer zu sorgen, und dabei Hunger und
Elend mit ihm zu theilen, aber ein förmlicher
Enthusiasmus herrschte in der Stadt für den ge=
mordeten Kaiser.

Die Frauen strömten hinaus auf die Richt=
stätte, netzten Tücher mit dem vergossenen kost=
baren Blut, sammelten Steine und Erde von der
Stelle, auf der er gefallen, und deckten den Platz
mit Blumen.

Ein kleiner Erdhügel wurde dort aufgewor=
fen und ein rohes, schwarz angemaltes Holzkreuz

darauf errichtet — aber schon in den ersten
Tagen war das Kreuz in Splitter geschnitzt und
entführt, als theures Angedenken.

Man errichtete ein anderes und wieder ein
anderes — das Volk wurde nicht müde. Die
Damen gingen in Trauer — das Volk umjam=
merte die Stätte, bis endlich die Behörden der
Liberalen, denen es unter diesen Ovationen für
den Gerichteten unheimlich zu werden anfing,
und der Gouverneur von Queretaro den Befehl
gab, den ganzen Platz der Erde gleich zu machen.

Die Adobie=Mauern, vor denen die Opfer
gestanden, wurden abgerissen, die kleinen Erd=
hügel zerstört, die dort wachsenden Cactuspflanzen
abgeschlagen, und selbst das genügte noch nicht,
denn aus der Stadt selber ließ man Schutt hinauf=
fahren und die ganze Stätte dicht damit bedecken,
so daß die Stelle verschwand und Niemand mehr
wußte, wo er die Blumen hinlegen sollte, die
fast allnächtlich noch den Opferplatz schmückten. —

In den Straßen standen die Frauen und
jammerten und wehklagten, als der Zug der
Soldaten von der Richtstätte zurückkehrte.

Ein junges Weib lehnte an der Ecke, den
Kopf mit dem Rebozo verhüllt, und jammerte
laut — es war Mercedes. Ein Halb=Indianer,

ein Soldat und roher Bursche, trat zornig auf
sie zu.

„Um wen weinst Du, Dirne?"

„Um meinen Kaiser!" rief die Jammernde,
sich jäh und zornig emporrichtend — „bist Du
Einer seiner Mörder?"

„Warte muchacha, das sollst Du mir büßen!"
rief der Bube und riß den Revolver aus dem
Gürtel. Blitzschnell aber zuckte ein Messer in
des Weibes Hand, und den Arm treffend, daß
die Waffe zu Boden fiel, floh sie die Straße
entlang. —

Juarez selber kam einige Tage später auf
seinem Weg nach Mexico durch Queretaro —
aber es war ihm unheimlich in dem Ort. Diese
Oede, die Trauer um ihn her that ihm weh —
Kein Jubelruf begrüßte ihn, kein freundliches
Wort; wo er sich sehen ließ, trafen ihn nur
scheue, vorwurfsvolle Blicke, und schon mit
Tagesgrauen am nächsten Morgen setzte er seine
Reise nach der Hauptstadt fort.

12.

Die Republikaner.

———

Musterhafte Ordnung hielt unterdeß Por=
feirio Diaz in der Stadt; die kleinste Uebertre=
tung der gegebenen Befehle wurde aber auch auf
das strengste bestraft, und die Soldaten wußten
recht gut, daß der General nicht mit sich spaßen
lasse.

Aeußerst achtungswerth betrug er sich eben=
falls gegen die fremden Truppen, während sich
der österreichische und belgische Consul auf das
niedrigste benahmen, und deßhalb auch Proteste
von allen Seiten hervorriefen. Obrist Kobolich
und Graf Khevenhüller hatten (getrennt von
dem mexicanischen Oberbefehlshaber — jetzt Ge=
neral Tavera, da General Marquez nirgends
mehr zu finden war) direct mit Porfeirio Diaz

unterhandelt, und es wurde ihnen ehrenvoller
Abzug, nach Kriegsgebrauch, in ihre Heimath ge=
stattet.

Lerdo de Tejada protestirte allerdings später
dagegen, aber Porfeirio Diaz hielt das gegebene
Wort aufrecht, oder drohte selber seine Stelle
niederzulegen, und Juarez wußte, welchen Ein=
fluß gerade dieser General im ganzen Lande
hatte, wenn er ihn eben benützen wollte. Die
fremden Truppen, die schon aus Mexico aus=
marschirt waren, wurden allerdings, in Folge
davon, noch in Puebla zurückgehalten, aber man
erwartete wenigstens jeden Tag die Zusicherung
des Präsidenten, daß ihrem Weitermarsch Nichts
mehr im Wege stehen sollte. —

Die Familie Roneiro hatte indessen, nachdem
sie ihr altes bequemes Haus verlassen, die ganze
Zeit über jene gemiethete und höchst unbequeme
Etage bewohnt, die damals offen gestanden.
Señora Roneiro drängte allerdings fortwährend
in ihren Gatten, ein neues Haus zu kaufen,
damit sie sich dort wieder behaglicher einrichten
konnten, aber einestheils waren Roneiro's Ein=
künfte im letzten Jahr wirklich so beschränkt
worden, daß er mit den verschiedenen Anleihen
und Marquez' letzter Erpressung von 6000 Pesos

nur auf das Nothwendigste angewiesen blieb, und anderntheils mochte er auch sein wohl= erworbenes Eigenthum — und wenn es die Kirche beanspruchte — noch nicht für verloren geben. Die Verhältnisse in Mexico standen das ganze Jahr so ungewiß und schwankend, daß man gar nicht voraussagen konnte, wie sich Alles wenden und gestalten würde.

Allerdings ließ der Klerus ihn verschiedene Male drängen, das Grundeigenthum, um nur sein Gewissen zu befreien, einer geistlichen Per= son zuzuschreiben, und zwar dem Erzbischof als Oberhirten, da das Gesetz noch nicht geregelt war, welches die Güter der Todten Hand dem Klerus zurückgab, aber er wich immer aus — ver= sprach es allerdings, und weshalb nicht — ließ sich aber auf nichts Bestimmtes, und besonders nichts Schriftliches ein, und wartete eben seine Zeit ab, bis denn auch richtig die Liberalen wieder an das Ruder kamen.

Indessen hatte sich aber in Roneiro's Familie Alles freundlicher gestaltet, denn Inez' größter Schmerz war überwunden. Sie beweinte ihren jungen Gatten wohl noch zuweilen, aber sie war doch wieder heiterer geworden, und hatte sogar die Trauerkleider schon abgelegt. Da traf die

Kunde von der Hinrichtung Maximilian's in Mexico ein, und wirkte besonders niederdrückend auf die Frauen der besseren Kreise, und überhaupt solche, die dem Hof näher gestanden hatten. Die meisten Familien legten auch in der That um den geliebten Monarchen, dessen Verlust sie erst jetzt recht schmerzlich fühlten, tiefe Trauer an, und man sah in der Zeit fast keine Dame in ganz Mexico, die nicht vollkommen schwarz gekleidet ging.

Und eine Trauerkunde jagte dabei die andere, denn jetzt erst, mit freigegebener Communication, wurden die Einzelheiten jener furchtbaren Kämpfe bekannt, die dort im Innern das Schicksal des ganzen Landes entschieden hatten.

Auch Rodriguez' Familie hatte einen schweren Verlust erlitten, denn der immer heitere und wackere Feliciano war bei der Vertheidigung von Queretaro und einem Ausfall, bei dem er sich ganz besonders hervorgethan, durch einen Schuß in die Stirn getödtet worden. Und wie viele Familien hatten liebe Todte zu beklagen!

Die Familie saß bei ihrem Mittagsmahl, als sich die Thür öffnete und ein General der Liberalen auf der Schwelle stand. Roneiro sah allerdings rasch und erstaunt empor, denn

seine Diener hatten strengen Befehl, Nieman=
den unangemeldet herein zu lassen, die Essens=
stunde aber überhaupt nie zu stören, doch im
Nu erkannte er den Fremden, und aufsprin=
gend rief er, indem er ihm die Hand entgegen=
streckte:

„Don Porfeirio! lassen Sie sich auch einmal
bei uns sehen?"

„Wie geht es, Don Bautista?" lächelte der
General, indem er die gebotene Hand nahm und
herzlich schüttelte — „und die Damen? — wir
sind uns lange nicht begegnet und ich kann Ihnen
nicht sagen, wie ich mich freue, Sie Alle hier
wieder zu begrüßen."

„Und viel hat sich in der Zeit verändert."

„Viel!" nickte Porfeirio bedeutungsvoll.

„Und mit wie viel Blut!" seufzte die Señora.
„Mußte denn der arme Kaiser sterben? Er
hat es so treu — so ehrlich mit dem Land ge=
meint."

„Señora," sagte der General ausweichend —
„ich verstehe wohl nicht genug von der hohen
Politik, und weiß nicht, ob es nöthig war, —
ich bedauere aber selber seinen Tod, und möchte
von Herzen wünschen, daß ein anderer Ausweg
möglich gewesen wäre. — Doch es ist einmal ge=

schehen und nicht mehr zu ändern und — viel=
leicht auch gut für das Land, denn wir haben
jetzt nicht mehr zu fürchten, daß es noch einem
andern fremden Fürsten gelüsten sollte, die Hand
nach unserer Oberherrschaft auszustrecken."

„Und hört denn das Blutvergießen selbst jetzt
noch nicht auf?" klagte Inez, — „mir bebt es
immer durch das Herz, wenn ich einen Schuß
höre."

„Nur noch Zwei sind es, die wir haben
müssen," sagte General Diaz ernst — „General Marquez, der nicht allein uns, sondern
auch seinen Kaiser verrathen hat, und den Schurken
O'Horan, den bisherigen Präfecten von Mexico —
Marquez' Helfershelfer, wo es galt die liberal
Gesinnten zu plündern und zu bestehlen, wäh=
rend er indessen heimlich mit unseren Truppen
draußen verkehrte und ihnen jeden beabsichtigten
Ausfall verrieth. — Aber seine Stunden sind
gezählt, wenn wir ihn erwischen, und daß er sich
hier noch in der Stadt versteckt hält, weiß ich
gewiß. Er hat mehrmals versucht, Unterhand=
lungen mit mir anzuknüpfen. Bis jetzt war er
mir freilich zu schlau, aber ich habe die Hoff=
nung noch nicht aufgegeben. — Doch lassen Sie
uns von etwas Anderem reden, als diesen trau=

20*

rigen und trotzdem nicht zu vermeidenden Dingen.
Ich bin so glücklich darüber, daß der entsetzliche
Bürgerkrieg vorüber ist und es keine zwei Par=
teien mehr im Lande giebt — keine wenigstens,
die sich, Bruder gegen Bruder, mit den Waffen
in der Hand bekämpfen können und dürfen."

„Man erzählt sich in der Stadt, daß Sie die
größten und gerechtesten Ansprüche auf den Stuhl
des Präsidenten hätten," sagte Noneiro, „und
wenn Sie ein Wort sprächen —"

„Wenn es nur von dem einen Wort abhängt,"
erwiederte Porfeirio Diaz ernst, „so wird es nie
gesprochen werden, denn Gott wolle verhüten,
daß ich die kaum gelöschte Fackel des Bürger=
krieges muthwillig selber und von Neuem ent=
zünden sollte. Nein, Bautista — das Volk mag
wählen — ich habe meine Schuldigkeit gethan,
und möchte nicht auf eine Liste mit den Namen
Marquez, Vidaurri und Lopez kommen."

„Und wo ist Lopez?"

„Ich weiß es nicht," sagte Porfeirio Diaz
mit finster zusammengezogenen Brauen. „Er
war hier, und hätte ich meinen Willen gehabt,
so mußte er hängen, der zehnfache Verräther,
aber — er hat einen Paß von Escobedo, und da
dieser außerdem nicht besonders freundlich auf

mich zu sprechen ist — und ich weiß eigentlich
nicht weshalb — so mochte ich es ihm nicht zu
Leibe thun. Seit gestern ist der Verräther übri=
gens auch verschwunden, und Niemand weiß,
wohin er sich gewandt. Doch, was ich fragen
wollte, compadre — weshalb sind Sie denn aus
Ihrem großen, hübschen Hause aus= und in die=
sen Winkel hineingezogen? Ich hatte Mühe, Sie
nur aufzufinden.“

Roneiro sah etwas verlegen nach seiner Frau
hinüber. „Es sind das eigenthümliche Umstände,“
sagte er, „die sich nicht so rasch erzählen lassen.
— Wir — wir hatten so viele Schwierigkeiten
im Haus — unangenehme Störungen mit —“

„Der Geistlichkeit, wie?“ lächelte der General.

„Nun ja — die Geistlichkeit machte uns in
vielerlei Art solche Schwierigkeiten, daß ich es
endlich satt bekam und hier herüber zog.“

Porfeirio Diaz warf einen Blick auf die
Señora, denn er konnte sich recht gut denken,
was ihn dazu getrieben hatte; endlich sagte er:

„Und wissen Sie nicht, daß wir jetzt wieder
die Herren im Land sind und nicht der Klerus?
Heute ist der Befehl vom Hauptquartier einge=
troffen und wird morgen veröffentlicht werden,
daß alle die alten, diesem gegenüber gegebenen

Gesetze in Kraft treten. Der Klerus darf kein
Grundeigenthum besitzen, die Klöster sind sämmt=
lich aufgehoben, die Geistlichen dürfen sich nicht
mehr im Ornat auf der Straße blicken lassen
— sämmtliche Processionen außerhalb der Kirchen
sind verboten — das ewige Läuten mit den Glocken,
das Einen zur Verzweiflung bringen kann, wird
auf das Nothwendigste beschränkt —"

„Aber wir haben ein Zeichen des Himmels
gehabt, Señor!" rief die Señora, die sich nicht
länger halten konnte, „wir durften nicht länger
in dem Gott geweihten Hause bleiben."

„Ein Zeichen des Himmels!" sagte der Ge=
neral erstaunt, „wie versteh' ich das?"

„Eine Erscheinung — der Prior des alten
Klosters."

Der General warf fragend den Blick auf
Roneiro und dieser sagte achselzuckend:

„Es war in der That Etwas, das ich selber
nicht verstehe — eine Erscheinung bei vollkommen
verschlossener Thür, die von drei oder vier ver=
schiedenen Personen zu gleicher Zeit gesehen wurde.
Ich habe dabei Alles selber auf das genaueste
untersucht, aber auch nicht die geringste Erklä=
rung für das, mir selber Unerklärliche gefunden,
und — den Frauen wurde es darnach so unheim=

lich in dem alten Gebäude, daß ich des lieben
Friedens wegen endlich diese Wohnung suchte,
wo wir wenigstens Ruhe gefunden haben."

„Also eine Erscheinung," sagte Porfeirio
Diaz, der mit der gespanntesten Aufmerksamkeit
den Worten gelauscht hatte — „und wie sah sie
aus? — bitte, beschreiben Sie mir einmal dieselbe, Señora — Sie glauben nicht, wie ich mich
dafür interessire."

„Mich schaudert es jetzt noch, wenn ich nur
daran zurückdenke," sagte zitternd die Frau, „es
war ein Mönch in seinem langen grauen Gewand, aber mit todtenbleichen Zügen und ordentlich funkelnden Augen."

„Ein Mönch?"

„Ja — noch sehe ich sein weites, wallendes
graues Gewand vor mir, und fahre manchmal in
der Nacht mit einem Schrei empor, wenn ich
davon träume und die fürchterlichen Worte höre,
die er damals gesprochen."

„Und was waren die Worte, Señora?"

„Ich werde sie ewig im Gedächtniß tragen,"
stöhnte die Frau. „Die Strafe Gottes hat Euch
erreicht," sagte er mit hohler, geisterhafter
Stimme, „und seine Hand liegt auf diesem
Hause — Glied nach Glied wird abfallen. Wehe

Euch — wehe!" und erbebend barg sie ihr Gesicht
in den Händen.

„Wer wohnt jetzt dort drüben, Bautista?"
frug jetzt Porfeirio, sich zu diesem wendend —
„Geistliche?"

„Nein — Niemand — ich habe die Schlüssel
noch nicht aus den Händen gegeben."

„Sehr gut," nickte der General, „und könn=
ten wir nicht einmal einen Spaziergang hinüber
machen?"

„Gewiß könnten wir das — aber weshalb?"

„Das sage ich Ihnen nachher — vielleicht
begleiten uns die Damen?"

„Ich kann die Schwelle nicht wieder über=
schreiten," rief die Señora entsetzt.

„Und dennoch bitte ich Sie darum," erwie=
derte der General, „denn es wäre doch möglich,
daß wir dort den Schlüssel zu einem Geheimniß
fänden."

„Den Schlüssel zu einem Geheimniß?"

„Vertrauen Sie sich mir getrost an — ich —
habe einige Erfahrung in derlei Dingen, und
Sie selber brauchen Nichts zu fürchten. Außer=
dem ist es sehr zu wünschen, daß Freund Bau=
tista das Haus nicht ohne alle Aufsicht läßt,
denn — doch davon später. Kommen Sie nur,

Señorita — der kleine Spaziergang wird Ihnen
ganz gut thun, und am hellen Tag fürchten Sie
sich doch wahrhaftig nicht, die Räume wieder zu
betreten, in denen Sie so manche Nacht ruhig
und ungestört geschlafen haben?"

Er ließ auch nicht nach, bis sich die Damen
zum Ausgehen rüsteten — verlangte nur noch
von Roneiro ein Licht, das er entzweibrach und
in die Tasche steckte, und begleitete sie dann ohne
Weiteres hinüber in das altbewohnte Haus.
Unterwegs aber, als er dem ersten Officier be=
gegnete, beorderte er eine kleine Patrouille zu
dem Gebäude, die dort unten an der Thür auf
seine weiteren Befehle warten sollte.

Roneiro öffnete indessen unten, und die Señora
hing sich zitternd an des Generals Arm, der nur
Mühe hatte, sie zu beruhigen. So stiegen sie
die Treppe hinauf und erreichten jenes Zimmer,
in dem sie damals die furchtbare Erscheinung
gehabt.

Porfeirio Diaz betrat es zuerst und warf
den Blick überall umher.

„Und wo erschien der Mönch?"

„Dort in jenem Vorhang."

„Und die Thür hier war von innen ver=
schlossen?"

„Ja, denn als ich unmittelbar darnach kam, mußte sie erst geöffnet werden, ehe ich Einlaß bekommen konnte."

„Bueno — dann werden wir einmal se= hen, was das benachbarte Cabinet birgt, denn hier ist er doch auch wahrscheinlich wieder ver= schwunden?"

„Allerdings!"

General Diaz frug Nichts weiter, betrat den benachbarten kleinen Raum und sah sich aufmerk= sam darin um. Es war hier übrigens ziemlich dunkel — ein vergittertes Fenster führte aller= dings auf den Corridor hinaus, ließ aber, mit den Gardinen davor, nur wenig Licht herein. Porfeirio zögerte auch nicht lange — er dachte an seine Erscheinung in dem alten Kloster von Puebla, zündete eins der Lichter an und begann bei dem Schein desselben die Wände des kleinen eichengetäfelten Gemachs auf das sorgfältigste zu untersuchen. Er brauchte nicht lange Zeit dazu — in der einen Blume fand er einen eiser= nen Schieber, der jedenfalls einen Zweck haben mußte, und als er etwa eine halbe Minute lang daran probirt und gedrückt, wie geschoben, fühlte er, wie das ganze Getäfel sich bewegte und zugleich eine schmale, etwa vier Fuß hohe Thür

aufſprang, aus der ihm eine dumpfe, kellerartige
Luft entgegenwehte.

„Caramba," rief Señor Roneiro, „was iſt
das? — eine Thür hier, in dem Garderobe⸗ und
Ankleidezimmer meiner Tochter!"

„Und ein Gang darunter," lachte der Gene=
ral — „aber wir wollen bald dahinter kommen,
wohin er führt. Sie, meine Damen, ſehen hier
aber, auf welche natürliche Weiſe die E r ſ ch e i =
n u n g, wie Sie glaubten, bei Jhnen eingetre=
ten und — troß der verſchloſſenen Thür wieder
verſchwunden iſt. Auf gleiche Weiſe kam in dem
Kloſter, in dem ich in Puebla gefangen ſaß, ein
Mönch zu mir und mußte mich ſehr g e g e n ſei=
nen Willen befreien, und es ſollte mich gar nicht
etwa wundern, wenn Pabre Zaloga auch bei
d i e ſ e r Comödie die Hand mit im Spiel gehabt
hätte."

„Pabre Zaloga?" rief die Señora erſtaunt.

„Allerdings, und ein Schuft durch und durch,"
nickte der General, „den Labaſtida zu allen ſchmußi=
gen Arbeiten gebrauchte und der nicht ſelten noch
ſchmußigere auf eigene Hand unternahm — aber
der hat wenigſtens ſeinen Lohn, denn es iſt der
Nämliche, den ich neulich, als wir ihn mit ver=
rätheriſchen Briefen erwiſchten, hängen ließ."

„O heilige Jungfrau!" rief die Señora ent=
ſetzt — „einen Pabre?"

„Wir haben keine Umſtände mit ihm gemacht,"
nickte der General; „aber jetzt wollen wir doch
einmal unterſuchen, wohin dieſer Gang führt
und mit welchem andern Hauſe er noch in Ver=
bindung ſteht. Dies war ein Franciscanerkloſter,
nicht wahr Bautiſta?"

„Es war dem heiligen Sebaſtian geweiht,
wurde aber von Franciscanermönchen bewohnt."

„Ganz richtig, bueno — veremos —" und
ſich über die Veranda nach dem Hof zu beugend,
rief er zwei von ſeinen Soldaten herauf, entzün=
dete die Lichter und ſtieg dann mit ihnen die
allerdings ſehr enge und verſteckte, aber doch be=
queme Treppe hinab. Unten fanden ſie noch eine
Auszweigung, der eigentliche Hauptweg führte
aber tiefer hinab in einen Keller oder einen tie=
fer gelegenen und ſehr niederen gewölbten Gang,
der etwa dreihundert Schritt in gerader Richtung
fortlief und endlich wieder eine Treppe erreichte.
Dieſer auffolgend, kamen ſie zu einer andern
verſchloſſenen Pforte; an der ſich aber auch ein
noch recht gut erhaltener, nur ein wenig roſtig
gewordener Drücker befand, und als es ihnen
gelang, dieſen, allerdings mit einiger Mühe, zu

öffnen, fahen fie fich in den jetzt öben und un=
benützten, weil verlaffenen Räumen des alten
Urfulinerinnenkloſters am andern Ende der näch=
ſten Quadra.

Die Unterſuchung hatte eine reichliche Stunde
gedauert und Roneiro war. ſchon ungedulbig
geworden. Die Damen füllten jedoch ihre Zeit
indeß ſehr leicht damit aus, die alten Räume,
in denen ſich noch manche von ihren Sachen be=
fanden, einmal zu revibiren. Da ſtellte ſich denn
die allerbings nicht angenehme Thatſache heraus,
daß einige ihrer Schränke gewaltſam geöffnet
und dann wieder in's Schloß gedrückt waren.
Ob ihnen Sachen fehlten, ließ ſich allerbings
nicht ſo raſch beſtimmen, aber eine fremde Hand,
und zwar keinesfalls die eines Geiſtes, war un=
zweifelhaft dabei beſchäftigt geweſen, und da man
dieſe natürlich nur dort ſuchen konnte, wo die
damals geglaubte Erſcheinung herrührte, ſo fühl=
ten ſich auch ſelbſt die Damen über ſolchen Ein=
griff in ihr Privateigenthum empört.

Endlich kehrte Porfeirio von ſeiner Ent=
deckungsreiſe zurück und berichtete, wo ſie den
Ausgangspunkt gefunden hätten.

„Sehen Sie, Señora," ſagte er, dabei tief
aufſeufzend — „mit ſolchem Geſindel haben

wir es hier zu thun, und nur den einzigen Trost,
daß wir das Unglück mit vielen anderen Staa=
ten theilen. Diese Klöster sind nur der Aufent=
haltsort von faulen und leider zu oft gefähr=
lichen Müssiggängern. Eine Religion der Liebe
haben sie auf den Lippen, und Haß, Unfrieden
und nicht selten sogar Sünde tragen sie in die
Welt hinein. Und glauben Sie nun, daß Gott,
der Allwissende und Gerechte, in solche Hände
die Kraft zu segnen und zu fluchen legen würde?
Es ist nicht gut denkbar, und wenn auch nicht
in allen Stücken, darin stimme ich gewiß mit
Juarez überein, daß diese faulen Nester von
der Erde weggefegt werden müssen, damit eine
freiere, gesündere Luft über das Land wehe."

„Aber wenn sie uns allen geistlichen Trost,
alle kirchlichen Verrichtungen versagen —" klagte
die Frau in Angst.

„Sie werden gezwungen werden," sagte
Porfeirio Diaz bestimmt, „und wenn Freund Bau=
tista meinem Rath folgt, so läßt er hier vor
allen Dingen diesen Gang, dort wo er an der
Grenze seines Hauses abschneidet, zumauern, und
bis das geschehen ist, den Eingang hier oben
verbarrikadiren oder vernageln, und zieht dann
ruhig wieder in sein Eigenthum. Ich garantire

Ihnen auch, daß Sie keine weiteren Erscheinun=
gen haben sollen, weil die Geister von jetzt an
gezwungen werden, die natürlichen Ein= und
Ausgänge zu benützen — und das paßt ihnen
nicht, denn dabei könnte ihnen einmal der Rück=
zug abgeschnitten werden. Doch adios — ich
habe noch viel zu thun, da wir in den nächsten
Tagen Juarez erwarten, und bin noch nicht ein=
mal im Stand gewesen, selbst meine besten Freunde
aufzusuchen."

„Waren Sie schon bei Robriguez?"

„Nein, noch nicht; ich will aber noch heute
Abend oder doch spätestens morgen Früh zu ihm.
— Was ich Sie fragen wollte — O'Horan ging
ja wohl dort häufig ein und aus?"

„Allerdings, aber nicht Robriguez zu Liebe;
er bewarb sich vielmehr um ein junges, sehr
hübsches und reiches Mädchen — eine Verwandte
Robriguez', die schon längere Zeit dort wohnt —
Ricarda San Blas."

„Von Mazatlan?" rief Porfeirio rasch.

„Allerdings."

„Und ist San Blas hier?"

„Erst kürzlich gekommen, ja."

„Und der hätte seine Tochter dem Schurken

geben können? Da sind wir vielleicht noch ge=
rade zur rechten Zeit gekommen."

„Ich glaube kaum, daß ihn das Mädchen ge=
nommen hätte."

„Ich hoffe doch nicht, daß ihn Robriguez bei
sich versteckt hält?" rief Diaz, von einem plötz=
lichen Gedanken erfaßt, rasch. „Die Möglichkeit
ist da, denn er scheint wie in den Boden hinein
verschwunden, und dort ist allerdings noch nicht
nach ihm gesucht worden. Kehrt aber erst Jua=
rez hier nach Mexico zurück und wird er **dann**
bei ihm gefunden, so kann es ihn in schlimme
Verlegenheiten bringen."

„Es wäre ein verwünschter Streich!" sagte
Roneiro — „wenn Sie nun einmal zu ihm gin=
gen und mit ihm sprächen — ihn warnten? Er
kennt selber O'Horan nicht so genau und läßt
sich vielleicht aus Rücksicht für San Blas zu
einem gefährlichen Schritt verleiten."

„Gut — dann werde ich ihn **jetzt** aufsuchen,"
nickte Porfeirio Diaz — „ich möchte ihn nicht in
Verlegenheiten bringen und — muß doch meine
Pflicht thun. Also, Señora, richten Sie sich nur
auf meine Verantwortung hier wieder häuslich
in Ihrer alten Wohnung ein. Daß Sie von
Geistererscheinungen nicht wieder belästigt wer=

ben, dafür ſtehe ich Ihnen, und ſollte es in an=
berer Weiſe geſchehen, ſo wenden Sie ſich direct
an Juarez und Sie werden ſehen, w i e raſch er
Ihnen Hilfe ſchafft. Das Reich der P f a f f e n
in dieſem Lande iſt zu Ende, und gebe nur Gott,
daß wir auch in anderer Hinſicht einer Beſſerung
entgegengehen!"

* * *

In Rodriguez' Hauſe hatte die Familie ein
paar recht trübe Tage verlebt, denn die Nachricht
von des Sohnes Tod, ſo ehrenvoll er auch immer
gefallen und ſo wacker er ſich benommen, ſchlug
ihnen eine tiefe Wunde. — Aber ſelbſt der Kai=
ſer hatte ja ſterben müſſen und der Tod eine
furchtbare Ernte in dem ſchönen Land gehalten
— durften ſie da murren, daß der Unerbittliche
auch in ihren Kreis den Arm geſtreckt? — Welche
Familie im ganzen weiten Reich war verſchont
geblieben? Faſt keine von allen, die ſ i e kann=
ten — eine jede hatte ihr Opfer bringen müſſen,
in dieſer oder einer andern Art, und die Hand
des Schickſals lag ſchwer auf dem weiten Land.

In ſofern nur hatte die augenblickliche Situa=
tion eine Beſſerung erfahren, daß den Räuber=
banden, die ſich bis dahin überall gezeigt, ein

Vorwand genommen war, bewaffnet das Land
zu durchziehen. Die Liberalen waren Sieger
und jetzt die Herren im Reich, und unter ihrem
Banner konnten keine Plünderungen mehr geübt
werden, ja Porfeirio Diaz' Schaaren machten
sogar mit einigen Horden, die sie trotzdem noch
abfingen, so kurzen Proceß, daß die übrigen doch
scheu wurden und — wenn sie das Stehlen nun
einmal nicht lassen konnten, einen andern Schau=
platz suchen mußten, als die Straße zwischen
Mexico und Vera=Cruz.

Señor San Blas beschloß auch deshalb jetzt
seine Reise nach der Küste anzutreten, denn man
wußte ja gar nicht, wie lange dieser, verhältniß=
mäßig sichere Zustand dauern würde. Sein
Hausgepäck befand sich ja noch außerdem in der
Hafenstadt, und wenn er sich jetzt mit einigen
Maulthieren einem der nach Vera=Cruz fast
allwöchentlich ein paar Mal abgehenden Militär=
züge anschloß, durfte er darauf rechnen, unter=
wegs nicht belästigt zu werden. Nur der Ge=
sundheitszustand seiner Tochter ängstigte ihn, und
er wußte nicht einmal recht dabei, ob er es
einem körperlichen oder geistigen Leiden zuschrei=
ben sollte.

Van Leuwen, der junge belgische Officier,

hatte nämlich wenige Tage vor der Uebergabe
der Hauptstadt ganz offen bei Ricarda's Vater
um die Hand der Tochter angehalten, um die sich
in der gleichen Zeit O'Horan bewarb, war aber
von San Blas in wohl sehr artiger, aber auch
eben so entschiedener Weise abgewiesen worden.
Van Leuwen gehörte allerdings, wofür er ihm
selbst hier die Beweise zu bringen sich erbot,
einer reichen und angesehenen Familie in seinem
Vaterlande an, aber der Mexicaner hatte nun
einmal eine Abneigung gegen alle Fremden,
und trotzdem daß er recht gut fühlte, wie auch
seiner Tochter der junge Mann nicht gleichgiltig
sei, konnte er doch das Vorurtheil nicht über=
winden und beging sogar die Unvorsichtigkeit,
die Werbung O'Horan's gegen Ricarda zu be=
fürworten.

Ricarda war außer sich — mit Abscheu wies
sie die Verbindung mit einem Mann, den sie —
wenn sie auch keinen Grund dafür angeben konnte
— aus voller Seele haßte, zurück, und gerieth
dabei in eine solche Aufregung, daß sie Krämpfe
bekam, und so wohl zwölf Stunden in einem
nicht unbedenklichen Zustand verharrte. Davon
hatte sie sich jetzt allerdings wieder erholt, aber
sie blieb seit der Zeit bleich und in sich gekehrt,

21*

ja selbst theilnahmlos gegen Alles, was sie um=
gab, und der Vater, der mit voller Liebe an sei=
nem Kinde hing, hoffte jetzt nur noch von einem
Scenen= oder Luftwechsel Heilung für das schwere
Leid, das auf ihrem Herzen lag.

Van Leuwen selber betrat, nach der Abwei=
sung, Rodriguez' Haus nicht wieder, und vermied
es auf das sorgfältigste, selbst Ricarda zu be=
gegnen. Er hatte sich auch überhaupt noch nicht
vollständig von seinen Wunden erholt, und als
die Fremdenlegion, oder vielmehr die fremden
Regimenter, unmittelbar nach der Capitulation,
Erlaubniß und zugleich Befehl erhielten, gegen
Puebla abzumarschiren, verwandte sich sein Arzt
für ihn bei Porfeirio Diaz, der es gern bewil=
ligte, daß er wenigstens noch acht oder zehn Tage
in Mexico bleiben durfte, um sich erst zu kräf=
tigen. Nachher konnte er dann den Seinigen
folgen, die ja auch bald darnach, auf Befehl des
Präsidenten, in Puebla internirt wurden und
jetzt dort noch immer auf dessen weitere Befehle
warteten.

Aber auch von O'Horan wurde Ricarda nicht
weiter belästigt, denn schon während die Unter=
handlungen über die Uebergabe im Werke waren,
kam er noch einmal zu San Blas, hatte mit

diesem eine geheime, aber sehr hastige Unter=
redung und blieb von dem Augenblick an, ebenso
wie Marquez, mit dem er überhaupt sehr häufig
zusammen gewesen, vollständig verschwunden.

Die Tage vergingen indessen den Bewohnern
der Stadt merkwürdig still. Sie waren gewohnt
gewesen, den ewigen Kanonendonner draußen
und das Einschlagen der Kugeln im Innern,
durch die Straßen klappernde Cavallerie=Massen,
Trompeten=Geschmetter und Trommel=Rasseln zu
hören. Jetzt plötzlich war Alles still — die
Soldaten der Liberalen, die sehr streng unter
Aufsicht gehalten wurden, bekam man fast gar
nicht zu sehen, und es gab Stunden am Tag,
in denen die Stadt wie ausgestorben lag.

Es war heute so. In der sonst so belebten
Calle San Francisco ließ sich fast kein Mensch
sehen — nur ein paar Leperos schlenderten da
und dort hinab, denn sie fühlten sich jetzt sicher,
daß sie nicht mehr aufgegriffen und mit einer
Muskete in der Hand gegen den Feind geschickt
wurden.

Die Familie Rodriguez hatte sich in dem
Salon versammelt, denn Bastiani, der alte Freund
des Hauses, der selber nach Queretaro gereist,
um dort Genaueres über die stattgehabten Vor-

gänge zu erfahren, war zurückgekehrt und be=
richtete die einzelnen Umstände von des Kaisers
Tod, wie edel er sich noch benommen, wie helden=
müthig er seinem Schicksal die Stirn gezeigt,
und wie wahr und aufrichtig er von den Be=
wohnern Queretaros betrauert werde.

Die Frauen besonders lauschten den Worten
mit der größten Aufmerksamkeit und Thränen
standen in Ricarda's Augen. Da öffnete einer
der Diener die Thür und meldete: „Señor Lucido.''

„Laß ihn eintreten, muchacho — laß ihn
eintreten!'' rief Rodriguez, „wozu denn nur die
Anmeldung — Du weißt doch, wie befreundet
wir sind.''

Er hatte noch nicht ausgesprochen, als der
Diener zurücktrat und statt des Erwarteten Mau=
ricio Lucido auf der Schwelle stand.

„Buenos dias Señoritas y caballeros!'' sagte
der Eintretende, nach allen Seiten freundlich und
zutraulich grüßend, indem er den Hut, den er
noch in der Hand hielt, gegen die Damen
schwenkte. „Ich kann Ihnen gar nicht sagen,
wie ich mich freue, Sie nach so langer Zeit ein=
mal wieder zu sehen. Wie geht es Ihnen Allen?''

Todtenstille herrschte in dem Raum — Nie=
mand rührte sich, nur Ricarda war, ihren Augen

kaum trauend, von ihrem Sitz emporgefahren.
Mauricio selber schien das aber gar nicht zu
bemerken, denn mit seiner selbstgefällig lächelnden
Miene fuhr er fort: „Das war allerdings eine
böse und schwere Zeit, aber wir haben die ver=
maledeiten Franzosen wenigstens aus dem Land
gejagt und diesen deutschen Kaiser, der sich hier
ein Recht über freie Mexicaner anmaßte, durch
ein halb Dutzend Kugeln zur Raison und zur
Ruhe gebracht, und jetzt wollen wir einmal Den
sehen, der es wieder wagen wird in's Land zu
kommen, wenn w i r ihn nicht darin haben wollen.
Caramba, den Spaß in Queretaro hätten Sie
mit durchmachen sollen — Señor Rodriguez, ich
freue mich herzlich, Sie begrüßen zu können,
und er reichte dabei dem alten Herrn die Hand,
der so verblüfft über das Ganze war, daß er sie
ihm nicht weigerte."

„Sieh da!" fuhr jetzt der unverwüstliche
Mauricio, indem er sich im Kreis umsah und
Ricarda bemerkte, fort — „da finde ich ja auch
noch eine alte Bekannte, Doña Ricarda — como
está Señorita! Wenn Sie wüßten, wie ich mich
darnach gesehnt habe, Sie wieder begrüßen zu
dürfen!"

Ricarda hatte ihr Auge fest auf ihn gerichtet,

aber keine Muskel ihres Angesichts rührte sich,
und ihre Augensterne blitzten und funkelten ihn
an, als ob sie ihn damit durchbohren wollte.
Mauricio schien das Alles aber nicht zu fühlen,
oder absichtlich zu ignoriren, denn mit lächelnder
Miene begrüßte er jetzt die übrigen Damen,
bis sich Robriguez doch endlich so weit von seinem
Staunen erholte, daß er eine Frage an ihn richtete:

„Aber Don Mauricio! — wo kommen Sie
her? — Wo waren Sie so lange?"

„Ich?" sagte der junge Mann vergnügt, „bei
Juarez natürlich — etwas wie Geheimsecretär
und völlig im Vertrauen des Präsidenten, zu=
gleich aber auch Obrist bei den Truppen —
hatte eine besondere Guerillaschaar unter mir —
prächtige Jungen, Cara — Caramba, nur ein
bischen wild!"

„Und jetzt?"

„Da wir nun siegreich in die Hauptstadt ein=
gerückt sind, hat mir der Bürgerpräsident, in
Anerkennung meiner Verdienste um die gute
Sache," sagte der junge Mann stolz, „die Prä=
fectur in Tejaliska, der zweitgrößten Stadt Du=
rangos, gegeben, und ich bin nur hierhergekom=
men, um meine Familie einmal wiederzusehen
und meine Geschäfte zu arrangiren."

„In der That? — eine Präfectur?" sagte San Blas, dem Señora Rodriguez leise und rasch die früheren Erlebnisse des jungen Herrn zugeflüstert, „das muß ich gestehen. —"

„Und warum nicht?" frug Mauricio, ihm den Kopf zuwendend, „ah, Don Rodriguez, mit wem habe ich dort die Ehre?"

„Señor San Blas aus Mazatlan — Vater der Señorita —"

„Ah, wirklich? sehr angenehm, verehrter Herr, in Ihnen den Vater einer so liebenswür= digen Tochter kennen zu lernen; doch was fin= den Sie darin Auffälliges? Wir, die wir auf= richtig und treu an der Sache des Vaterlandes gehangen haben, müssen doch auch jetzt, da uns der Sieg geworden, dafür belohnt werden, wäh= rend man natürlich die kaiserlichen Beamten und Verräther über Bord wirft. Der Staat braucht jetzt tüchtige und ehrliche Kräfte, um sich von seinen langen Leiden zu erholen."

„Und deshalb hat man S i e zum Präfecten gemacht, Mauricio?" sagte Bastiani, der bis da= hin etwas abseits gestanden, trocken.

„Ah, Señor Bastiani!" rief Mauricio, der rasch den Kopf dahin drehte und die Worte über= hört zu haben schien — „amigo mio, wie freue ich mich, Sie wieder begrüßen zu können," und er trat auf ihn zu und reichte ihm die Hand. Der alte Bastiani legte aber die seinigen, ohne die Bewegung zu beachten, auf den Rücken und sagte ruhig:

„Die Freude ist dann jedenfalls eine aus= schließliche, Señor, denn ich empfinde nicht das Geringste davon."

„Señor!" fuhr Mauricio auf, der diese Andeutung nicht falsch verstehen konnte, „was wollen Sie damit sagen?"

„Für den Augenblick," erwiederte der alte Herr ernst, „und in dem Hause des Señor Ro= driguez gar nichts; wünschen Sie aber wirklich zu wissen, was ich über Sie denke, Señor, dann kann das vielleicht unten auf der Straße ge= schehen, denn ich hoffe wenigstens, daß Sie mein Haus nicht mit Ihrem Besuch beehren werden."

„Caramba — das ist stark!" rief Mauricio, doch außer Fassung gebracht, und sich in seiner Verlegenheit an Ricarda wendend, rief er: „Ha= ben Sie schon etwas Aehnliches gehört, Señorita?"

„Gehört ja," — erwiederte aber die junge Dame, sich hoch emporrichtend, „doch noch nie eine solche Frechheit gesehen, daß ein Straßen= räuber es wagte, das Haus achtbarer Leute zu

betreten, während er genau weiß, daß sie ihn
kennen und — verachten."

„Señorita!" rief Mauricio, und seine Augen
funkelten in verhaltener Wuth, der er aber doch
keinen weiteren Ausdruck zu geben wagte —
„also das nennen Sie Straßenraub, wenn sich
wackere Patrioten zusammenschaaren, um die
frechen Eindringlinge und Feinde des Landes zu
vernichten? Das nennen Sie Straßenraub, wenn
diese Märtyrer der Freiheit —"

„Koffer plündern und selbst den Damen
Schmuck abnehmen," unterbrach ihn mit tiefer
Stimme Bastiani.

„Señor Rodriguez!" rief Mauricio halb außer
sich, „dulden Sie, daß man in Ihrem Hause —"

„Meiner Seel', Señor," sagte aber selbst
der alte gute Rodriguez achselzuckend — „Sie
waren thöricht, dies Haus wieder zu betreten. Ich
hoffe, Sie reisen bald nach Tejaliska, wie?"

Mauricio warf einen Blick im Kreis umher.
In allen Familien, die er bis jetzt aufgesucht,
war er, als Lucido's Sohn, auf das zuvor=
kommendste empfangen worden, und Niemand
hatte auch nur eine Andeutung auf frühere kleine
Unannehmlichkeiten, dem Präfecten von Tejaliska
gegenüber, gewagt — und hier? — aber er fühlte,

daß gerade hier, wo er früher Versäumtes wieder
gut zu machen hoffte, seine Rolle ausgespielt sei,
und mit einem stolzen Blick im Kreise umher,
der aber leider keine Anerkennung fand, blieb er
noch einen Moment stehen, drehte sich dann um
und verließ, den Kopf erhoben, ohne weiteren
Gruß den Raum.

Sein Abgang erlitt aber noch eine Störung.
Er hatte mit voller, vernichtender Würde d i e s e
Gesellschaft verlassen wollen, wie er aber nun
die Thür öffnete, trat ihm der General Por=
feirio Diaz entgegen, und vollkommen aus der
Rolle fallend, grüßte ihn der „freie Republi=
kaner" auf das unterthänigste. Porfeirio Diaz
war jetzt der — man konnte recht gut sagen —
beliebteste Mann im Reich, ja hier in Mexico
zweifelte sogar Niemand daran, daß er bei der
nächsten Präsidentenwahl die Stimmenmajorität
bekommen würde.

Porfeirio Diaz nahm übrigens sehr wenig
Notiz von ihm. Er warf nur einen flüchtigen
Blick auf den an ihm Vorbeigleitenden, und trat
dann, herzlich begrüßt von Allen, in den Salon,
während Mauricio, heimlich die Zähne zusammen=
knirschend, die Treppe hinab eilte und sich in

ben Sattel bes unten am Hause angehangenen
Pferbes schwang.

„General Diaz — Caramba!" rief Bastiani,
ihm entgegen eilenb unb ihm bie Hanb reichenb
— „wie lange haben wir einanber nicht gesehen!
Wie geht's, hombre — schwere Zeiten burch=
gemacht, wie?"

„Schwere Zeiten, Bastiani," sagte ber Ge=
neral herzlich; „wie geht's Robriguez? San
Blas! alter Freunb! sehen wir uns auch einmal
wieber? Señoritas, ich hoffe nicht, baß ich Sie
störe."

„General," sagte Robriguez treuherzig —
„Sie sinb in jebem Haus willkommen, unb
boppelt hier, unter alten Freunben."

„Wer war ber junge Mann, ber ba an mir
vorüberfuhr? Er sah auffallenb blaß aus."

„Der junge Lucibo, ber hier wegen Straßen=
raub eingefangen wurbe," sagte Bastiani trocken,
„bann entfloh unb jetzt mit Juarez als Präfect
von Tejaliska zurückkehrt. Die Stabt kann sich
gratuliren — unb ber Staatsschatz auch."

Porseirio Diaz zuckte mit ben Achseln. „Mein
lieber Bastiani," sagte er lächelnb, „wenn Sie
verlangen, baß alle unsere Beamten ehrliche
Leute sein sollen, so würben Sie sehr viele

Stellen unbesetzt lassen müssen. Die ewigen Revo=
lutionen haben unser junges Volk demoralisirt,
und wir brauchen lange Jahre der Ruhe, um das
wieder auszugleichen — doch, Robriguez, amigo,
ich möchte nur zwei Worte mit Ihnen unter vier
Augen sprechen — nur eine Frage an Sie rich=
ten, denn meine Zeit ist beschränkt."

Robriguez schritt mit ihm zu einem entfernten
Fenster, und er fuhr hier leise fort: „Wissen
Sie, wo sich O'Horan aufhält?"

„Der Präfect? — nein," lautete die ruhige
Antwort.

„Er hat sich also nicht bei Ihnen verborgen,
amigo!?"

„Bei mir? Wahrhaftig nicht. Aber was haben
Sie gegen ihn? Ist denn nicht schon genug Blut
geflossen?"

„O'Horan ist ein nichtswürdiger Schurke,"
sagte Diaz, „ein Verräther an beiden Theilen.
Er hat —"

„Wenn das ist, lieber General," unterbrach
ihn Robriguez, mit einem Blick auf San Blas,
„dann bitte, sagen Sie, was Sie zu sagen haben,
laut. Sie sind hier unter Freunden, und —
mir liegt viel daran, daß gerade San Blas da
drüben erfährt, was Sie zu sagen haben. Er

hält viel von O'Horan und hätte ihn sogar gern in seine Familie aufgenommen."

„Den Schurken?" rief Porfeirio. — „Aber Sie haben mich jetzt beruhigt," setzte er laut hinzu, „und ich kann Ihnen nun auch sagen, weshalb ich wünsche, auf die Spur dieses Buben zu kommen. O'Horan hat nicht allein, als er Präfect in Tlalpam war, zwölf Liberale Morgens überfallen und nur deshalb hängen lassen, weil er fürchtete, daß seine eigenen Umtriebe dem Kaiser zu Ohren kämen, sondern auch den Unseren wieder während der Belagerung fortwährend genaue Kunde gegeben, wann und wo die Besatzung einen Ausfall beabsichtigte, so daß wir die letztere jedesmal mit blutigen Köpfen zurückweisen konnten. Wir haben allerdings seinen Verrath benützt, aber dem Verräther trotzdem nicht seine übrigen Verbrechen vergessen. Ich glaube kaum, daß es, selbst Lopez und Marquez nicht ausgenommen, einen nichtswürdigeren Halunken in Mexico giebt, als diesen O'Horan. Doch, lieber Rodriguez — Señoritas, ich muß fort. — Es ist schon spät geworden — Apropos! ich komme eben aus Roneiro's altem Haus. Haben Sie einmal von der dortigen Geistergeschichte gehört?"

„Von der Erscheinung? gewiß!" rief die Señora, „hat sie sich wiederholt?"

„Das nicht," lachte Porfeirio Diaz — „aber wir haben die geheime Thür gefunden, die durch einen versteckten Gang das Ursulinerinnenkloster mit dem der Franciscaner verbindet; und gerade diese Thür liegt in dem Cabinet, in dem sich der angebliche alte Prior des Klosters gezeigt und seine Mummerei abgespielt hat. Nun, den Herren ist das Handwerk jetzt gelegt und sie werden — wenigstens in Roneiro's Hause, gewiß nicht wieder Geister und Versteckens spielen."

Porfeirio Diaz hatte hierauf das Zimmer verlassen, und San Blas, der schweigend seinen Worten gelauscht, sagte endlich:

„Giebt es denn noch einen Menschen hier in ganz Mexico, dem man trauen könnte? Ist es denn nicht entsetzlich, daß unser Volk derartig gesunken ist, und dürfen wir es den Fremden verdenken, wenn sie die Achseln über unsere Zustände zucken?"

„Ich wußte es, Vater," sagte Ricarda, sich an ihn schmiegend, „sein Gesicht, sein scheuer, ewig ausweichender Blick konnte nicht lügen; O'Horan war ein böser, schlechter Mensch; ich wäre mein ganzes Leben unglücklich mit ihm geworden — und Du wolltest es haben, Vater."

San Blas nickte selber, traurig zustimmend, mit dem Kopf. — „Wer konnte es denken," sagte er — „wer konnte es denken! — aber ich mache es gut, Ricarda — ich werde Dir nie wieder im Wege stehen."

„Nie, Vater?" sagte Ricarda bewegt; ehe aber San Blas Etwas darauf erwiedern konnte, öffnete ein Diener die Thür und bat Señor Rodriguez, einmal in sein Zimmer hinüber zu kommen — es sei ein Herr dort, der ihn zu sprechen wünsche.

„Ein Herr? — drüben in meinem Zimmer? Wer ist es und weshalb kommt er nicht herein?"

„Er — bat mich, den Señor nur zu rufen."

Rodriguez ging kopfschüttelnd hinaus — draußen auf dem Corridor stand van Leuwen, streckte ihm die Hand entgegen und sagte bewegt:

„Señor, ich wollte diese Stadt — dieses Land nicht verlassen, ohne wenigstens von Ihnen, in dessen gastlichem Hause ich so viele frohe Stunden verlebte, Abschied genommen und Ihnen nochmals von Herzen dafür gedankt zu haben."

„Mein lieber guter Hauptmann," sagte Ro-

driguez freundlich — „aber weshalb kommen Sie
nicht herein?"

„Ich wollte Sie bitten, den Damen nachher
meine Grüße auszurichten, Sie wissen, was —"

„Sie sind vollständig geheilt?" sagte Rodri=
guez, der ihn genau und forschend betrachtet hatte.

„Wenigstens so weit, um ungefährdet den
Marsch antreten zu können. Ich habe ein gutes
Pferd und hoffe die Freunde bald einzuholen."

„Und sind Sie gezwungen, heute abzu=
reisen?"

„Gezwungen? — Nein — General Diaz hat
sich so anständig gegen uns Alle benommen,
daß von Zwang, besonders den Verwundeten
gegenüber, gar keine Rede ist — aber mich drängt
es selber fort — der Heimath wieder zu."

Rodriguez sah ihm ein paar Secunden ernst
in's Auge, dann nahm er plötzlich seinen rechten
Arm und sagte:

„Kommen Sie einmal mit."

„Wohin, Señor?"

„Kommen Sie nur mit — meiner Frau we=
nigstens dürfen Sie nicht so davonlaufen —"

„Ich wünschte Niemandem mehr lästig zu
fallen," sagte van Leuwen zögernd. Rodriguez ließ
aber gar keine Einwendung gelten, sondern zog

ben jungen Mann, mehr als dieser eigentlich
freiwillig ging, in den Salon hinüber. Dort
öffnete er auch ohne Weiteres die Thür, und
ihn vorstellend rief er:

„Señoritas, ein junger Mann, der treu bei
seinem wackern Kaiser ausgehalten und sein
Blut hier im Land vergossen hat, will Mexico
wieder verlassen. — Er soll aber nicht daheim
erzählen können, daß die Partei der Liberalen
den Kaiser erschossen habe und wir Anderen
uns dieser dann wieder ohne Weiteres zugeneigt
und denen den Rücken gewandt hätten, mit denen
wir früher befreundet gewesen. Nehmen Sie
wenigstens die Versicherung mit sich, Señor, daß
b r a v e Männer hier in Mexico auch Ihrem
braven Kaiser ein warmes und treues Andenken
bewahren, und dabei recht gut fühlen, was er
gewollt hat und weshalb er es leider nicht aus=
führen konnte."

Van Leuwen hörte kaum, was er sprach, sein
Auge war Ricarda's Blick begegnet, und wie
gebannt stand er an der Schwelle. Oh, er hatte
sie ja nicht wiedersehen — sich und ihr den
Schmerz, die Pein der Trennung ersparen wollen,
und trotzdem segnete er jetzt den Augenblick, der
ihm noch einmal, und wenn es auch das letzte Mal

22*

sein sollte, gestattete, in ihre treuen guten Augen zu schauen.

San Blas hatte indessen ebenfalls gesucht dem Auge der Tochter zu begegnen, aber sie wandte sich ihm nicht zu; mit halbgeöffneten Lippen, mit ernsten, fast wehmüthigen Blicken hing Ricarda an der edlen Gestalt des jungen Mannes.

„Señoritas — Señor San Blas," sagte er endlich mit leiser Stimme — „es war nicht mein Wille, Sie nochmals zu belästigen; Señor Ro= briguez mag mir bezeugen, daß er mich — halb mit Gewalt — hier hereingeführt. Und doch bin ich ihm dankbar dafür," setzte er fast noch leiser hinzu, „denn er giebt mir dadurch Gelegenheit, auch Ihnen, Señora, ein letztes Lebewohl zu sagen und — Ihnen für das Wohlwollen zu danken, mit dem Sie einen armen Fremden in Ihr Haus aufgenommen. Ich reite morgen nach Puebla, um mich dort unserem Zug anzuschließen und in Vera=Cruz das Schiff zu erreichen, das mich der Heimath wieder entgegenführt. Leben Sie wohl und — bewahren Sie mir ein freundliches Andenken, denn — seien Sie versichert — meine Gedanken werden oft bei Ihnen weilen, und nie werde ich die — glücklichen Tage vergessen, die

ich in Ihrer Mitte verlebt." — Noch einmal
wandte er sich zu Robriguez und schüttelte ihm,
gegen das in ihm auffsteigende Gefühl ankämpfend,
tiefbewegt die Hand.

Ricarba war schon lange von ihrem Stuhl
aufgestanden und langsam, während er sprach
und wie von einer inneren Gewalt getrieben, um
den Tisch herumgeschritten. Jetzt stand sie neben
ihm — vor ihm, den Blick aber zu Boden ge=
senkt, und während ihre Farbe rasch wechselte,
jetzt schwand, jetzt wiederkam, sagte sie leise, mit
kaum hörbarer Stimme:

„Und Sie wollten fort von hier, Señor —
fort, ohne mir auch nur die Hand zum Abschied
zu reichen?"

„Señorita," bat van Leuwen, und ein tiefer,
schmerzlicher Seufzer rang sich aus seiner Brust
— „wenn ich mir dieses Glück versagte —"

„Mein Vater," unterbrach ihn da das junge
Mädchen, ohne aber noch den Blick, selbst nur
auf einen Moment, zu ihm zu erheben, „hat mir
kurz vorher, ehe Sie kamen, oder vielmehr in
demselben Augenblick, ein Versprechen gegeben
und — darauf hin wage ich es, Ihnen ein An=
denken anzubieten."

„Ein Andenken, Señorita — und glauben Sie, daß es dessen bedürfe?"

„Laffen Sie mich ausreden," sagte sie, indem sie wie abwehrend die Hand gegen ihn hob und dann langsam und gedankenvoll den nämlichen goldenen Reif vom Finger zog, den er selber ihr damals zurückgebracht; „kennen Sie diesen Ring? — nehmen Sie das —"

„Señorita —"

„Aber es knüpft sich eine Bedingung daran," fuhr das junge Mädchen jetzt tief erröthend fort, „ich habe, als ich den Reif aus Ihrer Hand zurück erhielt, einen heiligen Schwur bei mir selber gethan, mich nie wieder von diesem Kleinod zu trennen, und — wenn Sie den Ring neh= men — so — müssen Sie mich — selber mit= nehmen."

„Ricarda!" rief van Leuwen in höchster Auf= regung und seinen Sinnen kaum trauend aus.

„Ricarda!" rief aber auch der Vater, „was thust Du?"

„Das Einzige, Vater," sagte da die Jung= frau, sich hoch und stolz emporrichtend, „was ich thun kann, um uns Beide nicht elend für ein ganzes Leben zu laffen. Dein Wort hab' ich, und wie ich weiß, daß dies brave Herz in treuer

unb wahrer Liebe an mir hängt, so brauche auch
ich mich der Neigung nicht zu schämen, die mich
zu ihm zieht. Dein bin ich, Guillelmo, für mein
ganzes Leben — willst Du mich haben?"

„Ricarda!" jauchzte da van Leuwen in voller
Seligkeit empor, „mein, Mädchen, mein?"

„Dein für immer!" hauchte die Jungfrau und
neigte, während er sie in jubelnder Lust um=
schlang, ihr Haupt an seine Brust.

Robriguez rieb sich vergnügt die Hände. „Das
ist gescheidt," rief er aus, „ich habe es bem ar=
men Ding an ben Augen angesehen, wie sie sich
gegrämt und gehärmt hat, und doch ist nie eine
Klage über ihre Lippen gekommen, und baß sie
ben Schuft, den O'Horan, nicht wollte, kann ihr
wahrhaftig Niemand verdenken."

„Unb fort aus Mexico," bat ba bas junge
Mädchen, noch immer an ber Brust bes Geliebten,
„fort aus dem Land bes Bluts und ber Verrätherei
— seine Berge sind schön, und blau ist sein
Himmel, aber sein Boden ist roth gefärbt unb ich
sehne mich nach Frieden."

13.

Schluß.

Glückliche Menschen waren es, die an dem
Abend um Robriguez' Tisch versammelt blieben,
denn San Blas, wenn er auch halb im Ernst,
halb im Scherz meinte, seine Tochter hätte ihn
so rasch nicht beim Wort zu nehmen brauchen,
mochte doch auch fühlen, daß er durch sein Jawort
das Glück des einzigen Kindes begründet, und
da er selber gesonnen war Mexico zu verlassen,
blieb es sich dann ziemlich gleich, ob er nach
Spanien oder Belgien zog.

Nicht so friedlich und im Herzen froh und
glücklich verbrachte eine andere Familie, in der
Verlängerung der nämlichen Straße,*) diesen

---

*) Die Straßen von Mexico wechseln ihre Namen von
einer Ecke zur andern und erhalten dadurch — während
sie schnurgerade die ganze Stadt durchziehen, oft 12—14 verschiedene Benennungen.

Abend, und zwar Don Pedro Gasparb, der frühere Hoffriseur. Erstens hatte er heute — um Unannehmlichkeiten zu vermeiden — sein Schild abnehmen müssen, damit er seinen Titel davon entfernen konnte, dann wieder einmal einen heftigen Auftritt mit seiner wohl sehr schönen, aber auch sehr reizbaren jungen Frau gehabt, und drittens — noch das Schlimmste von Allem — eine sehr unangenehme Nachricht erhalten.

Die bedeutende Waarensendung nämlich, die er schon vor längerer Zeit von Europa ver= schrieben, war allerdings von dort gleich ab= gegangen und in Vera=Cruz angekommen. Die Verhältnisse hatten sich aber indessen schon so geändert, daß man die Güter, auf denen eine bedeutende Steuer lastete, nicht mehr zollfrei unter dem Namen der in Europa kranken Kaiserin abgeben wollte. Don Pedro sollte die Steuer bezahlen, weigerte sich und wandte sich deshalb an das kaiserliche Cabinet. Von dort erhielt er aber die Antwort, daß die Regierung keineswegs beabsichtige, eine Parfümeriehandlung anzulegen, also auch von sieben großen Kisten mit Pomaden, Haarölen und sonstigen Parfümerien keinen Ge= brauch zu machen wisse.

Den Pedro nun, selber knapp an Geld, ließ

die Waaren monatelang in Vera=Cruz liegen,
denn die Steuer betrug mehr als der Werth der=
selben, bis er endlich von dort Nachricht bekam,
daß man die Güter verauctioniren würde, wenn
er sich nicht bald darüber entscheide. — Was
sollte er thun? — Die Sachen kosteten ihn we=
nigstens Nichts, da sie auf den Namen der Kai=
serin bestellt waren — er gab Auftrag, sie in
Vera=Cruz für ihn zu verzollen, erhielt aber dabei
zugleich die Rechnung für die Seefracht, und
hatte jetzt auch noch die enormen Transportkosten
von Vera=Cruz nach Mexico, die ihm jetzt eben=
falls nicht geschenkt wurden — und alles das
trug früher die kaiserliche Kasse.

Ein Unglück kommt aber nie allein. Wie er
schon glaubte, daß nun Alles in Ordnung wäre,
erhielt er an dem nämlichen Abend die Nachricht,
die Kisten wären allerdings in Mexico angekom=
men, eine derselben aber auf dem Transport
unterwegs durch Umschlagen der Fuhre geborsten
und etwa um ihren halben Inhalt geplündert wor=
den, und dann — da die Franzosen früher Be=
schlag auf die Douane in Vera=Cruz gelegt, müsse
er auch hier die sämmtlichen Waaren noch einmal
verzollen. Morgen Früh um eilf Uhr solle er

nur auf die Steuer kommen, um dort Alles in
Augenschein zu nehmen und zu reguliren.

Don Pedro gerieth in Verzweiflung: die Kai=
serin war nach Europa gegangen und dort ster=
benskrank oder gar wahnsinnig geworden —
denn in Mexico erhielt man bessere Nachrichten
als oben in Queretaro — den Kaiser hatten sie
ermordet — die ganze Monarchie wieder über
den Haufen gestürzt und den früheren Hofstaat
natürlich gründlich mit ausgefegt — was sollte
da aus dem Hoffriseur werden! In Schulden
stak er außerdem bis über die Ohren.

Don Julio lehnte in der Ecke und schliff,
aus Mangel an anderer Beschäftigung, seine
Messer. — Oben auf dem einen Balcon des
Hauses stand die junge Señora Gaspard, und die
Straße herunter kam ein Sambo, sehr anständig
gekleidet und mit einer großen rothen Rose vorn
im Knopfloch, und warf den Blick hinauf. Die
Señora nahm ihr weißes Taschentuch und ließ
es einen Moment herunterhängen, dann trat sie
in die Stube zurück, und der Sambo, ohne sich
weiter umzusehen, ging unten in den Laden, wo
er Don Pedro just mit dem nur mit seiner
Arbeit beschäftigten Don Julio eifrig gesticu=
lirend fand.

Etwa vierzig Schritte hinter ihm kam ein
junger Caballero die Straße herab — er schritt
an dem offenen Laden vorüber, sah hinein, verfolgte seinen Weg noch etwa zwanzig Schritte,
drehte wieder um, passirte den Laden zum zweiten
Mal mit abgewandtem Kopf, und schlüpfte dann
rasch in die Hausthür hinein, an der gerade der
Riegel zurückgeschoben wurde.

„Rasiren, Señor?" frug Don Julio im Laden und betrachtete sich den Burschen, der ihm
so merkwürdig bekannt vorkam, wenn er sich auch
nicht gleich erinnern konnte, wo er ihn wohl gesehen haben mochte.

„Ja, Compañero," nickte der Sambo, indem
er nach seinem Bart griff — „aber paciencia —
nur einen Moment — ich möchte erst gern etwas Geschäftliches abmachen. Señor," wandte
er sich dann an Don Pedro — „haben Sie
Waarenvorrath genug, um mir einen kleinen Laden für das Innere herzurichten? — aber ich
brauche ziemlich viel und Sie müßten mir ver-
nünftige Preise stellen."

„Señor," rief Don Pedro, denn da öffnete sich
eine ungeahnte Einnahmequelle, „werden sowohl
mit meinen Waaren wie Preisen zufrieden sein.
Aber was wünschen Sie? — Ich habe eben

frische Kisten bekommen, die noch auf der Steuer
liegen, die ich aber morgen Früh schon frei machen
kann. Ich bin im Stande, Ihnen damit sechs
Laden einzurichten."

„Das paßt vortrefflich," nickte der Sambo,
indem er eine Goldunze auf den Tisch warf.
„Dann bitte ich Sie, mir heute nur einige Pro=
ben einzupacken und die Engroßpreise dabei zu
bemerken. — Ich wohne in Oajaca und beab=
sichtige mit meinem Compagnon dort den Laden
zu eröffnen. Können wir vielleicht einmal daran
gehen, um die Proben auszusuchen? — Oh bitte,
Señor," wandte er sich jetzt an Don Julio, der
eben den Laden verlassen wollte, „vielleicht rasiren
Sie mich, während Don Pedro die Sachen zu=
sammenstellt — wie?"

„Gewiß — warum nicht," erwiederte der
Barbier, indem er fast mechanisch nach seinem
Handwerkszeug griff, -- „bitte, setzen Sie sich."

„Aber nicht wahr, Don Pedro, Sie stellen
mir die Sachen gleich zusammen. Ich habe nicht
lange Zeit."

„Ich bin schon dabei, Señor," erwiederte der
Hoffriseur, und begann jetzt seine verschiedenen
Gefache durchzustöbern und die einzelnen Stücke
auf den Ladentisch zu stellen, die sich der Sambo,

während Don Julio seinen Bart operirte, von Zeit zu Zeit herüberzeigen ließ.

Kaum zehn Minuten hatten indeß für den geheimnißvollen Besuch genügt, der hinter Don Pedro's Rücken dessen Haus betreten. Es war Mauricio Lucibo, der jetzt die Treppe wieder herunter und aus der Thür glitt, und dann, ohne den Laden nochmals zu passiren, die Straße hinaufschritt.

Der Sambo war indessen rasirt, hatte sich seine Einkäufe zusammenpacken lassen und folgte nun der Richtung, die Mauricio vor ihm genommen. —

Die Nacht verging ruhig und einzelne Patrouillen durchzogen wohl die Straßen, mehr aber aus alter Gewohnheit und der Ordnung wegen, als daß man irgend eine Störung der öffentlichen Ruhe befürchtet hätte. Sollte doch am nächsten Tage schon der Präsident Juarez wieder in seine Hauptstadt einziehen, und keine der ihm feindlich gesinnten Parteien hatte die geringste Macht mehr in Händen, um selbst nur eine Gegendemonstration, vielweniger denn etwas wirklich Feindliches zu wagen.

Das Kaiserreich war gestürzt, Juarez bis zur nächsten Wahl unbestreitbar Präsident, und we=

der Klerikale noch Conservative dachten auch nur
für einen Moment daran, sich dem durch Wort
oder That zu widersetzen.

Der nächste Morgen dämmerte — den Kanal
herein, der die Indianer aus den zahlreichen
kleinen Dörfern an den Seen herüberbrachte,
kamen ihre schmalen frucht= und blumenbeladenen
Boote angeschwommen, und sammelten sich an
dem dafür bestimmten Markt, während die Wasser=
träger — jene eigenthümliche Klasse von Men=
schen, die selbst ohne Last mit vorgebeugtem
Körper gehen und sich auch durch ihre Kleidung,
wie besonders durch ihre runde Mütze von allen
übrigen Mexicanern unterscheiden, schon lange
an der Wasserleitung unten ihre irdenen Gefäße
gefüllt haben und jetzt mit langsamem, aber
festem Gang, eine mächtige Steinkruke mit einem
Tragband über den Kopf auf dem Rücken lie=
gend, eine andere, um das Gleichgewicht herzu=
stellen, vorn hängend, ihre verschiedenen Kunden
aufsuchen und mit Wasser versorgen.

Da donnern die Hufe eines Pferdes im ge=
streckten Carrière durch die noch immer stillen
Straßen, und die darauf verkehrenden Indianer
weichen scheu zur Seite, als sie einen der wil=
den Lanzenreiter, die ihnen Escobedo aus den

Bergen heruntergesandt, in ihm erkennen. Er
fliegt über die Plaza und der dortigen Haupt=
wache zu.

In derselben Zeit fast gleitet eine scheue
Menschengestalt, in eine zerlumpte Serape gehüllt,
daß sie das Gesicht verdeckt und nur ein paar
wild umherfliegende Augen sichtbar läßt, barfuß
wie ein Lepero und den Kopf mit einem gedrück=
ten Filzhut bedeckt, die Calle San Francisco
schräg hinauf.

Robriguez' Haus ist schon geöffnet, denn eben
lenkt ein Maulthiertreiber sein Thier dort hinein,
und zwar mit einem wunderlichen Fuhrwerk —
eine Kuhhaut hinten nachschleifend, mit der er
im inneren Hof verschwand. Auf solche Art wer=
den nämlich gefallene Thiere aus den Häusern
fort und hinaus vor die Garrita oder das Thor
geschafft, und gerade die Leute, die sich mit die=
ser Arbeit beschäftigten, wurden jetzt von allen
Seiten in Anspruch genommen. Eine Menge
von Thieren, Pferde sowohl wie Hunde und Esel,
waren während der Belagerung von einschlagen=
den Kugeln verwundet, viele auch in der Straße
getödtet worden, ja sogar hier und da wegen
Futtermangel vor Ermattung zusammengebrochen
und verhungert, und diese mußten alle jetzt

fortgeschafft werden, damit sie die Luft nicht verpesteten.

. Rodriguez selber hielt sich einen Esel, mit dem Einer seiner Leute jeden Morgen nach der Wasserleitung ging, um den ziemlich bedeutenden Wasserbedarf für sein Haus herbeizuschaffen. Der arme Esel war nun, gerade am letzten Tag der Belagerung, nachdem er den Weg so oft ungefährdet zurückgelegt, von einer Kugel in die Hüfte verwundet worden, und trotz aller Pflege gestern eingegangen. Natürlich mußte er aus dem Haus geschafft werden, und die Kuhhaut wurde zu dem Zweck bestellt. Aber hinter ihr glitt der Lepero oder wer er sonst war, den Filz= hut tief in die Augen gedrückt, in das Haus, und auf Einen der Leute zueilend, flüsterte er diesem hastig zu:

„Wo ist Señor Rodriguez?“

„Jesus!“ rief der Bursche erschreckt aus — „Señor O'Horan!“

„Ruhig muchacho, ruhig,“ drängte aber der Flüchtige, indem er dem Indianer einen Peso in die Hand drückte — „ich werde von den Libe= ralen verfolgt — Du bekommst mehr, wenn Du mich nicht verräthst. — Wo ist Dein Herr?“

„Er kommt eben die Treppe herunter, um

auszureiten" — flüsterte der Bursche — „da
steht schon sein Pferd gesattelt."

O'Horan warf einen Blick auf das Pferd,
aber in diesem Aufzug auf dem silberbedeckten
Sattel wäre er, mit den Verfolgern ohnedies
auf den Fersen, wohl sicher in den Straßen auf=
gefallen — und doch schien es seine einzige Ret=
tung. Er warf die Serape über die rechte
Schulter hinauf und sprang zu dem Pferd, um
den Zügel aus dem Ring zu lösen — da klap=
perte eine Patrouille die Straße herab und hielt
vor dem Haus, und als er erschreckt hinüber
horchte, hörte er, wie Gewehrkolben vor dem
Thorweg aufgestoßen wurden — zu spät. —
Selbst die Treppe konnte er jetzt nicht mehr er=
reichen, ohne, vor der offenen Hausflur vorüber,
den Augen der Verfolger preisgegeben zu wer=
den, und in Todesangst glitt er in den Stall
hinein, in welchem der Indianer gerade den ge=
fallenen Esel bei den Beinen vorziehen wollte,
um ihn dann auf die Kuhhaut zu werfen. Dort
wurde ein solches gefallenes Thier dann mit
einer zweiten bedeckt, damit das Aas, während
man es durch die Stadt schleifte, den Vorüber=
gehenden keinen eklen Anblick bot.

In demselben Moment, in dem Señor Ro=

briguez, mit keiner Ahnung was in seinem Hause vorging, die Treppe langsam herunterkam und, seine Reitpeitsche unter dem linken Arm, sich noch die Handschuhe anzog — marschirte die Patrouille in das Haus herein und Robriguez blieb erstaunt auf der unteren Stufe stehen.

„Caballeros," sagte er überrascht, „welcher Ursache verdanke ich die Ehre Ihres gemein=schaftlichen Besuches?"

„Señor," sagte der Officier, der die Patrouille führte, indem er militärisch grüßte, „wir sind einem Verräther auf der Spur, der sich vor wenigen Minuten in dieses Haus geflüchtet hat."

„In dieses Haus?"

„Ja — die Leute auf der Straße haben ihn bemerkt."

„Kenne ich ihn?"

„Der Präfect O'Horan."

„O'Horan? Caramba!" rief Robriguez wirk=lich erschreckt — „aber Señores, ich komme eben von oben, und gebe Ihnen mein Ehrenwort, daß ich Niemanden gesehen habe — das ist ein Irrthum."

„Es ist möglich, Señor," erwiederte der Of=ficier, „aber er kann sich noch hier unten befin=den. Uebrigens stehen vor den Nachbarhäusern

23*

und auf deren Azoteas jetzt ebenfalls Wachen, so daß er uns nicht mehr entgehen kann. Meine Pflicht aber ist, Ihre Wohnung zu durchsuchen — ich bedauere sehr, jedoch Sie wissen —"

„Thun Sie Ihre Schuldigkeit, Señor — Mateo spring hinauf zu den Damen und sag' ihnen, daß sie sich augenblicklich ankleiden — sie bekämen Besuch —"

Mateo sprang, was er laufen konnte, denn er hatte nicht einmal eine Tasche, wo er den eben erhaltenen Peso hinstecken konnte, und fürchtete sich, ausgefragt zu werden. — Aber er wußte ja auch, daß gerade der Präfect ein Freund des Hauses sei, und durfte den doch nicht verrathen.

Im Hof wurden jetzt Wachen postirt, um dort die Untersuchung der unteren Räume vorzunehmen, während der Officier selber die Visitation der oberen leiten wollte. Nur zwei Mann wurden vorausgesandt, um die Thür nach der Azotea oder dem flachen Dach zu besetzen.

Vor dem Stall stand noch immer das Maulthier, neben der halbangelehnten Thür. Diese wurde jetzt aufgestoßen und der Junge, der die Leitung der Aasfuhre hatte, nahm sein Maulthier am Zügel, um es aus dem Hof zu lenken.

„Cuidado Caballeros!" rief er dabei, da ihm

die Soldaten im Weg standen, und diese wichen
lachend zur Seite. Sie kannten derartige Frachten
gut genug; gewöhnlich fingen die todten Ge=
schöpfe, die man solcher Art aus dem Weg
schaffte, auch schon an zu riechen, und ihre Nach=
barschaft war deshalb nicht angenehm. Ja die
Felle selber, die zu solchen Transporten so lange
benützt wurden, als sie noch zusammenhielten,
stanken ebenfalls und sahen außerdem höchst un=
appetitlich aus.

Der Bursche trieb sein Maulthier schärfer an,
die Last holperte über die hohe Stallschwelle her=
unter auf das Pflaster des Hofes, durch diesen
hin und den Haupteingang, und hinaus auf die
Straße. Dort angekommen, sprang aber der
Bursche noch außerdem selber auf sein Thier
und schlug es dann mit beiden Hacken, um so
viel rascher aus der Garrita hinaus zu kommen.

Unten bei den Soldaten blieb noch ein Lieute=
nant, ein junges Officierchen von kaum mehr
vielleicht als höchstens 17 Jahren, ebenso ein
Posten von 4 Mann auf dem Hof aufgestellt,
und die übrigen wurden nun in Küche, Vor=
rathskammer und die anderen unteren Räume
herumgeschickt, um dort überall genau zu revi=
diren. — Der Stall stand jetzt offen und war

vollkommen leer, denn Robriguez' Pferd befand sich noch draußen im Hof angebunden.

Der junge Lieutenant warf selber einen Blick in den Stall hinein, aber dort hätte sich Niemand verstecken können. Nur ganz hinten in der einen Ecke lag ein kleiner Haufen zusammengekehrter Mist mit etwas Stroh. Er trat hinein, sah sich darin um und kam nach wenigen Minuten wieder heraus.

Auf dem Hof stand ein kleiner brauner Junge von vielleicht fünf bis sechs Jahren, in einem kurzen Hembchen, das fast die Farbe seiner Haut hatte, und betrachtete sich halb scheu, halb neugierig die Soldaten, die über sein verdutztes Gesicht lachten.

„Buenos dias muchachito," sagte der junge Officier, der wieder aus dem Stall kam, zu dem Kleinen und bog sich zu ihm nieder. — „Wie geht es Dir, mein Jüngelchen?"

„Gut," sagte der Junge, sich verlegen mit seinem Hembärmel die Nase wischend.

„Sage mir einmal, mein Junge, wie viel Esel sind Euch denn crepirt?"

„Esel," erwiederte der Junge, ihn anstarrend — „nur Einer — wir haben doch nur den einen, den Burrito, und den haben sie todtgeschossen."

„Ah, hm!" nickte ihm der Officier zu und
sprang dann nach der Hausthür, wo noch
eine Cavalleriepatrouille von acht Mann hielt.
„Rasch, muchachos," rief er dieser zu — „vier
von Euch, so schnell Euch Eure Pferde tragen,
hinter dem Lepero her, der eben mit dem todten
Esel dieses Haus verließ. Wohin zu hat er sich
gewandt?"

„Dort hinunter, Señor — wahrscheinlich nach
der Garrita de Peralvillo zu. Was sollen wir
mit ihm? Bringen wir ihn zurück?"

„Das ist nicht nöthig. — Seht nur nach,
was er unter der Haut hinten herschleift. — Ist
es der Entflohene, so kommt Einer hierher, um
augenblicklich Meldung zu machen, und die An=
deren schaffen ihn gleich auf die Hauptwache."

„Caracho!" rief der eine Soldat — „so ein
Halunke" — und wie ein Wetter sausten die
Burschen ihrer Beute nach.

* * *

In dem kleinen Laden des Don Pedro Gas=
pard ging der Besitzer desselben mit raschen und
ungeduldigen Schritten auf und ab, und jedes=
mal wenn er zurück in die halbe Glasthür kam,
sah er nach seiner Uhr und murmelte dann leise,

zornige Flüche zwischen den Zähnen durch. End=
lich — endlich öffnete sich diese, und herein, mit
wie immer haſtigem und geſchäftigem Schritt, ein
Lächeln auf den Lippen, trat Don Julio, der
Barbier.

„Aber jetzt bitte ich Sie um Alles in der
Welt, Don Julio,‟ rief Don Pedro, sich mit der
ganzen ausgespreizten linken Hand durch die
Locken fahrend, „Sie wissen doch, daß ich um
eilf Uhr auf die Steuer muß, und es fehlen kaum
noch zehn Minuten daran. Wo haben Sie denn
nur gesteckt?‟

„Don Pedro!‟ rief Julio, sich in etwas thea=
tralischer Stellung vor ihm poſtirend. Don Julio
hatte früher wirklich einmal auf der Bühne ge=
mimt. „Der heutige Morgen war tausend Pesos
werth. Wiſſen Sie, was ich gesehen habe?‟

„Einen Esel in jedem Spiegel, an dem Sie
vorbeigingen,‟ knurrte der Hoffriseur — „habe
ich Sie ausgeschickt, um Maulaffen feil zu
halten.‟

„Die Execution O'Horan's, des Präfecten,‟
rief aber Don Julio mit Pathos — „eben hatten
sie ihn erwischt.‟

„Das geschieht ihm Recht!‟ rief Don Pedro,
durch die Nachricht etwas milder gestimmt —

„Präfect, ein schöner Präfect — der selber mit in die Häuser geht und stehlen hilft.“

„Das war der Hungersnoth wegen,“ sagte Don Julio.

„So?“ rief Don Pedro, „meine Pomade und Seife haben sie dann wohl gegessen, wie? Aber wo ist er erwischt worden?“

„Dicht vor der Garrita de Peralvillo,“ erzählte Don Julio, jetzt ganz in seinem Element. „Ich kam gerade die Straße herab, wo mir einer von den ekelhaften Kerlen begegnete, die das Aas aus der Stadt auf einer alten Kuhhaut hinaus=fahren. Ich wich ihm auch schon sorgfältig aus, als ich plötzlich vier Cazadores de Galeanos die Straße heraufsprengen sah und sehr erstaunt war, daß sie neben dem schmierigen Lepero anhielten; der Bursche schien auch keine beson= dere Lust zu haben sich mit ihnen einzulassen, denn er peitschte nur schärfer auf sein Maulthier ein, aber die Soldaten machten verwünscht wenig Umstände. Einer sprang vor und nahm den Zügel des Thieres, das jetzt wohl stehen bleiben mußte, ein anderer riß die alte Kuhhaut herunter, die sonst immer auf dem Cadaver liegt, und caramba! darunter steckte der Präfect, und santisima! wie sah der Bursche aus! Im Nu

hatten sie ihm aber die Hände auf dem Rücken
zusammengebunden, und jetzt ging's auf die
Hauptwache."

„Und Sie natürlich mit?"

„Nun versteht sich! Gehört denn das nicht
mit zu meinem Beruf? Ich muß ja doch wissen,
was in der Stadt vorgeht; und so was kriegt
man natürlich im Leben nicht wieder zu sehen."

„Nun? und weiter?" rief Don Pedro, der
selber neugierig wurde.

„Na, Sie können sich etwa denken, was der
Schuft O'Horan für ein Gesicht machte; kreide=
weiß sah er aus, und dann erklärte er in seiner
Todesangst selbst den indianischen Soldaten, die
sich den Henker darum scheerten, auf welcher
Partei er gestanden, daß er immer ein guter
Liberaler und während der Belagerung wie oft
bei ihnen draußen gewesen wäre, um ihnen an=
zuzeigen, wann ihnen Gefahr drohte."

„Die Canaille!" rief Don Pedro.

„Ja, und indessen hatten sich doch eine Menge
Leute gesammelt und auch Caballeros zu Fuß
und zu Pferd dazwischen, und wie die das hör=
ten, wie fingen die auf den Schuft zu schimpfen
an, und die Soldaten hatten Mühe genug, sich
freie Bahn zu halten. Aber wie das Wetter ban=

ben sie ihn zwischen bie Pferbe, unb ber muchacho
mit bem Maulthier, ber ihm forthelfen gewollt,
huschte inbessen wohl nicht um bie nächste Ecke
unb machte baß er aus bem Weg kam."

„Nun? unb was wirb jetzt mit ihm?"

„Mit bem Jungen? — Fort ist er. Den
finben sie nicht wieber."

„Esel! ich frage mit bem Präfecten?"

„Mit bem? was soll ba weiter werben? Kaum
hatten wir ihn auf bie Plaza gebracht — unb bas
Verhör konnte kaum zehn Minuten gebauert
haben, benn ich überlegte mir gerabe noch, ob
ich bie Sache abwarten ober nach Hause gehen
sollte, ba kamen sie schon wieber mit ihm heraus;
ein Karren, ber gerabe vorbeifuhr, wurbe an=
gerufen unb ber Gefangene barauf geworfen,
unb fort ging's im Carrière über bas Pflaster,
baß ich kaum nachkommen konnte unb ber Ge=
bunbene wie ein Klumpen Elenb auf bem Karren
in bie Höhe flog — blau unb braun muß er
gewesen sein, als er braußen ankam, aber lange
Umstänbe machten sie nicht mit ihm. Er hatte,
wie sie sagten, ben armen Menschen, bie er in
Tlalpam aufhängen ließ, auch keine Zeit ge=
lassen, ihre Sünben zu beichten, weil er recht
gut wußte, baß sie bann erzählen würben, wie

er selber eben so gut zu ihnen gehört, und da sollte er eben so wenig Zeit zum Beichten bekommen. Gleich vor der Garrita draußen machten sie Halt, warfen ihn vom Wagen herunter, ließen ihn draußen, mit dem Gesicht nach dem See zu, niederknien und schossen ihn von hinten, wie einen Verräther, der er war, todt."

„Hol' ihn der Teufel!" sagte Don Pedro an Stelle einer Grabrede, „aber jetzt muß ich fort, Don Julio, um meine Sachen von der Steuer zu holen, und wenn der Sambo indessen kommen sollte — wie heißt er gleich?"

„Ja, ich weiß seinen Namen gar nicht," sagte Don Julio.

„Na, das ist einerlei, dann sagen Sie ihm, daß er eine halbe Stunde wartet — ich bin gleich wieder da."

Damit ging er hinauf, um seinen Hut zu holen, und fand seine Frau schon fertig wie zum Ausgehen angezogen.

„Willst Du in die Stadt, mein Leben?" frug er freundlich, denn die beiden Gatten hatten sich heute Morgen wieder versöhnt, und Cornelia sah wirklich reizend aus. Es war eine der hübschesten jungen Frauen in Mexico und blühte wie eine Rose.

„Nein, Pedro," sagte Cornelia freundlich,
indem sie ihm die Lippen zum Kuß bot — „ich
warte, bis Du wieder nach Hause kommst, und
vielleicht gehen wir dann den Nachmittag zusam=
men auf die Alameda."

„Gewiß, mein Schatz, gewiß — Alles was
Du willst," erwiederte ihr zärtlicher Gatte —
„wie schön Du heute wieder aussiehst, Du bist
doch die Perle der Stadt, Geliebte."

„Du Schmeichler," sagte sie lächelnd und gab
ihm einen kleinen Schlag auf die Wange, „aber
bleibe nicht zu lange fort. Die häßliche Douane
hält Dich immer auf Stunden von Haus ent=
fernt."

„Ich werde die Herren heute zusammentrei=
ben, Kind," rief Don Pedro, „daß wir sobald
als irgend möglich zu Stande kommen, adios
Queriba — adios!"

Cornelia stand auf dem Balcon, als er seine
Wohnung verließ, und winkte ihm noch zu, so
weit sie ihn auf der Straße sehen konnte; dann
trat sie in's Zimmer zurück, schrieb einen klei=
nen, sehr kurzen Brief, und sah dann wieder die
Straße hinauf, als ob sie ihn erwarten wollte,
— aber er konnte ja seine Geschäfte noch nicht
beendet haben.

Etwa eine halbe Stunde mochte noch vergan=
gen sein, da rasselte ein kleiner, von zwei kräf=
tigen Pferden gezogener Wagen herbei und hielt
vor dem Haus. Darauf saß, mit einem jungen
Burschen als Kutscher, der Sambo, den Don
Julio kaum erspäht hatte, als er auch schon die
Thür aufriß.

„Don Pedro zu Hause?" frug dieser, sprang
vom Bock und trat zugleich in den Laden.

„Bitte sich nur ein halb Stündchen zu geduld=
den, Señor," bat Don Julio, „holt gerade die
Güter von der Steuer. Sie haben den Wagen
gleich mitgebracht, wie?"

„Allerdings," nickte der Sambo — „und kann
mir die Sachen indessen wohl noch einmal be=
trachten."

Während er den Barbier unten im Laden be=
schäftigte, hatte die Señora oben eine große
Thätigkeit entwickelt. Mit Hilfe des Pferde=
knechtes im Hause und ihres Mädchens ließ sie
zwei nicht sehr große Koffer hinabschaffen und
auf den Wagen stellen, dann nahm sie selber
darauf mit dem Mädchen Platz, und der Sambo
drinnen, der sein Geschirr fortwährend im Auge
behalten, sah das kaum, als er zu Don Julio
sagte :

„Nun auf Wiedersehen, Compañero, — ich muß jetzt fort — kleine Spazierfahrt mit den Damen — viele Grüße an Don Pedro — bitte mich bestens zu empfehlen —" und ihm freund= lich zuwinkend, sprang er auf den Wagen, und fort rasselte das kleine Fuhrwerk, was die Pferde laufen konnten.

Don Julio blieb mit offenem Mund in der Thür stehen. Wohin fuhr denn die Señora — und das Mädchen? — und zwei Koffer hatten sie auf dem Wagen stehen — und der Sambo? — caramba, hatte er denn nicht Pomade, und Gott weiß was sonst noch, auf seinen Wagen laden wollen?

Aber was ging's ih n an — die Señora hatte ih n wahrhaftig noch nie gefragt, ob sie irgend Etwas thun oder lassen solle, und er auch nicht die Aufsicht weder über sie, noch das Mädchen. Wer konnte denn auch sagen, ob Don Pedro nicht von der Reise wußte und vollkommen da= mit einverstanden war? Wenn er nach Hause kam, fand sich das Alles.

Don Pedro blieb aber lange, und als er ein= traf, schien er in furchtbarer Aufregung.

„Wissen Sie, Don Julio," rief er, vor dem Barbier stehen bleibend und ihm die Hand auf die Achsel legend, „daß man mir meine Waaren nicht ausliefern will!“

„Ihre Waaren! weshalb nicht?“

„Das schurkische Handlungshaus oder die Fabrik hat Beschlag darauf gelegt, weil sie noch nicht bezahlt sind und die Kaiserin nicht mehr in Mexico ist. — War der Sambo hier?“

„Ja,“ sagte Don Julio trocken, „und ist mit Ihrer Frau davongefahren.“

Don Pedro sah ihn starr und verwundert an. „Von was reden Sie jetzt wieder — was faseln Sie? — Was hat meine Frau mit dem Sambo zu thun?“

„Das weiß ich nicht,“ sagte Don Julio trocken, „aber fortgefahren ist sie mit ihm, und die Juana auch, und haben auch zwei Koffer mitgenommen.“

Don Pedro fuhr wie ein Blitz zum Laden hinaus und die Treppe hinauf. Dort oben blieb er etwa eine halbe Stunde; als er wieder zurück= kam, sah er etwas blaß und sehr ernst aus und schritt auf Don Julio zu. Er hielt ein kleines Briefchen in der Hand.

„Don Julio,“ sagte er mit fast tonloser Stimme.

„Señor?“ sagte dieser bestürzt.

Don Pedro machte eine Pause, als ob er über Etwas nachdenke, dann fuhr er langsam und feierlich fort:

„Wie gefällt Ihnen Californien?"

Don Julio starrte ihn verblüfft an. War die „Meisterin" durchgegangen und hatte der Meister darüber den Verstand verloren?

„Wie gefällt Ihnen Californien?" wieder=holte dumpf Don Pedro.

Don Julio erschrak, aber Leute in einem sol=chen Zustand darf man, wie er aus seiner ärzt=lichen Erfahrung wußte, nicht reizen, und er erwiederte deshalb, anscheinend auf die Unter=haltung eingehend:

„Ih nun, es soll ganz hübsch in Californien sein — nur daß die Leute dort alle lange Bärte tragen."

Don Pedro sah wieder eine Weile vor sich nieder, endlich sagte er, seinem Gefährten den Brief hinreichend:

„Da lesen Sie, Don Julio, was mir meine Gattin schreibt — lesen Sie laut — ich möchte es gern noch einmal hören."

Don Julio las: „Señor — wenn Sie diese Zeilen erhalten, bin ich außer dem Bereich Ihrer Macht und in den Armen, wie unter dem Schutz

des Geliebten — Caramba," unterbrach er sich
dabei — „doch nicht etwa des Sambo?"

„Bitte, fahren Sie fort," sagte Don Pedro,
„es kommt noch hübscher."

„Ich habe Sie nie geliebt — ich würde Sie
nie lieben, und Ihre rauhe, unmännliche Be=
handlung hat sogar die geringe Neigung, die ich
früher für Sie gefühlt, in Haß verwandelt —
Sie sind ein Scheusal."

Don Julio sah den Friseur verdutzt an, die=
ser winkte ihm aber nur weiter zu lesen, und er
sagte: „Ja, nun sind wir gleich fertig; hier steht
nur noch — „lebe wohl auf ewig — Deine
Cornelia." — Deine? Jesus! Der Brief ist nicht
übel — aber wenn Sie sich jetzt auf Ihr Pferd
setzen, holen Sie sie gewiß noch ein — da sind
sie hinunter gefahren."

„Seien Sie kein Esel, Don Julio," erwie=
derte Don Pedro ruhig — „ich denke gar nicht
daran, sie wieder zu holen — Don Julio
haben Sie Lust mit nach Californien zu gehen?"

„Nach Californien?" rief Don Julio erstaunt,
„aber was fällt Ihnen denn ein?"

„Das will ich Ihnen sagen — meine Frau
ist treulos und — fort, — ich reiße die Natter
aus meinem Herzen, — meine Waaren bekomme

ich aber auch nicht, trotzdem ich die Steuer in Vera-Cruz dafür bezahlt habe. — Jetzt wäre ich ruinirt — verschuldet bin ich bis über die Ohren, das letzte Mögliche habe ich heute auf mein Waarenlager aufgenommen — sechshundert Dollars — es ist aber nicht zwei mehr werth, und ich ginge hier meinem Ruin entgegen. Dawider giebt es aber nur ein Mittel — Californien — gehen Sie mit?"

„Hm — die Sache wäre nicht so übel, aber — erstlich habe ich nicht genug Reisegeld, und dann: wie kommen wir hier fort?"

„Mit dem Geld, womit ich heute die Steuer bezahlen wollte. Wir gründen in San Francisco eine Barbierstube — „Hoffriseur der Kaiserin von Mexico" — nach und nach zahlen Sie mir das Reisegeld ab. — Wenn Sie jetzt auf die Diligence=Office gehen, können Sie zwei Plätze nach Cuernavaca nehmen — einen für sich und einen für den Jungen. Ich mache Morgens meinen gewöhnlichen Spazierritt und begleite Sie — mein Pferd nehme ich mit."

„Hm — das ginge vielleicht — und Sie wollen die Frau im Stich lassen?"

„Ich?" sagte Don Pedro — „hat sie mich nicht im Stich gelassen?"

24*

„Und wenn Ihre Gläubiger Wind bekommen?"

„Dann sind wir über alle Berge nach Aca=
pulco — dort treffen wir gerade den Dampfer
nach San Francisco! — Don Julio, in Califor=
nien blüht unser Glück."

„Und unser Gepäck?"

„Was wir noch mitnehmen können, nehmen
wir mit — vier kleine Koffer — was wir jetzt
einpacken, ist Alles reiner Verdienst, und mit
etwas Geld kommen wir auch noch hin."

„Einverstanden!" sagte Don Julio, in die
dargebotene Hand schlagend — „dann werden
sich unsere Kunden morgen selbst rasiren müssen.
Da reißt also die ganze Barbierstube aus, Junge
und Alles —"

„Hier haben Sie Geld — zwei Plätze auf
der Diligencia nach Cuernavaca — aber Maul
halten und meinen Namen nicht nennen — ver=
standen?"

Don Julio brauchte keine weitere Ermahnung.
In Mexico sah es doch jetzt schlecht genug aus
— verdient wurde fast gar nichts mehr, und je
eher er selber hier fortkam, desto besser.

Am nächsten Morgen Früh um sechs Uhr
verließ die Diligencia voll mit Passagieren,
und drei außerdem oben an Deck, die Hauptstadt.

Voraus sprengte ein kleiner Caballero in mexicanischer Tracht mit großen Sporen, riesigem
Filzhut und kurzer, reich mit silbernen Knöpfen
besetzter Jacke.

Derartige Reiter gab es jetzt, wo die Passage
vor die Thore der Stadt erst seit wenigen Wochen
wieder freigegeben worden, in Menge, und es
war natürlich, daß sie die frühen kühlen Mor-
genstunden zu ihren Ausflügen benützten. Gepäck
führte er außerdem nicht bei sich — nicht einmal
eine Satteltasche — wie hätte er Jemandem, der
ihm begegnete, auffallen können!

Das war der letzte Morgen, an dem Don
Pedro Gasparb in Mexico gesehen wurde. —

Aber das Leben in den Straßen, als es später wurde und nun Jedermann erwarten konnte,
daß Juarez, der hartnäckige indianische Präsident, der nur ausgehalten hatte, weil er sein
Volk genau kannte, bald seinen Einzug halten
würde.

Die Stadt zeigte sich auch heute wieder fest-
lich geschmückt — die Balcone waren mit Kränzen und Guirlanden geziert, von sehr vielen
Häusern wehten mexicanische Flaggen nieder, und
in den Straßen, in denen die Armee der Libe-

ralen Spalier bildete, drängte sich das Volk und wogte langsam herüber und hinüber.

Endlich donnerten die Kanonen — das Zeichen, daß der Präsident das Weichbild seiner „getreuen Stadt" betreten habe, und die Bewegung wurde lebendiger.

Auf einem braunen Hengst, mit Lerdo de Tejaba, seinem Staatsminister, neben sich und von seinem ganzen Stab gefolgt, ritt Juarez langsam ein. Hier und da von den Balconen flogen ihm einzelne Sträuße zu — die unvermeidlichen Hofpoeten waren ebenfalls wieder thätig: auf weißen, grünen und rothen Bändern standen darauf gedruckte Gedichte, die immer nur einer kleinen Aenderung bedurften, um auf alle Gelegenheiten zu passen, aber das eigentliche Volk — die Indianer — verhielt sich still.

Der ganze Einzug glich mehr einer Leichenceremonie, wie dem versprochenen Beginn einer neuen Aera, oder der sogenannten neu gewonnenen Freiheit und Unabhängigkeit des Landes.

Es mochte dem Präsidenten selber unheimlich vorkommen, denn er gab Befehl, daß die Musik spielen solle.

Das Musikcorps der Cazadores de Galeano sprengte voraus, und bald schmetterte der mexi=

canische Jubelmarsch, der Marsch von Zaragoza,
durch die bis dahin so stillen Straßen; hinter
dem Präsidenten aber, acht Mann hoch, ritten
die Cazadores in ihren grauen, ziemlich kleid=
samen Uniformen, ihre achtschüssigen Büchsen über
die Schultern gehangen, und jetzt erst kam ein
wenig Leben in die Straße, denn die Musik regte
auch die Zuschauer auf.

Die Glocken läuteten dabei von allen Kirchen
— es sollte ja von nun an Frieden im Land
herrschen — aber gab es irgend Jemanden, der
daran glaubte? — Wer wird nun als erster Prä=
tendent auftreten? war die Frage, die man sich
überall zuflüsterte — Porfeirio Diaz? — Ortega?
— Quien sabe! Damit trösteten sie sich — aber
die Republik war vor der Hand wenigstens wie=
der hergestellt, und der Kaiser? — Seine hohe
edle Gestalt schritt wohl vor Manches Augen
vorüber, als er den kleinen braunen Indianer
da mit düster zusammengezogenen Brauen auf
seinem großen Pferd hängen sah, aber — er
war trotzdem der Sieger — der Tag gehörte
sein, und die bei allen solchen Aufzügen üblichen
Festlichkeiten mußten ihren Fortgang haben.

Feuerwerke wurden von zwei Uhr Nachmit=
tags bis spät in die Nacht noch abgebrannt, und

bann fanben, wie es bunkelte, auch wieber bie
gewöhnlichen phantaſtiſchen Umzüge ſtatt. Ja
ber nämliche Wagen, in bem bei bes Kaiſers
Einzug bas kleine Kaiſerpaar en miniature ge=
ſeſſen, fehlte eben ſo wenig, nur baß er eine Um=
wanblung erfahren.

Statt bem Kaiſerpaar von bamals ſaß jetzt
ein in bie mexicaniſchen Farben gekleibetes Kinb
barin — vielleicht unb ſehr wahrſcheinlich bas
nämliche, bas bamals bie Kaiſerin vorgeſtellt —
als Republik Mexico. Auch ſelbſt ber näm=
liche Engel ſchwebte noch barüber — nur bie
Krone hatten ſie ihm abgeſchraubt unb bafür
eine Jacobinermütze aufgeſetzt, boch trug er noch
immer bieſelbe mexicaniſche Fahne in ber einen
unb ben Lorbeerkranz in ber anbern Hanb. Das
paßte ja auf Alles.

Die nächſte Zeit verlief ſtill genug unb noch
immer lag eine brückenbe Schwüle auf ber Stabt;
benn es war nicht möglich, ſich ſo raſch wieber
in bie neuen Verhältniſſe hinein zu leben —
ſelbſt nicht in bem an ſolchen Wechſel boch ge=
wöhnten Mexico. Viele aber, bie ſich compro=
mittirt glaubten, verließen auch bie Hauptſtabt,
um ber liberalen Regierung wenigſtens unter
ben Augen weg zu kommen, Manche ſogar bas

ganze Land, denn Wenige nur glaubten an einen
dauernden Frieden für das arme, in seinen in=
nersten Tiefen zerrüttete Reich — und doch waren
selbst von den durch die Intervention hereingeführ=
ten Fremden Manche zurückgeblieben — besonders
Aerzte, auch französische Schneider und Friseure,
denen dabei nicht das Geringste in den Weg ge=
legt wurde.

Der Letzte fast, der aus des Kaisers engerer
Umgebung das Land verließ, war Padre Fischer,
der allerdings noch hochfahrende Hoffnungen ge=
habt und auf den Bischofssitz von Queretaro
speculirt zu haben scheint. — Wie ihn aber die
Conservativen hatten fallen lassen, als er ihnen
nichts mehr nützen konnte, so kehrte ihm auch
jetzt der Klerus den Rücken. Er war nicht mehr
zu brauchen und konnte gehen.

Uebrigens schien er die letzten Monate in
Mexico recht gut angewendet zu haben, denn so
leicht er in die Hauptstadt gekommen, mit so
vielem Gepäck beladen verließ er dieselbe wieder.
Aber Niemand kümmerte sich darum, und beson=
ders eine Anzahl schwerer Bücherkisten schaffte er
fort. Auch hatte er in der letzten Zeit wieder
einigen Verkehr mit der Regierung, und man
erzählte sich in der Hauptstadt, daß er dem Prä=

sibenten einen Theil des geheimen Archivs Ma=
ximilian's um 3000 Pesos verkauft habe. Un=
mittelbar darauf veröffentlichte dieselbe jedenfalls
die Schriften, die er unter den Händen gehabt,
unter dem Titel: Documentos oficiales de los
traidores, para servir a la historia de la inter-
vencion.*) — Von ihm selber nahm natürlich
Niemand mehr Notiz.

Das Kaiserreich war todt und die Republik
hatte gesiegt, aber des Kaisers Andenken war
deshalb noch nicht erloschen. Juarez ließ aller=
dings in der nächsten Zeit überall und von
Allem, was Maximilian gestiftet — selbst von
der Statue, die er dem Unabhängigkeitshelden
Morelos gesetzt, seinen Namen entfernen und,
wo das nicht anders ging, selbst aus den Stei=
nen herausmeißeln, aber trotzdem bewahrte man
überall im weiten Reich die Erinnerung an den
Geschiedenen.

In der Hauptstadt gab es fast keinen einzi=
gen Laden, wo nicht die Photographien des Kai=
sers und der Kaiserin, ja selbst in Apotheosen,
in den Fenstern ausgestellt gewesen wären —
ebenso die Bilder von Miramon, Mejia und

---

*) Officielle Documente der Verräther — zur Geschichte
der Intervention.

Mendez. Ein Calendario Maximiliano, der eine
Geschichte des mexicanischen Kaiserreichs gab
und des Kaisers Wirken in den lebendigsten
und anerkennendsten Worten schilderte, wurde
überall in den Straßen verkauft, und war rasch
schon in zweiter Auflage vergriffen.

Und Mexico selber? Juarez erhielt bei der
nächsten, bald darnach stattfindenden Wahl wie=
der die meisten Stimmen, und der einzig wirk=
lich gefährliche Gegner, den er dabei hatte, Por=
feirio Diaz, dachte zu edel, um einen neuen
Bürgerkrieg heraufzubeschwören — der Frieden
war vor der Hand gesichert — aber auch nur
vor der Hand. Im Norden tauchten bald wie=
der Pronunciamentos auf, und einzelne Banden
durchzogen und brandschatzten das Land und
hoben Levas aus — ja selbst Juarez' eigener
Kriegsminister aus schwerer Zeit, der bis dahin
immer treu zu ihm gehalten, Negrete, konnte
der Versuchung von zwei Millionen Pesos nicht
widerstehen. Er warf sich, als die Conducta
mit dem Gold von der Hauptstadt abgegangen
war, nach Puebla und suchte sie abzufangen,
wurde aber freilich darin gestört und mußte mit
seiner Bande nach Michoacan hinein flüchten, wo
er der Regierung Trotz bot.

Mexico! — Kann man es den Indianern ver=
denken, wenn sie behaupten, daß ihr Land das
schönste und von Gott am meisten bevorzugte
der Erde wäre? Es ist in der That ein wirk=
liches Paradies und mit Allem ausgestattet,
um Millionen von Menschen eine glückliche Hei=
math zu gewähren; mit einem herrlichen Klima,
mit metallreichen Bergen, fruchtbaren Triften,
kostbaren Waldungen — und was war es bis jetzt,
seit die Spanier den Fuß darauf gesetzt? ein
Tummelplatz wilder, zügelloser Leidenschaften, ein
Feld, das nur immer mit Blut gedüngt und nie
geerntet wurde, eine Zuchtstätte von Mischlings=
racen, die, anstatt das Volk zu veredeln, nur
immer schlechtere Exemplare zu Tage förderten
und in der Anarchie allein ihre Freiheit fanden.

So liegt es jetzt — so liegen fast alle süd=
amerikanischen Republiken, von ewigen Bürger=
kriegen blutgetränkt, von Stellenjägern aus=
gesogen, von Pfaffen durchwühlt, ein lebendiges
Beispiel, in was solche Menschen selbst ein
Paradies zu verwandeln im Stande sind!

Ende.

Druck von G. Pätz in Naumburg a. S.